KB171156

회복의 능력

—날마다 속사람으로 호흡하며 살아가기—

회복의 능력 : 날마다 속사람으로 호흡하며 살아가기

펴낸날 ‖ 2021년 2월 21일 초판 발행
        2021년 4월 5일 개정증보판 발행

지은이 ‖ 이승율

펴낸이 ‖ 유영일

펴낸곳 ‖ 올리브나무 출판등록 제2002-000042호

        경기도 고양시 일산동구 정발산로 82번길 10, 705-101
        전화 070-8274-1226, 010-7755-2261
        팩스 031-629-6983   E메일 yoyoyi91@naver.com

ISBN 978-89-93620-96-2 03190

값 18,000원

회복의 능력

날마다 속사람으로 호흡하며 살아가기

이승율 에세이

Restoring Power
in My Life

올리브나무

어머니께 사랑과 희망을 담아 이 책을 바칩니다.

그리고

코로나 팬데믹 재난뿐만 아니라 삶을 통해 고난과 역경을 겪고 있는
모든 분들께 하나님이 주시는 '회복의 능력'이 물이 바다를 덮음같이
충만히 임하시기를 기원합니다.

산마다 꾀꼬리 울더냐 들마다 백합화 피더냐

김경래 장로. 기독교100주년기념사업회 부이사장, 전 경향신문 편집국장

오늘도 어제처럼 많은 책들이 쏟아져 나온다. 귀한 책도 더러 있지만 수준 미달도 적지 않다. 산이라 해서 다 꾀꼬리 우는 산이 아니고 들이라 해서 다 백합화 피는 들이 아니듯이 책이라 해서 다 책다운 책은 아닐 것이다.

그러나 이승율의 『회복의 능력』은 책이 갖는 의미를 새롭게 한다. 우한 코로나에 어머니와 불가항력으로 소외된 생존환경을 바탕에 깔고 전개해 가는 4부에 걸친 글들은 모두가 살아 숨 쉬는 오곡백과 기화요초 같다. 베토벤 교향곡 5번, 6번, 9번을 연결해 놓은 인생 드라마를 감상하는 것 같다. 막다른 골목에서 창업의 길을 열고, '현대건설'이라는 큰 산을 넘은 용기는 꿈을 잃은 청년들에게 인간승리의 등대와 같다. 고려인 유학생의 아버지가 된 사연을 서술하면서 그는 민족의 애환을 절묘하게 새긴다. '양화진 언덕에 핀 구원의 꽃'을 그리면서 그는 육만 교회 천만 성도에게 거룩한 분노를 품게 한다.

이 책은 심은 대로 거두시는 말씀을 깨닫게 한다. 그리고 회개가 축복의 샘터임을 간증한다. 잔잔한 감동을 소망하는 여러분께 감히 추천의 글을 올린다.

회복의 능력이 꽃피어나게 하는
희망, 열정, 비전, 헌신의 네 가지 선물

김진홍 목사. 두레공동체운동본부 대표, 재단법인 두레문화마을 대표

이승율 동지의 『회복의 능력』을 추천합니다. 모처럼 좋은 글을 읽고 기쁨으로 추천의 글을 보냅니다. 저자인 이승율 장로는 범상치 않은 분입니다. 살아온 삶의 과정이 그러하고 생각과 사상이 그러하고 교회와 겨레를 생각하는 뜨거운 가슴에서 그러합니다.

내가 이승율 동지를 만난 지도 벌써 수십 년이 됩니다. 그간에 만날 적마다 한결같은 삶의 자세에서 감명을 받았습니다. 개인의 이익을 추구하지 아니하고 교회와 겨레, 이웃과 백성들을 생각하고 헌신하는 그 열정에서 늘 감동하곤 하였습니다.

나는 30세에 목회를 시작하여 지금 80의 나이입니다. 목회자로 살아온 세월이 어언 50년이 지났습니다. 지난 50년 동안 늘 고민해온 바가 어떻게 하면 목사다운 목사가 될 수 있을까 하는 것이었습니다. 그런 고민을 안고 살아온 나에게 이승율 장로는 한 본보기가 되었습니다. 참으로 장로다운 장로요, 크리스천다운 크리스천이 이 분이로구나 하는 감동을 주신 분이었습니다.

이승율 장로께서는 그간에도 여러 권의 책을 쓰셨거니와, 이번에

『회복의 능력』이란 제목으로 다시 책을 출간케 되어 나는 정성들여 원고를 읽으며 깊은 공감과 감동을 받았습니다.

책의 서론에서부터 저자의 복음적 열정과 애국적 헌신을 몸으로 느낄 수 있었습니다. 지금은 그 어느 때보다 회복의 능력이 필요한 때입니다. 기독교 복음의 힘은 탁월한 회복의 능력에 있습니다. 그 귀한 회복의 능력을 자신의 체험을 바탕으로 하여 진솔하게 실감나게 표현하고 있습니다.

이 책은 크리스천들만 읽어서는 안 됩니다. 교회 밖에 있는 국민 전체가 읽어야 할 책입니다. 평신도들만 읽어서도 안 됩니다. 나 같은 목회자들이 읽어야 할 책입니다

코로나19 팬데믹 상황에서 안팎으로 좌절과 실망이 날로 커져갑니다. 이런 때에 그런 좌절과 실망을 회복시켜 새 출발 할 수 있는 용기를 담은 책입니다. 이 책은 4부로 구성되어 있습니다.

- 1부 희망, 2부 열정, 3부 비전, 4부 헌신

각 부에 붙여진 제목 자체가 우리들에게 용기를 심어주고 희망을 불러일으킵니다. 지금 우리들에게 필요한 것이 바로 이것입니다. 희망, 열정, 비전, 헌신입니다.

보다 많은 분들이 이 글을 읽고 희망을 잃은 시대에 희망을 지닐 수 있게 되기를 바라며 추천의 글에 대신합니다.

동북아공동체 형성이라는 비전, 그리고
양극화의 본질과 해소책을 꿰뚫어본 지혜의 산물

문용린 서울대 명예교수. 인간개발연구원 회장, 전 교육부 장관

책 발간을 축하드립니다. 그리고 존경합니다. 하느님께서 허락하신 지상에서의 삶을 그분의 뜻에 가장 가깝게 살아가고 있는 분 중의 하나로 보이기 때문입니다.

평범한 가정에서 태어나 공부를 꽤나 잘하던 중학생이, 최고의 명문 고등학교에 입학했지만 야구와 클럽활동에 미쳐 대학입시에 처절하게 실패합니다. 고교 졸업 후 8년 만에 어느 스님께 감명을 받아 (본인이 생각하기에도 너무나 엉뚱한) 불교철학을 공부하러 대학에 입학하게 되는데, 그 때는 이미 중 3때부터 만난 부인과 결혼을 해서 첫아이가 하나 딸린 가난한 가장이었습니다.

28세의 늦깎이 대학생은 부적응의 나날을 보내다가, 드디어 또다시 운명의 매듭처럼 야구와 마주치게 되는데, 이 시점부터 그의 우울했던 인생은 반전되기 시작합니다. 그라운드에서 젊은 후배들과 땀을 흘리면서, 대학입시 실패와 절친의 자살로부터 연유한 10년 이상 누적된 깊은 트라우마를 극복하게 됩니다.

그래서 새로운 인생이 펼쳐지게 되는데, 드디어 4학년 때 그의 삶 전체의 뿌리가 되는 조경사업으로 창업을 하게 됩니다. 젊은 시절의 창업이 으레 그러하듯이 살 집조차 빼앗겨 비닐하우스로 내몰리기도 하고, 자동차 사고로 부부가 동시에 생명의 기로에 서기도 하는 등, 온갖 고초를 겪다가 드디어 40세에 접어들며 사업이 안정되어 가는데, 기독교적 신앙과의 깊은 연대가 이때부터 맺어지기 시작합니다.

43세 기독교 입문 이후 현재까지의 그의 삶은 신앙의 토대 위에 이루어지는 사업과 봉사와 헌신의 생활로 점철되기에 이릅니다. 이렇게 되기까지 그는 보이지 않는 무수한 하느님의 손길을 느끼고 체험하게 됩니다. 가정집 정원공사로 시작한 사업이 화력발전소 조경으로 이어지고, 여의도공원을 포함한 여러 개의 공원사업과 대규모 테크노파크 건설사업 등으로 발전하기 시작합니다.

이러한 사업적 성공은 그의 능력을 더 크게 이용하고자 하신 하느님의 섭리인 듯, 그의 마음속에 동북아공동체 형성이라는 거대한 역사의식이 홀연히 솟아오릅니다. 연변과학기술대학(중국)과 평양과학기술대학(북한) 건립 및 운영을 기반으로 마침내 두만강유역개발사업을 중심으로 '린치핀 코리아'라는 거대구상 속에서 한국이 주도적 역할을 할 수밖에 없다는 사명감을 갖고, 1991년 이래 현재까지 70을 훌쩍 넘어선 그의 몸과 마음은 온통 이 일감에 집중되어 있습니다. 코로나가 숨이 잦아지는 대로 연변과 연해주 지역, 평양으로 날아가서 할 일을 하겠다고 다짐하는 그의 독백 같은 염원은 꺼지지 않는 불꽃처럼 타오르고 있습니다.

어떤 드라마가 이처럼 생생하게 와 닿는 대리체험처럼 느껴진 적이 내게 과연 있었던가? 시인 김춘수 교수로부터 사사한 글 솜씨도 한

몫을 했겠지만, 워낙 삶의 전개가 드라마틱하다 보니 한 페이지 읽고 나면, 궁금증 때문에 다음 페이지를 열지 않을 수가 없게 만듭니다. 우루무치의 한나 이야기에서부터 청도 대남요양병원에 계신 어머니 이야기는 또 저자의 풍성한 감성과 인간애의 깊은 심성의 세계를 엿보게 해줍니다.

그리고 한마디 더.

마이클 샌델 교수는 요즘 핫(hot)하게 회자되고 있는 '능력주의의 덫'이라는 개념틀(공정하다는 착각, 2021) 속에서, "능력자들의 오만과 자만심 그리고 가난한 자들의 비굴과 좌절감"이 현대 사회가 직면한 가장 큰 문제의 본질이라고 설파한 적이 있습니다.

그래서 그는 이른바 양극화의 문제도 경제체제나 성장의 문제라기보다는 차이나는 두 집단 간의 심리적 불편감을 해소하는 것이 더 중요함을 역설하고 있습니다. 이런 점에서 북한 청년들의 내적 역량 강화의 가장 중요한 덕목으로 '자존심 회복과 자신감 향상'을 거론하는 이승율 이사장의 혜안이 이 책 속에서 숨은 보석처럼 빛납니다.

마이크 샌델 교수보다 10여 년 앞서서 남북(또는 세계) 양극화의 본질과 해소책을 꿰뚫어본 지혜는, 아마도 동북아의 아프고 힘든 청년들의 삶을 애정을 갖고 오랫동안 성찰해온, 그의 노력 덕분이 아닐까 추측해 봅니다.

서가에 꽂아만 두기에는 너무 아깝습니다. 연령불문, 남녀불문, 직위불문하고 주변의 모든 분들께 인생의 독본으로 읽어 보시도록 추천합니다.

사람은 무엇으로 사는가

죽음의 늪에서 생명의 푸른 언덕으로 거듭나기

이 책의 제목인 "회복의 능력"은 '회복의 여정에 임하신 하나님의 능력'을 줄인 말이다. 코로나19와 같은 팬데믹 재난뿐만 아니라 일상을 통해 고통받고 좌절을 겪고 있는 많은 사람들에게 희망의 불씨를 전하고 싶은 욕구로부터 비롯된 글이다. 특히 청년 시절의 아픔을 딛고 내 인생 후반전에 역사하신 하나님의 사랑과 은혜를 간증하고 회고하는 내용으로 정리되어 있다. 그래서 이 책은 '죽음의 늪에서 생명의 푸른 언덕으로 거듭나기'를 원하는 사람들에게 회복으로 향하는 길목을 제시하며 함께 가기를 격려하는 작은 나팔소리와 같다. 부족하지만 이런 마음으로 글을 쓰게 되었는데, 청도 대남요양병원에 격리되어 있는 어머니께서 그 계기를 만들어 주신 셈이 되었다.

어머니가 코호트 격리시설에 계신다는 그 사실 하나만으로도 견딜 수 없는 죄책감에 싸여, 걱정과 연민으로 울분을 토하듯 기도하며 쓰기 시작한 글이 봄을 지나고 어느덧 여름의 뜨거운 열기를 접하자 나도 모르게 깊숙이 묻어둔 아픈 상처를 건드리며 폭발음을 내고 말았다. 비밀처럼 간직해온 젊은 날의 야망과 구원(야구)에 관한 이야기, 막다른 골목에서 찾은 창업의 길에 숨어 있던 기억의 편린들이 축포처럼 터져 나왔다. 이전에 차마 밝힐 수 없었던 부끄럽고 후회스런 이야기가 실타래처럼 연이어 점점 더 고조되어 풀려 나오더니 급기야 가을 추석을 맞아 실향민 정주영 회장을 회고하면서 그동안 품어 왔던 통일 비전에 대한 이야기까지 속절없이 쏟아내고 말았다.

　그 사이에 울컥울컥 울음을 토하듯 써 내려간 슬픈 사연들—'잃어버린 10년의 상실'에 대한 불편한 진실, 이를 극복하는 과정에 '현대건설'이라는 큰 산을 넘으며 체득한 기막힌 역전의 인생론과 그에 따른 보상, 혹독한 절망의 능선을 넘어 새날의 빛에 참여하며 느낀 구원의 기쁨과 감사의 눈물, 그리고 그 속에 피어난 가족애의 진정한 사랑, 뒤이어 물밀듯 다가온 사명과 헌신의 실크로드 사역의 뒤안길, 중국(연변과학기술대학)과 북한(평양과학기술대학)을 연결하는 땀과 눈물의 골짜기, 그 속에 깃든 나눔과 섬김의 역사는 끝내 나를 '두 번째 산'으로 오르도록 이끌고 있다. 장 지오노의 기록처럼 또 하나의 새로운 길을 걷게 만들고 있다. 곧 저 멀리 북한의 척박한 산야에 푸른 나무의 숲을 가꾸는 또 한 사람의 양치기 노인의 모습으로 자신을 이끌어 가고 있으니, 이 자화상은 도대체 어디로부터 연유하는가?

　이렇게 거듭나는 꿈과 희망으로 가슴 뛰게 만드는 그 속사람은 대체 누구인가? 나의 욕망의 몸짓인가 아니면 그분의 부르심인가? 이 책을 읽는 여러분들과 함께 진정으로 묻고 나누며 풀어가고 싶은 주제—'사람은 무엇으로 사는가'를 질문하며 서로 화답하는 진정한 대화의 장을 열고 싶다. 이것이 나의 신앙고백이요 삶의 가치라고 여기면서 오늘도 나는 즐겁게 그 '두 번째 산'에 오르기 위해 저 멀리 있는 북쪽 하늘을 바라본다.

'희망'을 찾아나선 순례자의 '열정'과 '비전' 담은 철학적 신앙고백

이 책은 '회복'에 이르는 네 가지 관문 격인 '희망, 열정, 비전, 헌신'을 옴니버스 형식으로 풀어 쓰고 있다. 그렇다고 이것들을 처음부터 기획해서 쓴 글은 아니다. 수년간 요양병원에 계시는 어머니를 매월 한 번씩 찾아뵙는 가운데, 지난해 구정 때 다녀온 이후 그다음 2월 말에 다시 찾아뵈려고 했다가 2월 중순에 코로나19 사태가 급격히 확산되면서 병원을 방문하는 일이 일절 차단되었다. 청도 대남요양병원이 그 진원지로 알려졌기에 어머니를 찾아뵙는 일이 원천적으로 봉쇄된 것이다. 그후 한 달, 두 달이 경과하면서 나도 모르게 주기적으로 몸에 밴 습관이 주말마다 글을 쓰게 된 일이다.

어머니를 생각할 때마다 그 애타는 마음과 간구를 기도로, 글로 풀어내지 않으면 견딜 수 없는 심경이 되었다. 그러다 쓴 글이 열 달 가까이 되니 어느덧 책 한 권이 될 만한 분량으로 쌓였다. 이를 어쩌나! 책을 만들 생각은 애초에 없었지만 기도와 역경의 열매로 책을 묶어 어머니께 바치고 싶은 생각이 불현듯 일어났다. 그래서 이 책이 태어났다. 책을 통해 이 시대의 아픔을 공유하고 희망의 창문을 열어 새 하늘을 바라보고 싶었다. 시발은 어머니를 생각하는 사연으로 비롯되었지만 글이란 게 원래 그렇지 않은가? 글을 쓰다 보니 결국 나 자신뿐만 아니라 가족과 이웃과 나라와 민족의 미래에 관한 영역까지 침노하게 되었다. 생각의 꼬리를 물고 이어진 의식의 흐름이 결국 글로 기록되는가 보다! 이 되새김질 같은 생각의 연속이 '날마다 속사람으로 호흡하며 살아가기'란 부제로 정리되어 나타난 게 『회복의 능력』(Restoring Power in My Life)이다.

이 책은 성격상 '자전적 에세이' 같지만 오히려 그보다 더 깊고 절실한 '사회적 가치관'의 열망을 담고 있으니, 곧 이 시대의 공동선을 찾아가는 탐구서이기도 하다. 마치 '천로역정'의 골짜기를 통해 새로운 '희망'의 길을 찾아 나선 순례자의 '열정'과 '비전'을 담은 철학적 신앙고백서라고 하면 너무 거창한 표현일까? 그렇게 나는 인생 후반전을 살아왔고 또한 그렇게 살아가게 될 것을 믿기에, 그 믿음은 결국 '헌신'의 좁은 문으로 들어가기를 자청하고 있다. 그것이 내 삶을 더욱 가치 있게, 더욱 행복하게 만드는 길이 될 뿐만 아니라, 톨스토이가 인생 전체를 통해 추구했던 '사람은 무엇으로 사는가'에 대한 나의 진솔한 대답이 되리라. 그것은 곧 하나님의 사랑 안에 거하는 '회복의 능력'임을 확신한다.

이 '확신의 이야기'를 책으로 묶어 준 '올리브나무' 이순임 대표(전 한양대 교목)께 감사드리며, 매 주말 밤늦게까지 글을 쓴다고 걱정 반, 격려 반으로 내조해 준 아내(박재숙)에게 한없는 사랑을 전하고 싶다. 끝으로 모든 고난을 합력하여 선(善)으로 바꾸어 주신 하나님 —내 인생의 '회복의 여정에 임하신 하나님의 능력'과 그 은혜를 전심으로 찬양하고 감사드린다.

2021년 2월

이승율

목차

1부 희망

우리를 다시 일으켜 세우는 생명의 소리

2부 **열정**
목표를 향해 달려가게 하는 삶의 원동력

3부 비전

미래를 창조하는 사람들의 전략적 로드맵

4부 헌신

'작은 나'를 바쳐 영원한 빛으로 세상을 물들이는 일

RESTORING
POWER
IN MY LIFE

제1부 **희망**

우리를 다시 일으켜 세우는 생명의 소리

"여호와의 말씀이니라 너희를 향한 나의 생각을 내가
아나니 평안이요 재앙이 아니라 너희에게 미래와 희망을
주는 것이니라." (예레미야 29:11)

RESTORING POWER IN MY LIFE

죄인이 되어 봄을 맞는다

'회복'이란 나(소아)를 낮추고 버림으로써 모든 사람이 바라고 희망하는
이상 (대아)을 담아내는 복된 항아리와 같은 것이리라.

봄이 다시 왔다. 나날이 봄기운이

완연해지고 있다. 우리 내외가 점심시간을 이용하여 산책하는 데는
특별한 이유가 있다. 매일 12시가 되면 30분 기도하고 나서 한 시간
정도 사무실 부근에 있는 양재천 뚝방길을 걷는다. 습관처럼 일상화된
걸음을 재보면 대략 6천 보가량 걷는 셈이다. 몇 주째 점심을 금식하고
있는데, 그 이유는 사순절 기간이라는 신앙적 의미도 있지만, 그보다는
청도 대남요양병원에 계시는 어머니를 생각해서다.

올해 92세 되는 어머니가 코로나바이러스의 집단감염 진원지 중의
하나로 유명세를 치른 그 대남요양병원에 계신다. 5년 이상 서울 맏이(필
자) 집에 계시다가 노환으로 거동이 불편해지자 1년 가까이 서울 근교
요양병원에 계셨다. 그런데 어느 날 외삼촌이 입원해 계시는 고향인

청도 대남병원으로 가시겠다고 우겨서 옮겨가신 지 만 3년이 지났다. 그새 우리 5남 2녀 형제들이 한 달에 한 번씩만 찾아뵈었다고 해도 일주일에 한두 번은 자식들을 만나보는 꼴이다. 비교적 건강하셨고, 늘 기도하시면서 천국 소망을 갖고 행복하게 입원 생활을 해 오셨던 터다. 그런데 이번 코로나19 사태를 맞아 지금 대한민국에서 가장 위험한 사지에 폐쇄되어 계신다.

2월 중순 발병 초기에 대남병원의 정신병동 환자들이 집단으로 사망하는 일이 벌어졌고, 어머니가 계시는 요양병원에도 확진자가 두 명 발생하는 등, 그야말로 극도의 공포와 긴장 상태로 잠시도 안심할 수 없는 나날이 계속되었다. 이제 한 달 보름 가까이 지나면서 병원 측에서 조치한 '클린 존' 방역체계가 효과를 나타내 더 이상의 위험은 없으리라고 하지만 이를 어떻게 다 믿나!

그동안 네 차례 종합검진을 한 결과, 요양병동의 80여 입원자들이 모두 음성 판정을 받아 다소 마음이 놓이기는 하지만, 그 불안감은 여전히 부푼 풍선 같다. 어머니를 서울에 있는 큰 병원으로 모실까도 생각했지만 이도 전혀 불가능한 일이었다. 질병관리본부를 통해 국가 차원에서 환자의 이동을 통제하고 있을 뿐만 아니라 설사 전원을 허락한다고 한들, 대남요양병원에서 기저질환 환자로 오래 있었던 90대 노인을 어느 병원에서 선뜻 받아주겠는가?

우리 형제들이 여러 날을 고민하고 기도하며 숙의한 끝에, 어머니가 청도에 그냥 계시도록 대남병원 측에 가족들의 의사를 전달했다. 어떤 면에서는 요양병동 전체를 코호트 격리 조치한 대남병원의 방역 시스템과 경험이 다른 병원들에 비해 오히려 더 안전할 수도 있을 것이라는 기대감을 주었기 때문이다. 또한 3년 동안 간호하면서 돌보아 왔기에 어머니의 병세를 잘 알고 있을 뿐만 아니라, 이번 사태에 직면하여 친부모처럼 보살펴주신 의료진과 간호사분들을 생각하면, 그분들보다 더 미더운 사람들이 어디 있으랴 싶다.

아! 이런 처지에 놓인 채 날은 지나고 새봄이 왔다. 지금 당장 어머니 곁에 가서 손이라도 잡아드리고 싶은 심정이야 오죽하랴! 그러나 외부인 접촉이 일절 금지된 상황에 아들이라고 거기에 가서 할 수 있는 게 뭐가 있겠는가? 오히려 자칫하면 지방에 갔다가 바이러스에 감염되어 오기라도 하면 어떡할 거냐고 막무가내로 막아서는 2남 1녀 자식들의 성화도 이유가 될 만하다. 그래서 한 달 반이 지나가는 나날 속에 가슴앓이만 하고 있었는데, 벌써 봄이 성큼 다가왔다.

그런데 이놈의 봄은 왜 이리 곱고 따뜻한가? 양재천 뚝방길에서 만나는 개나리, 옥매화, 벚꽃의 자태가 경이로울수록 내 맘속에 일어나는 죄책감과 분노의 불길을 다스릴 수 없어, 나는 끝내 울음을 터뜨리고 만다.

"하나님! 우리 어머니가 코로나바이러스에 희생당하면 안 됩니다! 우리 대한민국이 이 악한 코로나바이러스로 쓰러지면 안 됩니다!"

어머니를 제대로 모시지 못하고 있다는 불효의 죄책감과 온 나라와 국민을 곤경에 빠뜨린 보이지 않는 코로나바이러스의 위력 앞에서 분노마저 솟구친다. 그러면서 기도가 절로 터져 나온다. 마음이 너무 아프다.

코로나19 바이러스의 확산과 대한민국

중국 '우한 폐렴'으로 시작된 신종 코로나바이러스 감염증(코로나19)이 세계를 초토화하고 있다. 오늘(3. 24) 조간신문에 보니 유럽 17만 명, 미국 3만 명 등 전 세계 감염자 34만 명의 약 60퍼센트가 유럽과 북미 국가에서 나왔다. 이미 중국과 일본, 한국의 확진자 합계를 훨씬 뛰어넘은 수치이다. 환자가 급증하면서 각국은 의료 붕괴 위기에 직면했으며, 급기야 미국 중앙은행인 연방준비제도(Fed)는 무제한 양적 완화(QE) 프로그램을 핵심내용으로 하는 추가 유동성 확대조치를 취했다고 한다.

세계 경제는 또 어떤가? 뉴스를 통해 이미 아는 대로, 중국에서 시작된 글로벌 생산기지 '셧다운(가동 중지)'은 미국과 유럽에 이어 인도로까지 번지고 있다. 어제 신봉길 주인도 대사와 통화하면서도 확인했지만, 지금 인도에 진출한 한국 대기업들(삼성전자, 현대자동차, LG전자, 포스코, 현대제철)의 고충과 수난은 말이 아니다. 각 지역에서 인도 주정부의 요청으로 공장 가동이 중단되었고 직원들도 이동이 통제되고 있다고 한다. 코로나바이러스 방역을 위한 국가 간 이동 제한으로 글로벌 가치사슬(Global Value Chain)이 마비되고 있다. 또한 그 말 많은 2020도쿄올림픽이 드디어 연기될 공산이 커지고 있다. 국제올림픽위원회(IOC)가 이를 공식 논의하기 시작했고, 아베 신조 일본 총리도 더는 여론을 이기지 못하고 연기 가능성을 언급했다.

세상이 참 어렵게 돌아간다. 눈에 보이지 않는 비세포성 생물체(바이러스)의 위력이 이다지도 큰가? 국내 전문가 중 어떤 사람은 코로나바이러스가 올가을 대유행을 거쳐 내년까지 장기화할 수 있다고 공공연히 말한다. 만일 이런 전염병의 피해가 지속적으로 가중되고 그로 인해 지역별 사회 취약계층이 왕창 무너진다면, 그 정치적 사회적 여파는 또 어떤 형태로 나타날까?

미국 외교 전문매체 「포린 폴리시」(Foreign Policy)는 국제정치 전문가들의 의견을 인용해 '코로나 팬데믹(Pandemic)은 세계를 영원히 바꿔놓을 것'이라고 보도하면서, 전염병 사태를 극복하는 과정에서 개별국가 단위로 전체주의적 권력의 공고화를 꾀할 가능성이 있다고 우려했다. 또한 베스트셀러 『사피엔스』의 저자인 유발 하라리는 「파이낸셜 타임스」(Financial Times)에 기고한 글에서, "인류의 미래가 전체주의적 감시체제와 국수주의적 고립의 길로 갈 것인지, 아니면 시민사회 권한 강화와 글로벌 연대의 길로 갈 것인지 선택해야 하는 갈림길에 섰다."라고 진단했다. 과연 우리 앞에 이 코로나바이러스 사태 이후 국가적으로나 또 정치적으로나 어떤 길이 나타날까?

도대체 우리는 무엇으로 이 난관을 이겨낼 수 있을 것인가? 전염병 퇴치뿐만 아니라, 코로나19 사태 이후에 다가올지도 모를 엄혹한 감시체제의 폐해를 미리 차단하고 (유발 하라리가 요청한) 시민사회 권한 강화와 글로벌 연대의 길로 나아갈 수 있는 방안은 없는가? 우리 시민단체들이 이 길을 헤쳐 나가는 데 일익을 감당해야 하지 않겠는가? 이 악한 코로나바이러스 때문에 우리 대한민국이 쓰러지거나 국가 진로가 왜곡되어서는 아니 되지 않겠는가?

나는 기도한다. 내 어머니가 절대로 이 더러운 코로나바이러스에 불의의 희생을 당하지 않으시기를, 그래서 건강하고 맑은 마음으로 인생을 마무리하는 시간을 충분히 가지실 수 있기를 전심으로 기도한다. 한 집안의 맏이로서 어머니를 제대로 모시지 못한 불효의 죄인이지만, 좋으신 하나님께서 내 기도를 저버리지 않고 반드시 우리 어머니를 지켜주실 줄 믿는다.

더불어 이 나라와 국민의 미래지향적이고 창조적인 회복을 온 마음으로 소망하며 기도한다. 여기서 '회복'이란 말은 '회개하면 복이 온다.'라는 뜻으로 풀이하면 좋겠다. 결코 말장난하려는 게 아니다. 깊이 생각하고 묵상해보니, '회복'이란 곧 회개하듯 나(소아)를 낮추고 버림으로써 모든 사람이 바라고 희망하는 이상(대아)을 담아내는 복된 항아리와 같은 것이라고 믿어지기 때문이다.

이런 시련을 통하여 대한민국 시민사회의 권한을 강화하고 세계만방에 글로벌 연대의 지평을 확장해 나가는 길—동북아 시대의 중심축 국가로 우뚝 서서 한반도 통일과 한민족 통합으로 나아가는 그 길을 찾아갈 수만 있다면, 나는 오늘 이 자리에서 사라져도 여한이 없겠다.

"아, 하나님! 우리를 지켜주십시오. 바이러스의 위협 앞에서도 강건한 마음으로 늘 하나님 앞에 설 수 있도록 우리에게 용기를 주시고, 우리 대한민국을 안전하게 지켜주십시오. 새로운 시대로 나아가는 새봄의 길을 활짝 열어 주십시오! 그 길에서 생명과 자유와 시장경제가 꽃피는 봄을 마음껏 즐겁게 산책할 수 있도록 인도해 주십시오."

RESTORING POWER IN MY LIFE

브엘세바에 심은 에셀나무

'서원의 우물' 브엘세바에 한 그루 거룩한 상수리나무 에셀을 심습니다.
제 믿음의 밭에 한 그루 새 희망의 나무를 심습니다.

황금연휴 기간(4. 30~5. 5)에

아내와 같이 최소한 1박 2일 정도 어디론가 여행을 다녀오고 싶었다.
코로나19 사태로 억눌렸던 가슴을 펴고, 동해안 어디쯤엔가 가서 넘실대
는 푸른 파도를 바라보면서 깊고 깊은 심호흡을 해보고 싶었다. 그만큼
어렵게 지낸 2개월 동안의 '집콕'을 뛰어넘어 어디론가 멀리 날아가고
싶었는데 결국은 실패하고 말았다.

강릉을 거쳐 속초로 가기로 했다가 자식들이 말려서 못 가고 강화도
로 선회했으나, 그마저도 아내의 저항으로 주춤거리고 있는데, 마나님께
서 "봇물 터지듯 사람들이 몰려갈 곳으로 가 봐야 고생만 하고 올
텐데 뭐 하러 그런 곳에 가려고 해요? '아침묵상'에 보니 김진홍 목사님이
산에 나무 심으려고 하는데 일꾼이 모자란다고 하네요. 우리 거기나

다녀옵시다." 하는 바람에 어쩔 수 없이 따라나선 길이 동두천두레교회에서 주관하는 노동의 길—숲속으로 난 좁은 길 '쇠목 골짜기'의 식목행사였다.

손주 둘(초등학교 4년 동급생인 친손녀 이다은, 외손녀 김나연)과 동생 이승건 원장(에피파니치과) 내외와 함께 다녀온 동두천두레교회의 주소는 경기도 동두천시 쇠목길 413이다. 한마디로 숭악한 산골짜기에 수도원을 중심으로 교회와 국제학교, 청소년수련원, 두레마을(은퇴자 주거단지) 등을 조성해 놓은 곳이다. 미친 사람이 아니면 하기 힘든 일을 김진홍 목사님이 은퇴 후 10여 년간 '창의적 상상력'을 다하여 벌여 놓은 곳이다. 나는 초창기부터 여러 번 다녔지만, 가족과 함께하기는 처음이었다.

식목행사의 모든 일정을 마치고 집에 돌아와 생각해 보니, 동두천 산골짜기에서 보낸 1박 2일이 너무나 귀하고 보람찬 일이었다.

▌나무를 심는 마음

식목행사에 참여한 일꾼들은 우리 내외와 손녀들(동생 내외는 토요일 병원 진료가 있어서 오후 늦게 도착했다.)을 합쳐 모두 열세 명이었다. 필리핀에서 영농선교를 하셨다는 임영만 목사가 작업팀장 역할을 했다. 80대 목사님(유관지 NKC원장)으로부터 10대 소녀에 이르기까지 다양한 인력이 참여한 숲속 길 가꾸기 '어벤져스'였다. 우리가 작업하기 전날까지 며칠간에 걸쳐 수십 명이 모여 감자밭을 일구고 감자 씨를 심었다고 한다. 우리는 그다음 일로 산골짜기 숲속으로 난 길 가장자리에 상수리나무와 아카시아 묘목을 심는 작업을 했다.

토요일(5. 2) 오전에 도착해서 점심을 먹은 뒤 곧바로 작업을 시작했는데, 나는 곡괭이를 놓은 지가 50여 년이 지났지만 그래도 일단 일하러 왔으니 열심히 해보자는 생각으로 곡괭이를 집어 들었다. 그리고 그 작업하기 힘든 돌밭길에 200여 개의 구덩이를 파고 돌을 골라내어 나무를 심었다. 내 손녀들은 유관지 목사님과 조를 이루어 조리개 물통으로 계곡물을 퍼 날라 와 물을 주는 일을 했고, 아내는 구덩이마다 적당한 크기의 묘목을 골라 심는 일을 거들었다.

문득 장 지오노(프랑스 작가)가 쓴 단편 소설 "나무를 심은 사람"이 생각났다. 절망적인 상황에서도 나무를 심어 자연과 인간에게 희망을 가르쳐준 '양치기 노인'의 헌신과 교훈이 마음속 깊이 메아리쳐 왔다. 아, 어쩌면 이 '쇠목 골짜기'에 들어와 언덕 위에 교회를 세우고, 사람들을 불러 모아 하나님의 이름으로 나무를 심듯 꿈과 비전을 나눈 김진홍 목사님이야말로, 진정 이 시대에 하나님과 자연과 인간을 접목하여 희망의 복음을 전도하는 거룩한 '양치기 노인'이 아닐까 싶다. 팔순의 나이이지만, 여전히 청년의 꿈과 비전을 가슴에 품고 내일을 바라보며 전진하는 '뉴 프런티어 리더십'을 느낀다.

내가 그를 처음 만난 것은 연변과기대 사역을 시작하고 얼마 되지 않았을 때(1995년경)였다. 한·중 수교 후 조선족 동포들이 한국에 돈 벌러 왔다가 돈을 떼이거나 사기를 당하는 사례가 많아지자, 이들을 보호하고 보상하기 위한 대책으로 김 목사님이 연변 지역에 두레마을을 조성하여 조선족 자활 재건사업을 추진하려고 했을 때다. 연변과기대

황폐한 땅이었던 적막한 곳이 울창한 숲이 되고, 꽃들이 피고, 사람들의 웃음소리까지 들리게 된다. 장 지오노의 『나무를 심은 사람』은 고독한 한 노인의 희망이 어떻게 확대 증폭하여 모든 이들의 꿈과 비전이 되어주는지를 보여주는 아름다운 이야기이다.

대외협력 차원에서 이를 돕고 지원하는 과정에 자연스럽게 만나고 교제하게 되었다. 그 후 평양과기대와 더불어 함경북도에 두레농장을 개설하는 일에도 간접적으로 협력하게 되었으며, 그런 과정에 민족복음화와 통일사역에 동역자로서의 꿈과 비전을 함께 나누었다.

나는 김진홍 목사님을 인격적으로 존경할 뿐 아니라 설교와 실천적 대안(두레공동체 사역)을 통해 제시하는 성서한국, 선교한국, 통일한국에 대한 소명을 남달리 존중하고 추앙해 왔다. 그는 우리에게 시대를 앞서가며 역사의 새 길을 개척하라고 명하는 선각자의 모습으로 다가온다. 그가 그 옛날 군사독재로부터 받은 고통 중에 쓴 『새벽을 깨우리다』란 책을 여러분은 읽어 보지 않았는가?

우리에게 절망으로 다가온 칠흑 같은 밤이 있다고 하더라도 마침내 새벽은 다시 오리니, 그 새벽을 깨우는 사람들이야말로 새 희망으로 다시 사는 사람들이어야 한다는 내용이다. 하나님을 믿는 '믿음의 능력'으로 고난과 역경의 장벽을 뛰어넘어 영원한 생명으로 거듭나는 삶을 살아가도록 가르치는 것이 김진홍 목사의 '창조적 목회'였다. 어쩌면 그는 '새벽을 깨우는 사람'으로 일어섰다가 '양치기 노인'으로 대단원의 사역을 마무리하려는 것 같다. 그런 김진홍 목사의 신앙철학을 살펴보면, '실천적 영성 회복'을 통하여 기독인들의 역사관, 세계관, 사회적 가치관을 역동적으로 거듭나도록 이끄는 데 초점을 맞추고 있다.

장 지오노가 쓴 대로, 헐벗었던 프로방스 산지가 푸른 상생의 숲으로 변했듯이, 우리 한반도 삼천리강산에도 언젠가는 민족번영과 복음통일의 푸른 공생의 숲이 골짜기마다 차고 넘치게 펼쳐질 것을 꿈꾸며 앞으로 나아가기를 가르친다. 프로방스의 '양치기노인'과 동두천 쇠목 골의 '김진홍 목사'를 본받아, 우리도 새로운 변화와 혁신의 그날을 준비하는 마음으로 각자의 집 뜰에 가족과 함께 모여 '나무를 심는 사람들'이 되어보면 어떨까? 이것이야말로 오늘과 같은 어둡고 불확실한 시대에 심는 대한민국의 새벽을 깨우는 희망의 불씨가 아니겠는가!

새 희망의 나무를 심고

200그루 상수리나무와 아카시아 묘목을 심었던 날 밤에 토요예배가 있었다. 김진홍 목사의 설교본문은 창세기 21장 33절("아브라함은 브엘 세바에 에셀나무를 심고 거기서 영원하신 여호와의 이름을 불렀으며…")이었다. 한마디로 '나무 심은 이야기'다. 여기서 '브엘'은 우물을, '세바'는 서약 또는 서원(맹세)을 뜻하는 히브리말이다. 다시 말해 브엘 세바는 '서원의 우물'이다. 당시 아브라함이 체류했던 이방인 땅(블레셋 : 지금의 팔레스타인)에서 하나님의 이름을 부르며(이는 하나님을 경배한다는 의미) '서원의 우물' 곁에 한 그루 희망의 나무를 심었으니 그 나무 이름이 '에셀' 곧 상수리나무다.

나는 그날 밤 예배를 마치고 아내, 동생 내외, 손녀들과 함께 김진홍 목사님으로부터 안수기도를 받으며 이렇게 다짐했다.

"하나님 오늘 산속 숲길에 심은 상수리나무가 앞으로 저희의 남은 인생의 밭에 심어지는 브엘세바의 에셀나무가 되게 하옵소서. 서원의 우물에 심은 이 상수리나무의 열매가 온 세상에 흩어져 희망의 불씨로 거듭나게 인도해 주십시오. 연변과기대와 평양과기대를 통해서 이방인의 땅 중국과 북녘 땅에 민족번영과 복음 통일의 씨앗으로 자라게 하옵소서. CBMC(기독실업인회)와 동북아공동체문화재단을 통해 지구촌 비즈니스 세계와 동아시아 역사의 길에 거룩한 변화의 물결이 일게 하소서. 이것이 오늘 우리 가족을 이곳 동두천 쇠목길 두레마을로 이끌어주신 하나님의 뜻으로 받아들입니다.

숲속에 길이 있네요. 저는 『길목에 서면 길이 보인다』라는 제목의 책을 썼습니다만, 그 길목이 바로 여기군요. 이 동두천 두레수도원 숲속 길목에서 영원한 생명의 길을 발견합니다. '서원의 우물' 브엘세바에 한 그루 거룩한 상수리나무 에셀을 심습니다. 제 믿음의 밭에 한 그루 새 희망의 나무를 심습니다. 주여! 끝까지 동행하시고 손수 인도해 주십시오. 한민족의 동질성이 회복되고 남북한 겨레의 통일이 이루어지는 그날까지 우리 가족을 주의 선한 일꾼으로 사용해 주시옵소서."

이렇게 마음속으로 다짐하며 목사님으로부터 안수기도를 받고 나니 내 마음은 벌써 온통 '희망의 숲'으로 변해 있었다. 얼마나 기쁘고 감사한지 말로는 표현할 수 없는 감동이 밀려왔다.

그날 밤 우리 가족 여섯 명이 숙소 한 켠에 있는 찜질방(황토와 편백으로 만든 힐링 처소)에서 휴식을 취한 후, 한 방에서 모두 함께 잠이 들었다. 그때 나는 (찜질 후 기분이 고조되어서) 비몽사몽간에 (꿈인지 생각의 연속인지 모르겠지만) 장 지오노가 소개한 그 '양치기 노인'을 만나기 위해 프로방스의 숲으로 날아가는 꿈을 꾸었다. 그리고 얼마 있지 않아 그 노인의 얼굴이 차츰 김진홍 목사의 얼굴로 변하는 환상을 느꼈다. 이게 꿈인지 또는 계속 그런 생각을 하다 보니 떠오른 환상인지는 알 수 없지만, 아무튼 나는 그런 '생각의 꼬리에 연결된 꿈'을 꾸며 참으로 행복한 깊은 잠을 잤다.

▌ 양치기 노인으로 살아가리

다음날 주일 아침 일찍, 우리 가족들은 두레공동체(두레수도원, 두레교회, 두레국제학교, 청소년수련관, 두레마을 주거지 등) 내부 시설을 여기저기 둘러보며 산책을 즐겼다. 두 손녀는 큰 고목나무들 사이에 어린이들의 호기심과 상상력을 일깨우는 모험시설로 만들어 놓은 통나무집과 연결 다리에서 시간 가는 줄 모르고 놀았다. 한참을 놀다가 11시 주일예배를 드렸다. 그날 특히 감사했던 것은 그동안 한 달 반 넘게 코로나19 사태로 공중집회를 못하다가 처음으로 공예배를 드리게 된 것이다. 150여 명의 성도가 참석한 주일예배는 그야말로 거듭난 성도들의 집회인 양 생기가 넘치고 기쁨과 환희로 가득 찬 영적 잔치였다.

김진홍 목사께서 "산돌이신 예수"(베드로전서 2:1-5)를 전해 주셨다. 목사님은 성도들의 믿음을 언급하시면서 그들에게 '신령한 제사 드릴 거룩한 제사장'으로 거듭난 모습이라고 칭찬하셨다. 보기에 참 좋았다. 이어서 2장 10절에 이르기를 "너희는 택하신 족속이요 왕 같은 제사장들이요 거룩한 나라요 그의 소유가 된 백성이니 이는 너희를 어두운 데서 불러내어 그의 기이한 빛에 들어가게 하신 이의 아름다운 덕을 선포하게 하려 하심이라."는 말씀으로 예배자들을 격려해 주셨다. 그 말씀은 이번 동두천두레교회 식목행사에 참여한 우리 가족에게 남겨

주신 영적 메시지라는 확신이 들어 마음 깊이 아로새겼다.

　참으로 귀하고 복된 1박 2일 간의 가족여행이었다. 숲속에 길이 있었고, 그 길에 심은 영원한 희망의 나무—'브엘세바에 심은 에셀나무'의 숲을 가꾸며, 장차 북한 땅에서 '양치기 노인'으로 살아갈 날이 있기를 마음속 깊이 기대해 본다. 그리고 내일(5. 5)은 연휴 마지막 날인 '어린이날'이다. 새로운 희망의 새날이 밝아 온다.

RESTORING POWER IN MY LIFE

구복이를 주신 하나님의 뜻

70대 노인이 갓난아이를 품에 안고 눈을 맞추며 방글거리는 아이를
바라보는 그 심정이란 얼마나 벅차고 감동스러운 장면인가!

구복이가 태어난 것은

지난 5월 29일이다. 2남 1녀 자식들이 8명의 손주들(남4, 여4)을
출산했는데, 막내 여식이 아홉 번째를 낳았다. 출생신고 이름은 김주연
이지만, 외가인 우리 집에서는 아홉 번째 손주(외손녀)의 이름을 아이가
태어나기 전부터 구복이라고 불렀다.

딸이 6년 만에 출산하게 되어 다소 염려가 되었지만, 산모도 건강하고
아이도 잘 자라고 있으며, 산후 조리를 위해 병원에서 퇴원하는 대로
곧장 친정에 와서 지금껏 같이 지내고 있다. 백일을 지낸 후 자기네
집으로 돌아갈 예정이다. 그러다보니 아이들 모두(1남 2녀) 우리 집에
와 있고 사위는 평일에 자기 집에서 혼자 지내고 주말에 와서 이틀간
같이 숙식을 한다. 그래서 평일에도 식탁 인원이 구복이를 돌보는

이모(도우미)까지 합쳐 일곱 명이고, 주말에는 큰 아들과 작은 아들 식구들까지 한 번씩 번갈아 오기 때문에 매번 주일 점심 때는 최소한 십여 명이 함께 밥을 먹는다. 그런데 오늘은 무려 18명이 모였다. 멀리 싱가포르에 유학 가 있는 맏손자(준혁, 고3)를 빼고 전원이 다 모인 것이다. 어른들 네 커플 8명과 손주들 8명(구복이 포함)에 친동생 이승건 치과원장 내외까지 교회 다녀오는 길에 구복이를 본다고 들렀기 때문이다. 집이 온통 떠나갈 듯 와자지껄한 가운데, 점심 식후에 아이들이 자발적으로 기획한 '합동 공연'도 보고, 또 가족들마다 돌아가면서 어른 아이 구분 없이 자기발표를 하는 3분 스피치 시간도 가졌다.

아, 참으로 행복하고 즐거운 가족모임이다. 자식들과 손주들이 다 함께 모여 같이 밥 먹고 대화하고 노래하며 사랑과 기쁨을 나누는 모습을 보고 있노라니, 이보다 더 즐겁고 행복한 날이 있을까 싶다. 더구나 70대 노인이 갓난아이를 품에 안고 눈을 맞추며 방글거리는 아이를 바라보는 그 심정이란 얼마나 벅차고 감동스러운 장면인가! 그런데 그보다 더욱 감동이 되어 이 글을 쓰게 된 이유는, 그 어린 생명 '구복이를 주신 하나님의 뜻'을 온 가족들과 함께 나누고 마음 깊이 공유할 수 있게 되었기 때문이다.

아홉 번째 복

점심식사 후 손주들의 '합동 공연'이 끝난 다음, '3분 스피치' 순서에 맨 처음 등장한 강사는 장남 이동엽 원장이다. 이 원장은 그동안 참포도 나무병원에서 수년째 후원해온 탄자니아 의료선교사 허승곤 명예교수

(연세대 의대 신경외과, 뇌혈관질환 명의)의 선교 사역을 간단히 소개한 후, 허 명예교수가 추진하고 있는 '염소은행 사역' 지원을 위해 설명했다. 내용인즉, 허 명예교수는 젊은 날부터 '선교의 꿈'을 갖고 있다가 40년 만에 그 꿈을 이루어 2017년 2월 정년퇴직을 한 후, 탄자니아 무힘빌리국립병원의 초청으로 신경외과 자문교수로 부임하여 지금까지 오직 선교 일념으로 봉사하고 있다.

그러던 중 탄자니아 오지에 있는 이소코 모라비안 선교병원을 짬짬이 틈을 내어 돕고 있는 가운데, 그 지역에 살고 있는 217명의 고아들을 위한 염소 지원사업을 병행하고 있다. 이 고아들은 에이즈 환자 부모들이 죽고 난 다음, 아무도 돌봐주지 않는 열악한 상황 속에 버려져 있었다. 이를 그냥 두고 볼 수 없어서 아이들에게 염소 한 마리씩 사주는 캠페인을 벌이게 되었으며, 이 '염소은행 사역'을 통해 현재까지 염소 100여 마리를 사주었다고 한다. 허 선교사는 다음 달에 다시 탄자니아로 돌아갈 예정이고, 이 염소 지원사업을 위해 참포도나무병원 직원들도 함께 동참하기로 했다는 소식을 전했다.

이동엽 원장의 3분 스피치가 끝나자, 성질 마른 내가 그냥 소파에 앉아 있을 수가 없어서 자진해서 일어나 발언대에 나섰다. 그러고는 찬찬히 여덟 명의 손주들을 돌아보며 말했다.

"할아버지도 며칠 전에 허 선교사님이 우리 병원에 오셔서 선교 보고를 하실 때 같이 있었다. 그때 할머니와 함께 의논해서 너희들 아홉 명 전원 한 사람 당 다섯 마리씩 염소를 사서 이소코 고아들에게 기증하는 것으로 했다. 염소 한 마리 값이 3만 원이라고 하는구나.

그동안 너희 큰아버지가 참포도나무병원을 통해서 많은 지원을 해왔지만, 이제 하나님께서 우리 집안에 구복이를 선물로 주셨기에, 너무나 감사해서 너희들 이름으로 아프리카 아이들을 돕는 일을 하고 싶다. 너희들 생각은 어떠니? 너희들도 동의하니?"

이런 질문을 하자마자 '와'하고 박수소리가 터져 나왔다. 18명 전원 모두 감사한 마음으로 공감하는 게 여실히 느껴졌다.

그래서 내친 김에 3분을 더 초과하면서 한마디를 더 부언했다. "너희들 구복이가 어떤 뜻을 갖고 태어났는지 생각해 봤니? 할아버지는 그동안 하나님께서 여덟 명의 손주들을 주셨기에 산상수훈 팔복을 근거로 '팔복 가정'이라 일컬으며 늘 감사한 마음으로 기도해 왔다. 그런데 이제 뜻밖에 아홉 번째 손주를 주셨으니 이게 무슨 의미일까 하는 생각으로 오랫동안 곰곰이 묵상해 왔다.

그런데 2주 전에 「국민일보」를 읽고 그 답을 구했다. 정성진 목사님(크로스로드 대표)과 오정현 목사님(사랑의교회) 두 분이 '코로나19 사태가 한국교회에 주는 메시지가 무엇인가'에 대해 대담을 나눈 기사를 읽었는데, 중간쯤에 가서 정성진 목사님께서 이런 말씀을 하시더라. '코로나19 이후, 교회는 이제 세상을 향해 나아가는 교회가 되어야 한다. 교회는 세상의 희망이다. 사랑의 실천으로 힘껏 퍼주는 교회는 결코 망하지 않는다. 사도행전에 '주는 것이 받는 것보다 복되다'는 말씀이 있다. 이 말씀은 산상수훈에 나온 팔복과 동떨어진 성경 본문에 나오지만 제9의 복이라고 할 수 있다.'는 말씀을 하시는 게 아닌가!

나는 그 기사를 읽고 아! 하나님께서 우리 구복이를 제9의 복, 즉

'주는 것이 받는 것보다 복되다'라는 뜻으로 주셨다는 확신과 함께 큰 기대감이 솟구치는 걸 느꼈다. 그래서 다시 묻고 싶다. 너희들은 어떻게 생각하니? 너희들도 공감이 가니?"

이렇게 되묻자 식구들은 다시 한 번 환호성과 함께 큰 박수소리로 화답해 주었다.

아! 얼마나 행복하고 감사한 일인가! 탄자니아 이소코 마을 고아들을 위해 염소 지원을 하는 것도 아름다운 일이지만, 그 일을 통해 여덟 손주들과 가족 전원이 모두 한마음으로 공감하며 "구복이를 주신 하나님의 뜻"을 깨닫게 해주셨으니 이보다 더 즐겁고 기쁜 일이 어디 있을까?

가족이라는 사랑의 둥지

가족 모임이 끝나고 우리 내외와 딸네 식구들만 남았다. 저녁을 먹고 쉬고 있는데, 딸네 아이들 셋이 저희들끼리 구석방에 가서 뭐라고 숙덕거리며 회의를 하더니 전격적으로 이런 제안을 해왔다. 자기들이 그동안 저축해 놓은 돈이 얼마씩 있으니 이걸로 아프리카 아이들 염소 사는 데 보태달라는 건의였다. 큰 외손녀 나연이(초등 4년)가 세 마리, 둘째 주안이(초등 2년)가 세 마리 값을 들고 왔다. 셋째 주희(유치원)는 지금은 돈이 없으니 나중에 용돈을 모아서 한 마리 값을 내겠다고 해서 주희 엄마가 우선 3만 원을 빌려줬다.

우리 내외는 감동을 했다. 이런 아이들을 하나님께서 만 배로 축복해 달라고 기도했다. 손주들을 끌어안고 기도해줄 때마다, 넘치는 기쁨을 감추지 못한다. 아마도 다른 자식들 집에서도 의논해서 몇 마리가 되든지 사랑의 후원에 동참해 올 거다. 어른들이 이래라 저래라 시켜서 될 일이 아니다. 자발적인 지원과 헌신이 얼마나 중요하고 값진 것인지 스스로 깨닫고 훈련할 필요가 있다. 정말 '주는 것이 받는 것보다 복되다' 라는 성경 말씀이 그대로 이루어지는 것을 손주들을 통해 바라보고 싶다.

가족 모임이 끝날 때 마무리를 해준 차남 이동헌 교수(고려대 물리학과)의 기도가 마음에 메아리친다. "하나님께서 우리 집안 아이들을 잘 키워 주셔서, 장차 이 나라와 백성을 위해 귀한 동량이 되고, 세상과 이웃을 위해 받는 것보다 주는 것에 더 충실한 선한 일꾼들이 되어서, 하나님과 사람들로부터 칭찬받는 인생이 되도록 이끌어 주실 것을 믿습니다."라고 한 그 기도를 나는 믿는다.

우리 집안에 구복이를 주셔서 '제9의 복'을 깨닫게 해주신 하나님께 다시 한 번 깊이 감사드린다. 이동엽 원장의 차남 준영이(초등 6년)가 입고 있던 티셔츠 앞가슴에 적힌 문구가 오늘따라 크고 빛나는 광고판 문구처럼 확대되어 눈앞에 떠오른다. "NO BASE LIKE HOME"

외손녀 김나연(초4)의 글입니다.

자신의 것을 아낌없이 드리는 어린 손길이 큰 감동을 불러일으킵니다. 김나연의 작은 날갯짓이 나비효과가 되어 세상 끝까지 불어가는 큰 바람이 되길 기대하고 소망합니다.

—동북아공동체문화재단 칼럼 기고자

염소 프로젝트 속의 진실한 보물

김나연

서울 우암초등학교 4학년 행복반

"세상에 있는 모든 아이는 권리를 가지고 있다." 물론 내가 말하는 것이지만 난 이 말이 옳다고 생각한다.

아프리카의 탄자니아에서 217명의 아이가 부모님께서 병에 걸리셔서 고아가 되었다는 슬픈 소식이 전해졌다. 나는 이것을 하나님께서 우리에게 선교의 기쁨, 다른 사람의 행복을 같이 기뻐하는 것을 가르치시기 위해 계획하셨다고 생각한다. 그리고 이렇게 슬픈 일이 일어난 것은 우리의 다툼, 시기, 미움 등으로 인해서 하나님께서 그냥 일어나게 하신 그것이라고도 생각한다.

자그마치 217명의 아이가 고아가 된 것이다! 우리는 {하나님의 제자}라는 왕보다도 높고 소중한 자리에 앉은 사람으로서 그들을 도와야 하고 그들 또한 {하나님의 제자}로 만들어야 한다. 그리고 그것이 우리 삶의 꿈, 비전이 되어야 한다. 어떻게 됐든 그 217명의 소중한 아이들은 아주 가난해졌다. 우리는 그들이 소중하기 때문에 염소를 주려고 한다. 여기서 '왜 염소를 사 주지? 돈이 더 나을 것 같은데?' 등의 의문이 생길 수 있다. 처음에 그것이 목표라고 들었을 때 나도 그렇게 생각했다. 하지만 우린 조금씩 왜 염소를 주는지 알아간다. 먼저 염소는 번식력이 아주 좋은 동물이다. 그래서 생명은 생명을 낳고 그 생명은 또 다른 생명을 낳는다. 그렇게 해서 염소가 더 많이 생기는 것이다. 그 돈으로 생활비, 학비 등을 마련할 수 있다. 또 염소는 그런 환경에서 잘 자란다. 그리고 염소 우유를 끓여서 먹으면 된다고 한다. 이처럼 도움이 큰 염소를 각각 한 마리씩 선물하는 것이 이 프로젝트의 목표이다.

나는 '염소의 가격이 비쌀 텐데⋯'라고 생각하곤 했다. 내가 예상한 값은 강아지 정도였다. 하지만 강아지보다 덩치가 큰 염소의 가격이 30,000원(3만 원)이었다. 나는 내 용돈(162,500원)으로 염소를 살 수 있게 해주신 하나님께 진심으로 감사했다. 내 용돈은 6~7살부터 조금씩 모은 돈이다. 그중 90,000원을 저축해 두었다. 그 돈으로 염소 3마리를 살 수 있었다. 할아버지께서 나까지 포함한 사촌 9명(준혁 오빠, 지민 언니와 준호 오빠, 준영 오빠, 나와 다은이, 동생인 주안, 주희, 주연)의 이름으로 각각 5마리씩 해주셨다. 따라서 내가 돕는 사람은 총 8명이다. 내가 8명의 인생을 바꾸는 것, 실패에서 성공으로 바꾸는 데 조금이라도 힘을 더할 수 있어서 나는 나 자신이 너무너무 자랑스러웠다.

또 우리 가족도 나처럼 염소 프로젝트에 참여했다. 먼저 동생인 주안이는 세 마리, 주희와 주연이는 한 마리씩 함께 했다. 엄마, 아빠께 서도 함께하셨다. 심지어 주연이를 돌봐 주시는 산후조리사 이모님께 서도 1마리를 사시겠다고 하셨다. 우리 가족이 다 함께하니 이 프로젝트가 꼭 성공했으면 좋겠다는 마음이 더 커졌다.

내가 이 프로젝트를 함께하면서 이 프로젝트의 주인공을 뽑자면, 하나님의 비전, 우리들의 마음, 그리고 사랑이다.—내 소감 중 하나.

우리가 염소를 사줘서 그들이 학교에 다니게 되고, 생활비를 마련해서 하나님의 비전을 꿈꾸게 되는 건 매우 중요하다. 그건 아주 소중한 보물이다! 하지만 돈으로도 살 수 없는 보물이 있다. 그건 바로 선교를 해봐야 가질 수 있는 것이다. 그건 바로 선교의 기쁨이다. 삭개오는 다른 사람의 것을 가질 때보다, 나눠줄 때 더 행복했을 것이다.

하나님께서 우리를 먼저 풍성하고 하나님을 믿는 자로 만드신 이유는 그렇지 않은 사람들에게 전하라는 의미가 담겨 있다. 세상 모두가 세상을 만드신 하나님을 믿어야 한다. 우리는 그 말씀을 전하는 하나님의 쓸모 있는 '도구'이다.

RESTORING POWER IN MY LIFE

창조적 고통으로서의 능력

'마라의 쓴물' 같은 경험을 통해 우리 내면의 기본적인 심리적 욕구
('사랑')는 더욱 섬세하게, 더욱 진실하게 작동될 수 있다.

코로나19 사태를 견디면서

성경에 나오는 '마라의 쓴물'(출애굽기 15장)에 대한 묵상을 많이
하게 된다. 목사님들이 자주 인용하는 대목이다. 이스라엘 백성을 이끌
고 홍해를 건넌 모세는, 광야 길 사흘 만에 물이 다 떨어지자 백성들로부
터 심한 원망을 듣는다. 그리하여 모세가 부르짖으며 기도했더니 하나님
께서 한 나무를 가리키면서 "그 나무를 물에 던지라."고 하시자, 그대로
던졌더니 그 물이 달게 변했다는 내용이다.

우리의 인생에도 이같이 예기치 않은 고통이 수없이 닥쳐온다. 코로나
19 사태는 국가 재난일 뿐 아니라, 개인적으로도 감내하기 어려울
정도의 정신적 물질적 고통을 유발한 '마라의 쓴물'과 같은 역병이다.
이럴 때 우리는 어떻게 대처해야 할까? 어떻게 대응하는 것이 가장

지혜롭고 강력한 회복의 대책이 될 것인가?

성경에서는 그 쓴물을 단물로 변화시킨 '한 나무'를 신약과 연결하여 예수 그리스도라고 가르친다. 나는 크리스천으로서 그 말씀을 믿는다. 세상을 구원하기 위해 육신의 몸으로 오셔서 십자가에 못 박혀 죽기까지 하면서 우리의 죄를 대신 짊어지신 예수님의 그 '고통보다 깊은 사랑의 능력'이 우리의 고통을 치유하는 능력이 됨을 나는 믿는다.

▌폴 투르니에 박사의 '인격 의학'

이러한 능력을 '인격 의학'이라는 용어로 설명하면서, 인간에게 닥친 고통을 전인적으로 치유하기 위해서 의술과 인간 이해, 종교가 결합해야만 가능하다고 주창한 의사가 있다. 다름 아닌 스위스 제네바 출신의 내과 의사이자 정신의학자이며 작가인 폴 투르니에 박사(1898-1986)이다. 인간관계의 중요성을 강조하며 심리학과 성경적 원리를 통합적으로 체계화하려고 애쓴 그는, 동료 의사들에게 환자의 고통을 덜어줄 뿐만 아니라, 전인적으로 치유하기 위해서는 반드시 인격적인 관심과 배려가 필요하다고 독려했다. 나아가 과학주의에 빠져 합리적 분석에만 매달리고 있던 당대 의료계에 경종을 울리면서 많은 저서를 남겼는데, 그의 저서들은 18개국 언어로 번역되어 널리 읽히고 있다.

특히 그는 자신의 성장 과정에서 겪었던 '상실'의 고통을 내재적 역량, 곧 기독교적 신앙의 능력으로 승화시켜 이를 자신의 학문과 저술에 반영함으로써, 많은 사람에게 '고통에 대한 용기 있는 반응'이 창조적 에너지를 낳는다고 가르쳤다. 이를 나는 폴 투르니에 박사의

'회복을 위한 창조적 고통으로서의 능력'이라 부른다. 그는 태어난 지 3개월 만에 아버지를, 여섯 살에는 어머니마저 여의면서 외삼촌 집에서 성장한 불우한 소년 시절을 겪었다. 그의 자전적 고백에 의하면, 그렇게 외롭고 불안정했던 10대에 고등학교 교사인 쥘 뒤부아라는 스승을 만나면서, 그가 베푼 사랑과 배려의 신앙심에 힘입어 자신감을 회복하고 자폐 성향을 극복했다. 그뿐만이 아니라 인격적 만남의 중요성 과 선한 영향력에 대해서도 깊이 이해하게 되었다고 한다.

"이전 것은 지나갔으니 보라 새사람이 되었노라."라는 성경 말씀 그대로 폴 투르니에는 제네바 의과대학을 우수한 성적으로 졸업했다. 이후 유명 내과 의사가 되었을 뿐만 아니라, 20세기 후반의 가장 영향력 있는 저술가요 강연자로 생애를 마쳤다.

그는 저서 『창조적 고통』에서, 역사적으로 세계의 인물이 된 200여 명의 과학자, 정치인, 예술가들의 생애를 연구한 보고서를 소개하면서 공통점을 발견했다. 그것은 그들이 성장 과정에 대부분 '상실'의 고통을 경험했다는 것이다. 그리고 그는 책에서, 대부분의 인물이 이룬 창조적 인 삶의 동기는 개인의 재주와 능력이 아니라, 자기 앞에 주어진 '상실'의 고통을 주변 사람들과 소통하면서 함께 협력하고 결속하는 믿음과 사랑의 능력으로 대응한 데서 기인했다고 말한다. 이로써 고통을 이겨내 게 되었던 것이다.

다시 말해 그의 또 다른 저서인 『고통보다 깊은』이란 책에서 말한 것처럼, "내 운명을 바꾸고 고아라는 불리한 조건에서 해방해준 것은 나를 입양한 가정과 그리스어 선생님, 그리고 내 아내와 다른 많은

폴 투르니에는 그의 저서 『고통보다 깊은 : 고통에 대한 창조적
반응과 온전한 성숙』에서, 고통에 대한 용기 있는 반응이 창조적
에너지를 낳는다고 말한다. 절망의 비가 내리더라도 태양이
없어진 것은 아니다. 먹구름이 하늘을 가득 채워도 태양은
그 너머에서 언제나 빛나고 있다. 이 세상을 섭리하고 계시는
하나님께서 나를 사랑하고 계실 뿐만 아니라 나의 인생을 가장
가치 있게 사용해 주실 것이라는 믿음은 우리를 언제나 다시
살게 만드는 에너지원이다. 사진은 신디 가뇽(Cindy Gagnon)
의 일러스트레이션.

사람, 무엇보다도 옥스퍼드 그룹 친구들의 진정한 인격적인 사랑이었다. 이 모든 것에서 나는 하나님의 은혜를 입었다. 그분은 그분의 사랑을 전하는 도구로 많은 사람을 들어 쓰시어 나에게 도움의 손길을 베푸셨다."라고 고백함으로써, '상실'의 고통을 이겨내고 열매 맺게 하는 결정적 요인은 '사랑'이라고 역설했다.

사랑이 나를 살렸다

나는 폴 투르니에 박사의 고백과 주장을 전적으로 신뢰한다. 나 자신의 젊은 날에 겪었던 좌절과 방황, 소외로 인한 참혹할 정도의 '상실'의 고통을 극복하는 데도 결정적 역할을 한 것은 다름 아닌 기독교적 사랑의 헌신이었음을 스스로 잘 알고 있기 때문이다. 아내의 믿음과 사랑, 자녀들과의 친밀한 소통이 나를 살렸다. 기독교에 입문한 이후 교회뿐 아니라 초교파적으로 선한 사역(연변·평양과기대, CBMC, KOSTA, ISF국제학생회 등)을 수행하는 과정에 함께 비전을 나눈 동역자들과의 인간관계와 그 속에서 우러난 진정한 우정의 힘이 나를 정신적 고통의 늪에서 거듭나도록 이끌어준 원동력이 되었다.

사랑과 가치는 인간의 기본적인 심리적 욕구라고 하는데, 이 욕구를 채워줄 수 있는 일과 사람들이 있다는 게 나한테는 큰 행복으로 느껴졌다. 그리고 이 세상을 섭리하고 계시는 하나님께서 나를 사랑하고 계실 뿐만 아니라, 나의 인생을 가장 가치 있게 사용해 주실 것이라는 믿음이 있다. 그래서 나는 그 어떤 두려움도 염려도 없이, 인생에서 주어지는 '마라의 쓴물'과 같은 고통을 너끈히 이겨낼 수 있는 자신감을 가지고 살아가고 있다.

이번 코로나19 사태를 겪고 있는 많은 이웃에게 이렇게 권면하고 싶다. 고통을 거친다고 해서 반드시 성숙해지거나 창조성을 획득하는 것은 아니지만, 창조적인 삶으로 들어가기 위해서는 고통의 과정이 필요할 수 있다는 것을 우리 스스로 인정하자고 권하고 싶다. '사회적 거리 두기'로 인한 '상실'의 고통이 크지만, 이를 통해 우리 내면의 보이지 않는 기본적인 심리적 욕구('사랑과 가치')는 더욱 섬세하게, 더욱 진실하게 작동될 수 있다는 믿음을 갖고, 이 시대의 고난을 과감히 대응해서 이겨내자고 권하고 싶다. 고통이란 다른 말로 표현하면 '위장된 축복'에 다름 아니기 때문이다.

산모의 진통을 통해서만 비로소 새 생명을 낳는다. 불교에서 고행과 수행을 통해 얻고자 하는 해탈의 진리 또한 '고통 속에 피어나는 만행화'의 꽃이 아니겠는가? 러시아 문학의 위대성을 대변하는 '고뇌하는 정신', 즉 톨스토이와 도스토예프스키의 소설이 지향했던 '인간 구원의 섭리'도 결국 고통을 통해서 고통을 이겨내는 회개와 부활의 정신이 아니었던가?

세계 기독교가 가장 신뢰하고 사랑했던 상담자로서, 20세기 후반을 지나 21세기에도 선한 영향력을 끼칠 것으로 평가받고 있는 폴 투르니에 박사, 그분이 남긴 책 제목 그대로 '고통보다 깊은' 사랑의 능력, 그 거듭나는 '창조적 고통'의 능력이 우리의 삶을 더욱 값지고 윤택하게 하는 하나님의 은혜의 선물이 되기를 전심으로 바란다.

RESTORING POWER IN MY LIFE
삼위일체 영적 건강법

삼위일체형 각성과 깨우침이, 마치 영혼의 정수리에
기름을 갖다 붓는 듯 충격과 감동으로 전해져 왔다.

서가에서 책 한 권을 뽑아들었다.

퀴퀴한 냄새가 날 정도로 오래 묵은 책이지만 나에게는 여간 소중한 책이 아니다. 지금 살아 계셨으면 만 107세가 되는, '삼위일체 영문법'으로 명성을 날린 안현필 선생이 지으신 1994년 판 『삼위일체 장수법』이란 책이다. 요사이 부쩍 '100세 건강'에 더 관심을 갖게 된 연유는, 100세를 살면서도 젊은이 못지않은 의욕과 열정으로 일주일에 서너 번씩 강의를 하고 계시는 김형석 교수님의 '100세 일기'(「조선일보」)를 감명 깊게 읽고 있는데다, 며칠 전 100세로 영면하신 백선엽 장군의 일생에 대해 이런저런 묵상을 하다 보니, '과연 이분들은 어떤 DNA를 갖고 계셨기에 100년을 너끈히 살아 내신 걸까?'라는 의구심 반, 호기심 반이 생겼기 때문이다.

'아, 100세 인생이라! 이게 결코 빈말이 아니구나.' 하는 생각이 들면서, 갑자기 생명에 대한 경외심과 함께 나도 이런 인생을 살 수 있을 것인가에 대한 근원적인 물음을 하게 된다.

내가 처음으로 안현필 선생의 건강 강좌 '삼위일체 장수법'을 접한 것은 1991년 겨울이었다. 간경화 초기 진단을 받고 집에서 몇 달 간 쉬면서 요양을 하고 있던 때다. 실은 1990년 신년 초에 가족들 손에 이끌려 오산리금식기도원에 갔다가 변화를 받고 곧바로 교회출석을 했을 때다. 그해 여름 교회식구 여섯 가족들과 함께 중국 여행을 다녀왔고 그분들과 가깝게 교제하던 중, 다음해 여름 휴가철에는 이스라엘 성지순례를 다녀오기로 했다.

7월 말부터 3주간의 일정 계획을 세워놓고 여행 업무를 준비하던 중 미리 현지에 대한 성경 지식과 역사 공부를 하고 가는 게 좋겠다는 건의가 있어서, 당시 연세대 신학대학원장으로 계시던 박준서 박사(구약학)를 모시고 집중적인 지도를 받고 있을 때였다. 일원 중 한 분이 "한여름 이스라엘 여행이 만만치 않은데다 더군다나 3주 이상 걸리는 여행이니 우리 모두 건강 체크라도 한번 받아보고 가자."라고 제안했다.

그 제안을 받아들여 나와 아내는 압구정동에 있는 안세병원으로 가서 몇 가지 기본적인 건강 체크를 했다. 그때 나의 경우 만성 간염(B형)에서 활동성 간염으로 전이된 상태에서 간경화 현상을 보이고 있다는 진단이 나왔다. 3주간에 걸쳐 3차례 GOT, GPT 조사를 한 결과 모두 정상수치보다 수십 배 높은 900~1500 수치를 보였다. 간의 가장자리 출혈 부분 함몰 구간에 섬유소가 채워지면서 간경화로 진전되고 있다는 게 병원 측 소견이었다. 그때 세 번째 검사를 마친 후 병원장께서 하셨던 말씀이 지금도 귀에 쟁쟁하다. "죽으려면 이스라엘 나가시고 살려면 지금 당장 여기 올라가세요." 병원 침대를 가리키며 냉랭한 어조로 강권하던 모습이 눈에 선하다.

그날 지인들과 의논을 한 후, 성지순례 여행을 가려고 준비해 왔던 모든 계획을 취소하기로 하고 곧바로 서울대학병원에 입원했다. 그리고 3개월 동안 정밀검사와 함께 안정적으로 간경화 증세를 치유하는 데 주력했다. 그리고 11월 중순 경 퇴원한 이후, 약 4개월 정도 집에서 요양하면서 건강 회복을 위해 이것저것 간질환 관련 책도 읽고 건강 강좌도 들으면서 소일하고 있을 때였다.

그때 「한국일보」에 매주 수요일 연재되던 안현필 선생의 건강에세이를 읽고 큰 감명을 받았으며, 나중에 그의 건강 강좌에도 두 번 참여했던 게 지금도 기억에 새롭다. 그 후 3년간 안 선생께서 강의한 내용을 묶어 「한국일보」에서 출간(1994년 11월)한 책이 바로 앞서 얘기한 『삼위일체 장수법』이다.

‘삼위일체 장수법’의 3대 요소

안현필 선생은 제주 출생으로 소년시절에 가족들과 함께 일본으로 건너간 이후, 두 형(兄)이 불치의 병으로 일찍 세상을 뜨게 된 가정적인 불운을 겪었다. 그 후 신문배달을 하면서 어렵게 고학을 했다. 나중에 아오야마가쿠인대(청산학원대) 영문학과를 졸업했으며, 귀국 후 경기고, 서울고, 한국외국어대, 서울사범대 등에서 영어를 가르치면서 이름을 날렸다. 그러다가 서울 종로에 EMI 학원을 세워 대성함으로써 부와 명성을 한 몸에 누렸다. 그러다가 60세가 되었을 때 과로와 무질서한 생활습관으로 건강을 잃으면서 그동안 쌓아왔던 부와 명예를 한순간에 잃는 불운을 맞게 되었다. 그리고 그때 큰 결심을 하고 찾아간 곳이 고향 제주도였다. 거기서 신병치료를 하면서 절박했던 삶에 대한 열정을 불태우며 제2의 인생을 복원하기 위해 스스로 건강을 회복한 과정과 콘텐츠를 정리한 게 바로 '안현필 장수법'인 것이다.

안현필 선생은 10여 년간 제주도 한라산에서 자연식 생활을 하는 가운데 체험적으로 '안현필식 건강법'을 터득하게 됐다. 그 후 노년에 접어든 70세 때부터 '자연건강' 전문가로 거듭난 인생을 살면서 신병으로 고생하는 많은 환자에게 새로운 희망과 처방을 선사하는 '건강 전도사'로 자리매김했다.

"150세 이상 장수를 자신하는 82세 노인의 체험적 건강에세이" 이것은 책 표지(뒷면)에 적혀 있는 출판사의 선전 문구이다. 얼마만큼이나 큰 자신감을 갖고 있었으면 이렇게까지 표현했을까! 그런 안 선생도 불의의 교통사고로 얻은 후유증을 앓다가 87세의 젊은 나이로 세상을 하직하게 되었으니 '인명은 재천'이라는 말이 실감난다.

아무튼 그분이 남긴 책을 살펴보면 요즘에도 참고할 만한 유익한 자연건강식 식이요법과 적용 사례들이 많다. 한마디로 요약한다면, '안현필식 건강법'의 핵심은 제독(除毒), 자연식(自然食), 운동(運動) 등 삼위일체로 작동하는 선순환 구조의 건강요법이다.

'삼위일체 영문법'이 하도 유명했기에 (나도 이 책으로 영어 공부를 했다.) 이에 발맞춰 '삼위일체 장수법'으로 제호를 달았을 그의 건강법은, 먼저 몸속의 독을 없애고, 자연식으로 살과 피를 맑게 한 뒤, 깨끗한 피를 운동을 통해 온몸에 순환시켜야 한다는 것이다. 지극히 상식적인 내용이지만, 저명인사의 산 경험을 토대로 쓴 건강 비결은 책이 나오자마자 선풍적인 인기를 탔다.

특히 그는 음식의 중요성을 강조했다. 흰 밀가루, 흰 설탕, 화학조미료 등은 사람을 죽이는 식품이니 멀리하고, 가공하지 않은 자연 그대로의 식품을 먹어야 건강해진다는 것이다. 비싼 보양식이나 약처럼 부자들만 행할 수 있는 건강법은 가짜라고 일갈한 그는, 자연에 가까운 음식을 먹는 자신의 건강법이야말로 가난한 사람도 건강해질 수 있는 진짜 건강법이라고 강조했다. (「농민신문」사 이상희 기자 소개문 인용)

나는 1991년 이후 수년간 섭생을 조심하면서 간경화 증세를 치유하거나 전반적 건강 증진을 위해『삼위일체 장수법』에 나오는 지침과 사례를 많이 원용했다. 그리고 많은 도움이 되었다. 지금도 그가 주장한 자연식을 많이 애용하고 있는 편이다. 그런 가운데 몸의 건강도 중요하지만, 이에 못지않게 정신적 건강도 매우 중요하다는 사실을 깨달았다. 그러고는 이 점에 주력하면서 '안현필식 건강법'을 참고로 하여 본인의 기독 신앙관에 입각한 '삼위일체 영적 건강법'을 정립하는 수준에까지 이르게 되었으니 이 또한 하나님의 은택이라 하지 않을 수 없다.

디바인 파워가 내 안에서 작동하려면

나는 당시 기독교 입문 초년생으로, 건강을 위한 필독서로『삼위일체 장수법』을 읽을 때마다 그가 강조한 '제독, 자연식, 운동'이라는 삼위일체형 선순환 구조가 유독 신체적 건강에만 해당되는 게 아니라, 영적 건강에도 바로 적용할 수 있는, 매우 유익한 신앙수칙이라는 점을 깨닫게 되었다.

첫째, 건강 회복을 위해서 무엇보다 먼저 몸속에 쌓여 있는 독을 제하는 일이 선행되어야 하는 것처럼, 영적 건강을 위해서도 해독작용이 선행되어야 한다고 깨달았다. 마태복음 4장 17절에 보면, 예수님께서 공생애를 시작하면서 첫마디로 "회개하라, 천국이 가까웠느니라."라고 공포하신 말씀이 있다. 건강수련원 같은 데서는 흔히 금식을 통해 몸속에 있는 독을 제하는 훈련을 많이 하게 되는데, 정신적인 것 또한 우리 영혼 속에 바이러스처럼 침습해 있는 독('죄')을 회개를 통해 먼저 제하는 일이 중요하다. 그리고 그것은 오직 하나님 앞에서 자신의 죄를 정직하게 고백하는 길이 그 첫 관문이라는 생각이 불현듯 들었다.

둘째, 몸속에 있는 독을 제거해 나가면서 그다음 단계로, 섭생을 위해 인위적으로 가공된 음식물을 피하고 자연식을 일상화하면서 '깨끗한 음식, 깨끗한 물, 깨끗한 공기'를 먹고 마시는 일을 철저히 지키는 것이 무엇보다 중요한 건강 비결이 된다고 배웠다. 그때, 내가 선뜻 깨닫게 된 신앙수칙으로 '깨끗한 음식'은 성경 말씀이요, '깨끗한 물'은 기도요, '깨끗한 공기'는 찬양으로 이해되기 시작했다. 참으로 그것이 쉽게, 그리고 불같이, 생수같이 강력하게 깨달아졌다.

끝으로, 자연식 섭생을 통해 영양 및 건강 상태가 양호해지면 그다음에 적당한 운동을 계속해서 자신의 체력과 근육질을 강화하는 일이 건강유지에 매우 중요한 요소가 된다고 들었다. 그때 내가 공감한 바는 그 '적당한 운동'이란 곧 전도하고 선교하는 일을 가리키는 것으로 깨닫게 되었다. 즉 전도하고 선교하는 사역 과정에 자연스럽게 영적 실천능력과 근육질이 배양, 강화되도록 하는 게 장기적으로 건강한 신앙생활을 하는 데 필수불가결한 요소라는 생각이 들었다.

당시 초신자였지만 이런 삼위일체형 각성과 깨우침이, 마치 영혼의 정수리에 기름을 갖다 붓는 듯 충격과 감동으로 전해져 왔다. 당시 간경화 치유 중에 있어서 더욱 실감 있게 깨달아졌는지 모르겠지만 그때부터 소위 '삼위일체 영적 건강법'이란 개념이 내 마음속에, 영혼 속에 깊이 내재하면서 지금껏 한 번도 이 개념의 틀을 떠나본 적이 없다. 그리고 그것이 내 모든 신앙생활의 굳건한 지주가 되어 왔다. 영적 회개는 신체적 제독과 통하고, 하나님의 말씀과 기도와 찬양으로 응축된 영적 양식은 몸에 좋은 자연식과 같고, 복음전도와 선교를 통해 훈련되는 영적 체질 강화법은 신체건강을 유지하는 적당한 운동과 다를 바 없다. 또한 이렇듯 삼위일체 영적 건강 상태의 길로 들어서게 되었다면, 지속적인 영적 체질 강화를 위하여 영적 재활에도 힘을 쏟아야 할 것이다. 신체의 재활이 몸의 기능을 회복하여 정상생활을 계속 유지해 나가도록 하는 것이라면, 영적 재활은 날마다 속사람으로 호흡하며 살아가는 것, 곧 매순간 영성으로 살아가게 하는 탁월한 훈련이 될 것이다.

따라서 이 세 가지 건강 비결이 한데 어우러져 창출하는 정신적 시너지가 바로 '삼위일체 영적 건강법'으로서의 디바인 파워(Divine Power)

임을 믿어 의심치 않는다. 이런 믿음을 갖고, 평생 이런 신앙 기조의 틀을 유지하며 살아갈 수 있을 것 같아서 참으로 기분 좋다.

이렇게 말을 해놓고 보니, 나도 어쩌면 '100년 인생'을 살아낼 수 있을 것 같은 자신감이 생긴다. 올해 나이 73세로 90까지만 살아도 장수하는 걸로 여기며 살아왔는데, 이제 다시 생각해보니 나뿐만 아니라 많은 분들이 '100세 인생'을 구가하며 살아가는 시대를 맞았다는 실감이 난다. 그러기 위해서는 '안현필식 건강법'이 좋은 지침이 될 수 있고, 거기에 더하여 자기 나름대로의 정신적 DNA를 강화하는 훈련(나의 경우에는 '삼위일체 영적 건강법')을 계속한다면, 우리는 틀림없이 9988-234를 넘어 '100년 건강 장수인생'을 살 수 있으리라 믿어진다.

100세를 사시다가 며칠 전 영면하신 백선엽 장군의 '투철한 군인정신'과 지금도 강단에서 열정을 토하면서 '남은 소원은 이제 다시 연애해 보는 것'이라고 당당히 말하는 김형석 교수의 '행복한 철학정신'이야 말로, 각자의 인생에 위임된 자강 능력을 최대한 훈련하고 발현한 인간승리의 건강비결이라 믿어진다.

그래서 나도 감히 말한다. 40대 중반에 겪은 간경화 치유 과정이 오히려 그 후의 삶을 영육 간에 강건한 선순환 구조로 전환하는 기회를 제공해 주었다는 점에서, 혹시 지금 이 순간에도 질병으로 고통받는 분들이 계시면, 결코 헛되이 낙심하지 마시기 바란다. 나의 '삼위일체 영적 건강법'을 따라 하시면서, 이승에서의 '100세 인생'뿐만 아니라 저세상에서도 '만세 영생'을 누리는 '참된 복인(福人)'이 되시기를 진정으로 기원하는 바이다.

RESTORING POWER IN MY LIFE

'생활습관의학'의 생활화

생활습관을 바로 잡는 것은 예방의학적 대책이자 인간의
신체적·정신적 건강을 체질화하는 면역력 강화의 비법이다.

어머니께서 92세 생신(7. 25)을

맞으셨다. 지금도 여전히 청도 대남요양병원에 격리되어 계신다. 당장이라도 찾아가 뵙고 싶지만, 아직 질병관리본부에서 가족 면회를 허용하지 않고 있다. 부득이 한 달 전부터 병원 측의 협조를 얻어 열흘 간격으로 가족들이 화상으로 안부를 전하고 있다. 쌍방 간 정상 통화는 하지 못하고 얼굴만 쳐다보며 일방적으로 의사 전달만 하는 실정이다.

우리 장남 내외가 맨 처음 인사드렸고, 두 번째는 미국에서 2주 전에 귀국한 막내 여동생(이승현 교수)이 자가격리 중에 인사를 드렸다. 세 번째로 그저께 어머니 생신 일에는 셋째 남동생(이승건 치과 원장) 내외가 가족 대표로 인사를 드렸다. 마음이 착잡하고 울컥울컥 눈물이 나려 한다. 자식으로서 불효막심하다는 생각도 들지만 이를 어쩌지 못하는 코로나19 현실의 장벽이 너무 높고 위협적이다. 이를 뛰어넘을 수 있는 대안은 없는가? 언제쯤이면 백신이 상용화되어 이 난국을 이겨낼 수 있을까?

지난 주말 갑갑한 심경을 견디다 못해 양재천에 산책하러 나갔다가 사무실 부근에 있는 카페에 들러 「토요신문」을 챙겨 읽으며 소일했다. 「매일경제」 신문 'weekend' 면에 평소 잘 알고 있는 유명인사의 인터뷰 기사가 있어서 찬찬히 읽어 보았다. "86세 국민 정신과 의사의 '유기농 찬가', 평소 80퍼센트 먹는 소식(小食) 땐 병원 갈 일 없어"란 타이틀이 붙은, 정신·예방의학 권위자 이시형 박사의 건강유지 비결에 관한 기사였다.

고등학교 15년 선배 되는 분으로, 모교 행사가 있을 때 몇 번 인사 드렸지만, 책(『배짱으로 삽시다』)으로 또 각종 방송 프로그램에서 더 가깝게 접한 분이다. 오히려 미국에 유학 갔던 막내 여동생이 더욱 긴밀한 관계(예방의학 관련 업무)를 맺고 오랜 기간 교류해온 분이다. 그런데 신문을 집어 들자마자 너무 젊고 싱싱해 보이는 그의 사진을 보니 내심 놀랍기도 하고 퍽 궁금해졌다.

'우리 어머니와 불과 여섯 살밖에 차이가 나지 않은 남자분인데 이토록 건강하고 활달하신가? 이분은 도대체 어떻게 이토록 노년 건강을 잘 유지하시는가?'

생활습관이 문제다

경북대 의대를 거쳐 미국 예일대에서 정신의학 박사 학위를 딴 이시형 박사는 정신건강의학 분야 국내 최고 권위자로 통한다. 한국인이면 누구나 쉽게 인지하는 '화병'을 세계 최초로 정신의학 용어로 만든 분이기도 하고, 수많은 임상 경험을 바탕으로 시청자를 상대로 정신상담을 하며 인기 방송인으로도 자리를 잡았다. 또한 그는 돈이 되는 치료의학보다 장기적으로 필수 건강대책이 되는 예방의학 분야를 개척했는데, 그 일환으로 2007년부터 강원도 홍천에 '힐리언스(힐링과 사이언스의 합성어) 선마을'을 만들어 운영하고 있다.

그리고 이어서 2009년부터는 사람들이 행복하게 살아갈 수 있도록 하는 방법을 연구하는 '세로토닌문화원'을 세워 인간의 '무병장수'와 더불어 '병원 없는 세상'을 추구하고 있다. 30년간 감기몸살 한번 앓지 않았다고 기염을 토하는 그는, 한마디로 인생 전체를 무병으로 살아가기로 작정하고 자신을 임상 실험하고 있는 '80대 청년'이라고 해도 과언이 아니다.

그가 특히 강조하는 분야가 예방의학이다. 신문에서 기자(정혁훈 농업전문기자)가 "건강하게 살려면 어떻게 해야 하나?"라고 묻자 그는 단호하게 이렇게 답했다. "예방의학을 실천하기 위해 만든 힐리언스 선마을을 보자. 이곳에서는 생활습관을 건강하게 바꾸는 연습을 한다. 대표적인 성인병인 고혈압이나 당뇨병, 비만 등은 모두 생활습관이 잘못되어 걸리는 것이다. 선마을에서는 가장 중요한 4대 생활습관인 식사와 운동, 생활리듬, 마음습관을 바꾸도록 도와준다.

밥을 먹을 때도 한입에 30번 이상 씹으면서 한 끼를 30분간 먹도록 한다. (나는 이를 '3030 법칙'이라 하여 10년 넘게 실천하고 있으며 주변에도 널리 권유하고 있다.) 선마을에 들어올 때는 차에서 내려 걸어와야 하고, 안에서는 무조건 계단을 이용해야 한다. 또한 명상 시간을 많이 갖도록 한다. 우리나라 사람들이 가장 안 되는 게 마음습관 이다. 늘 조급하고 작은 일에도 화를 낸다. 보복 운전이 많은 것도 마음습관이 잘못 들었기 때문이다."라고 답했다.

듣고 보면 쉬운 얘기 같지만, 생활습관을 어떻게 바로 잡느냐가 결국 건강을 유지하는 데 참으로 중요한 예방의학적 대책이 되며, 또한 인간의 신체적·정신적 건강을 체질화하는 면역력 강화의 비법이 되리라는 소감을 가지게 되었다.

▌생활습관의학은 건강을 위한 통합적 접근법

이제 내 동생 이승현 교수를 소개해 보자. 미국 사우스캐롤라이나 주립대에 유학하여 공중보건학 박사 학위를 취득했으며, 그 후 노스캐롤 라이나 주립대학 및 조지아 주립대학을 거쳐 북텍사스 주립 의과대학 에서 가정의학과 교수로 있다가 현재는 캘리포니아주 로마린다 의과대 학 예방의학과 교수로 재직 중이다. 하버드 의과대학 예방의학 팀과 협동연구자로 사역하면서 국제·미국생활습관의학 보드 전문인 및 '건강과 웰니스' 인증 코치로도 활동해 왔다. 2년 전에 대한생활습관의학 교육원을 설립하고 현재 회장직을 맡고 있으며, 이시형 박사는 이 교육원의 이사장이시다.

이번에 세종시에 있는 고려대학교 공공정책대학(건강도시연구센터)의 초빙을 받고 다음 학기부터 강의할 예정인데, 어머니 생신 일정에 맞춰 2주 전에 귀국했다. 귀국 후 포항 언니 집에서 자가격리 한 다음, 청도 대남요양병원에 계시는 어머니를 면회 가려고 했으나, 결국 무산되고 말았다. 개인 가정사이지만 여간 안타까운 일이 아니다.

지난 주말 이시형 박사의 인터뷰 기사를 읽으며 반갑기도 했지만, 한편 마음이 이중적으로 우울했던 이유는, 도대체 우리는 코로나19 사태 이후에 일어날 사회적 변화와 부작용에 대해 앞으로 어떻게 대처하며 살아가야 할 것인가, 특히 그 가운데 인간의 생명보호와 건강유지를 위해 무엇을 어떻게 해야 할 것인가에 대한 물음이 자꾸만 생채기 터지듯이 솟구쳤기 때문이다.

어머니에 대한 걱정과 함께 인류 문명사에 대한 근본적인 회의가 들어 한동안 가슴이 먹먹해졌다. 그렇다고 내가 해결사가 아닌 다음에야 무엇을 어떻게 할 수 있겠는가? 그러다가 문득 몇 달 전에 동생 이승현 교수가 코로나19 사태가 연일 확산되고 있을 때 참고로 하라고 보내준 아티클이 생각나서 그 길로 바로 집에 들어와 이메일을 뒤적여 봤다. "세계 대유행 전염병 예방 및 극복: 생활습관의학을 접목한 근본적이자 통합적 접근"이라는 긴 제목의 논문이다. 10포인트의 작은 글씨로 꽉 채운 27쪽 분량(참고문헌 포함)의 전문 아티클이었다.

내가 여기서 그 내용을 어떻게 다 정리해서 소개할 수 있겠는가? 간단히 몇 자로 요약하면, 20세기 말에 출현한 '생활습관의학(Lifestyle Medicine, LM)'은 생활 속에서 의학을, 또한 의학 속에서 생활을 다룬다.

즉 일상의 삶 속에서 건강과 질병의 원인과 영향과 해답과 활용 등을 찾는 의학이자, 동시에 의학 속에서 건강 증진적 및 질병 감소적 생활 스타일과 삶의 길을 안내하고 도와주는 의료체계라고 할 수 있다.

█ 건강한 생활습관은 삶의 지혜

이승현 교수는 그의 아티클 마지막 부분에서, "만물의 영장인 우리 고귀한 인생들이 미생물 바이러스로 인해 생명과 존재와 삶이 다치거나 희생되어서는 안 된다."라고 강조하면서, "LM에서 안내되고 사용되는 건강생활 요소들이 면역 건강 및 생명체 건강을 증진하고 유지하며, 또한 생활습관병인 만성질환만이 아니라 감염질환의 예방과 극복을 위한 과정에 삶의 길로서 생활의 지혜가 되기를 기원한다."라고 쓰고 있었다. 그리고 이를 도울 수 있는, LM에서 다루는 몇 가지 기본적인 라이프 스타일 요소들과 관련된 근거들을 구체적으로 다음과 같이 예시하고 있다.

1) **담배와 술** : 흡연은 흡입된 바이러스나 병원균을 몸에서부터 퇴출시키는 섬모기능을 방해한다. 또한 흡연은 점액섬모 면역세포 기능을 방해하여 감염균과 싸울 능력에 해로운 영향을 미친다. 실제로 이번 코로나19의 진전에 가장 위험한 요소로 알려진 것은 담배 흡연이다. 술은 소량 섭취는 면역체계에 영향을 거의 미치지 않는 것으로 보고되었으나, 감기 증세가 있을 때는 금주를 하는 게 안전한 선택이다.

2) **식생활 및 영양** : 매일 섭취하는 식사는 우리의 전체적 건강에

주요한 영향을 미친다. 특히 미립영양소 부족은 모든 면역기능을 손상함으로써 감염질환에 더욱 취약하도록 만든다. 또한 체내 70퍼센트 정도의 면역세포들이 장에 집중해 있는 만큼, 유익한 장내균을 잘 증식시키는 고섬유질 식생활습관은 당뇨병이나 신진대사증후군 같은 만성질환만이 아니라 감염질환 예방 및 극복에도 중요하다.

3) 신체활동 및 운동 : 운동은 면역성 증가 및 감염 유발과 증세 기간에 상당한 영향을 미치는 것으로 나타났다. 즉 다양한 면역세포들의 향상된 순환이 각 운동 세션마다 일어났으며 또한 그 효과는 운동 후 3시간까지 지속되었다. 반면, 비신체활동 생활이 연장자들에게 있어서는 감염 위험의 증가 및 면역노화(immunosenescence)와 연관이 있다고 확인됐다. 그리고 이런 운동 효과와 함께 사회적 고립이 커지는 이 시기에 자신의 몸을 자연경관에 노출시키는 것은 면역력을 증가시키는 데 유익하다고 알려지고 있다.

4) 수면 : 수면은 면역반응을 강화하는 것으로 잘 알려졌다. 또한 대부분 면역세포의 면역 도전의 최상적 반응은 잠을 자는 동안에 일어난다. 부족한 수면의 질과 양은 바이러스 및 박테리아 감염에 대한 반응을 손상하며 감염질환에 취약하게 만든다. 그리고 건강한 수면은 18세 이상 성인의 경우 7~9시간이 권장되며, 가능한 규칙적 수면 습관을 갖추어 사용하는 게 좋다. 특히 저녁식사는 수면 전 최소 3~4시간 전에 마침으로써 소화 활동으로 인한 수면 방해가 없도록 한다.

5) 스트레스 관리 : 스트레스는 현대 생활의 유사어이다. 여러 호르몬의 활동을 통해 스트레스는 자연살생 면역세포 활동, 림프구의 효능과

증식 또한 항체 생산에 영향을 미치면서 면역체계 기능을 약화하고 감염의 심각성을 증가시키는 것으로 나타났다. 따라서 스트레스 상태가 면역기능에 해로운 만큼, 우리의 스트레스 상태를 감소시키는 행동을 취하는 것은 필수적이다. 가능한 한 잠시라도 하던 일을 멈추고 명상을 생활의 리듬에 결합해보라. 어떤 증거들은 명상이 면역력에 긍정적 변화를 초래하는 것을 보여준다.

6) **사회적 연결 및 지지** : 이번 코로나19 사태 동안, 사회적 또는 육체적 거리두기를 실시하면서 친구나 가족이나 동료들과 함께 모이는 것은 어려울 수 있다. 그러나 그들과의 연결을 계속 가지는 것은 정신적 및 신체적 건강유지에 중요하다. 특히 사회적 연결이나 지지적 관계는 긍정적 감성을 향상시키며, 그러한 긍정적 마인드는 잘 알려졌듯이 면역력을 강화시킨다. 심지어 '찰나적인 연결(Micro Connection)'과 지지라도 면역 건강을 유지하고 향상할 수 있다.

결론적으로, 코로나19 팬데믹 현상을 극복하는 몇 가지 의료분야의 도전 가운데 백신(vaccine)을 개발하는 것만큼이나 중요한 것은 예방 의학적 차원에서 인체의 면역기능을 강화하는 일이다. 이를 위해 이승현 교수는 생활습관병인 만성질환만이 아니라 감염질환까지도 치유할 수 있는 생활습관의학(LM)이 우리가 집중해야 할 주요한 영역 중의 하나라고 강조하면서, 특히 LM이 직접 이바지할 수 있는 두 가지 강점을 이렇게 정의한다.

첫째, 건강한 라이프 스타일 요소들이 사람들의 면역 건강을 포함하여 전체적 건강을 향상할 수 있다.

둘째, 각자의 기본 건강을 더욱 잘 챙기고 관리함으로써, 건강 케어 시스템의 부담을 줄이고 또한 제한된 의료 자원들을 가장 필요로 하는 사람과 지역으로 제공하도록 하는 데 도와줄 수 있다.

면역력 증진을 위한 행동지침

지난 일주일 동안 세계 37개국에서 코로나19 신규 확진자 수 최고기록이 새로 작성되었다고 로이터통신이 25일(현지시각) 보도했다. 미국에선 나흘 연속 1천 명 이상이 사망했고, 전 세계 하루 평균 사망자 수도 지난달 4천 명대에서 이달에는 5천 명대로 늘어났다. 코로나19 2차 대유행이 이미 시작되었다는 분석이다. (「한국경제」 7. 27)

코로나19 사태가 정말 심상치 않다. 이런 감염질환이 세계를 공포의 휘장으로 뒤덮고 있는데, 코로나 치료제 개발은 아직 요원한 것 같다. 한국의 경우, 정부 주도의 행정적 통제와 시민들의 자발적 협조가 조화를 이루며 '생활 속 거리두기'가 어느 정도 정착이 되고 있는 듯하다. 그러나 여전히 안심할 수 있는 상태가 아니다. 질병관리본부 정은경 본부장은 8월 휴가철이 코로나19 확산에 새로운 위기를 자초하는 위험한 계절이 될 것이라 경고하고 있다. 이러한 위험이 세계적 2차 대유행과 맞물리게 된다면 한국도 결코 안전지대가 될 수 없을 것이다.

그래서 더욱 우리가 유념하고 적용해야 할 의료분야가 바로 예방의학적으로 생활습관을 개선하고 조정하는 일이라 확신한다. 한마디로, 앞서 서술해온 바와 같이 '생활습관의학(LM)'을 생활화하는 일이야말로 우리들의 삶을 새롭고도 유효한 방어기제(defense mechanism)의

건강한 라이프 스타일 요소들이 사람들의 면역 건강을 포함하여 전체적 건강을 향상할 수 있다. 정신의학자이며 예방의학의 개척자인 이시형 박사는 면역력을 높이기 위한 행동지침으로 한국 전통식 위주 식단으로 소식(小食)하기, 유기농 농산물을 사용한 발효식품 등으로 건강한 장(腸) 만들기, 건강 체온 36.5~37도 유지하기, 숙면 취하기, 가볍게 운동하기, 긍정적 태도로 스트레스 잘 관리하기 등을 지키며 사회적 관계를 보다 '이타적 관계'로 활성화하는 길이 '선진적 국민건강 시대'로 나아가게 하는 첩경임을 강조한다.

길로 인도하는 최선의 대안이 되리라 본다. 이것이 '생활 속 거리두기'와 연동되면서 '국민 면역력'을 높이는 방법이 되고, 결과적으로 우리 사회를 한층 더 선진사회로 나아가게 하는 제3의 추동력이 될 전망이다.

이 시대 한국 최고의 정신의학자이며 예방의학의 개척자인 이시형 박사가 강조한 대로, 이제 우리는 자신의 면역력을 높이기 위한 행동지침으로 한국 전통식 위주 식단으로 소식(小食)하기, 유기농 농산물을 사용한 발효식품 등으로 건강한 장(腸) 만들기, 건강 체온 36.5~37도 유지하기, 숙면 취하기, 가볍게 운동하기, 긍정적 태도로 스트레스 잘 관리하기 등을 지키며 사회적 관계를 보다 '이타적 관계'로 활성화하는 길이 '선진적 국민건강 시대'로 나아가게 하는 첩경이 될 것이다.

뭐 그렇게 대단히 어려운 일은 아니다. 우리가 마음먹기에 따라 얼마든지 고치고 조정할 수 있는 일이다. 우리 모두 함께 '생활습관의학을 생활화하자'라는 구호 아래, 한마음으로 결속하여 이 엄혹한 코로나19 사태를 너끈히 이겨내고 대한민국의 미래를 새롭게 가꾸어 나가자.

한국 방역 의료 수준을 높이 평가한 빌 게이츠가 코로나바이러스 팬데믹을 보고 "아름다운 성찰"이라는 글을 남겼다. "코로나19는 이 시간이 종말이 될 수도 있고, 새로운 시작이 될 수도 있다고 가르치고 있습니다. 이 시간은 성찰과 이해를 통하여 잘못으로부터 배우는 시간이 될 수도 있고, 우리가 배워야 할 것을 배울 때까지 계속 반복되는 회로의 시작이 될 수도 있습니다."

이승현 교수의 아티클 맨 마지막 문장에서 인용한 빌 게이츠의 이 '아름다운 성찰'이 우리 대한민국 국민 모두의 성찰이 되기를 기원한다.

RESTORING POWER IN MY LIFE

홍시 익어가는 마을—내 고향 청도

믿음이 빨갛게 익어가는 홍시처럼 잘 익어서
누군가에게 맛있는 양식으로 전해지기를 바란다.

토요일(10. 24) 아침 일찍

SRT를 타고 동대구역을 경유하여 청도로 갔다. 통일호로 갈아타고
가는 중에 남성현역을 지날 때, 옆자리에 있는 아내가 옛날 시집살이
초창기 시절을 회상하며 할머니가 만들어 주신 '할매꼬장' 얘기를 들려
주었다. 순창 고추장도 맛있고, 내로라하는 명인들의 고추장도 많지만,
여태껏 먹어본 고추장 중에서 할머니께서 조청을 고아서 담은 고추장(우
리는 이를 '할매꼬장'이라 부른다.)이 최고로 맛있었다는 얘기다. 고소하
면서도 맵싸한 그 맛을 잊을 수가 없다. '고향의 맛'을 연상할 때마다
가장 먼저 떠오르는 명품이다. 그 고향(청도)으로 어머니를 뵈러 가는
길이다. 어머니가 계시는 대남병원(군립 요양병원)을 방문한 것은 지난
1월 말 구정 때 다녀간 이후 10개월 만이다. 무려 10개월 만에 요양병원

에 계시는 어머니를 뵈러 간 것이다. 병원 측에서 면회가 안 된다는 답변을 여러 번 받았지만, 막무가내로 밀치고 들어가 보려고 나선 길이었다. 아! 오죽하면 이리했을까!

코로나19 사태의 진원지

구정이 지난 후 얼마 있지 않아 터진 코로나19 사태의 진원지로 악소문이 난 곳이 바로 이 청도 대남병원이다. 그동안 수년간 매월 한 번씩 어머니를 뵈러 청도를 다녀왔는데, 코로나19 사태 이후에는 질병관리본부의 지시로 면회가 전면 차단되었다. 감염 초기에 대구 신천지교회를 중심으로 폭발적으로 퍼지기 시작한 이 악성 바이러스는, 이만희 교주(청도군 풍각면 출신)의 친형이 죽자, 대남병원에 있는 장례식장에 중국 우한에서 활동하던 신천지 관계자들이 조문객으로 참여하여, 이들이 대구지역 신자들과 접촉하면서 급속히 퍼진 것으로 알려졌다. 청도 대남병원은 정신병원과 요양병원을 겸한 중소형 종합병원인데, 이번 코로나19 사태로 정신병원 사망자가 급격히 늘어나면서 엄청난 악소문과 비난을 받게 된 것이다.

그러나 대남병원이 무슨 죄가 있나! (보건 당국에서도 이 악성 바이러스에 대해 잘 모르고 있을 때) 병원 장례시설을 이용한 사람들이 병을 옮겼고, 그 후 신천지교회가 질병관리본부의 지시와 대구시 행정조치를 무시하고 자기들끼리 폐쇄적인 집회와 비공개적인 활동을 계속하는 바람에 대구 전역에 폭발적인 감염 사태를 몰고 오지 않았던가! 그 여파가 전국으로 감염을 확대시킨 주경로 중 하나라는 것이 코로나19

사태를 관리하는 전문가들의 대체적인 의견이 아니었던가!

어머니는 외삼촌이 장기 요양환자로 계시는 대남병원에 가서 동생과 같이 요양 생활을 하고 싶다고 늘 노래 부르듯 하셨다. 오랫동안 서울 맏이(필자) 집에 계시다가 고향으로 내려가신 지 4년 차에 이른다. 다행히 대남병원의 철저한 방역 조치와 극진한 간호로 지금까지 탈 없이 지내고 계시지만, 거동이 불편하고 패혈증 이후 약간의 치매 현상도 있어서 늘 침상에 누워 계신 탓에 몸이 점점 더 쇠약해지고 기력이 떨어져서 가족들의 걱정이 크다. 그런 어머니를 열 달째 못 뵙고 있으니 장남으로서 그 마음이 오죽하겠는가.

석 달 전부터 열흘에 한 번 꼴로 정해진 날짜와 시간에 맞춰 형제(5남 2녀)들이 돌아가면서 핸드폰으로 화상통화를 해왔지만, 어머니께서 귀가 들리지 않아 그냥 일방적으로 하고 싶은 말씀만 계속하셨다. "보고 싶다. 너거들, 와 이리 안 오노… 과자 묵고 싶다. 어서 와라."

늘 이렇게 나지막하게 반복해서 하시는 말씀을 들으면 나는(우리 형제들은) 피눈물이 나는 것 같다. 가슴이 쥐어 짜여지고 속이 타서 숯덩이가 되는 것 같다. 그래서 더 이상 견디지 못하고 그저께 아내와 같이 무조건 내려갔다. 치과의사인 셋째 동생도 '놀 토(쉬는 토요일)'라 서 함께 따라나섰다. 그렇게 내려가는 길에, 고향 역 청도가 가까워지자 통일호 차창으로 빨갛게 물든 감나무밭—'홍시 익어가는 마을'—이 멋진 풍경을 연출하며 연속적으로 나타났다. 내 고향 청도다. 감, 복숭아, 소싸움 경기로 유명한 고장이다.

고향 땅에 화실 '이승무 Atelier'를 만들어 놓고 전원생활을 하고 있는 둘째 동생이 역으로 마중을 나왔다. 시장에 가서 어머니와 간호사들께 드릴 과자와 과일 등 식품을 사들고 병원으로 갔다. 그러나 결국 어머니를 뵙지 못했다. 병원 당국에서 면회를 완강히 거부했다. 이미 알고는 왔지만 답답한 마음에 병원 통행 문 앞 '선별진료소' 막사에 죽치고 앉아 계속 부탁을 했다. 하지만 허사였다. 병원 마당에서 어머니가 계시는 3층 병실을 쳐다보며 흐르는 눈물을 주체하지 못하고, 울고 울면서 기도했다.

"아! 하나님, 우리 어머니 지켜 주세요. 함께 있는 환우들과 외삼촌도 지켜 주세요. 간호하는 의료진들과 대남병원도 안전하게 지켜 주세요. 이 나라를 악성 바이러스의 질곡에서 하루라도 빨리 벗어나게 해 주세요. 아! 하나님, 우리를 새롭게 해주세요."

어머니를 그리워하며 애타게 간구하는 형제들의 기도 소리가, 낙엽이 떨어져 흩날리는 가을마당에 성난 바람처럼 회오리친다. 예전에 소록도 사진에서 봤던, 찾아온 형제들과 거리를 두고 서로 멀리 떨어져 울며 손 흔들고 있던 한센병 환자 가족들의 모습이 어렴풋이 떠오른다. 세상에서 차마 못할 짓이 생이별이라고 하지 않는가! 언제까지 부모와 자식 간에 코로나19 생이별 비극이 계속되어야 하나!

▌삼성산과 할아버지의 가르침

내 고향 청도는 사방이 산으로 둘러싸여 있는 교통 오지인 동시에 그런 이유로 이름난 청정지역으로 남아 있기도 하다. 내가 태어나서 자란 이서면 문수리는 청도군에서도 북쪽 가장자리에 있는 막다른 구석 같은 곳이다. 청도군이 지도상으로 보면 대구시와 붙어 있어서 가까운 것 같지만, 중간에 팔조령(八助嶺)이라는 높고 험한 재가 있어서 길이 막혀 있는 꼴이다. 예전에 호랑이와 산적들이 출몰하던 곳이라 여덟 명의 장정들이 무리를 지어 넘어가야 안전하게 넘을 수 있다고 해서 지어진 이름이다. 문수리 사람들이 대구에 볼일을 보러 가려면, 길이 멀더라도 동쪽에 있는 경산군 남성현역으로 우회해서 기차를 이용하든가, 아니면 마을 뒤쪽에 있는 삼성산 기슭으로 올라가서 팔조령을 넘어 가창(달성군)에 도착한 후 대구행 버스를 타고 가는 두 가지 경우가 있었다. 그게 아니면 남쪽 저 멀리 있는 청도읍까지 걸어가서 기차를 타고 가는 수밖에 없었는데, 그 길은 너무 시간이 걸리고 멀었다.

할아버지께서는 남성현역으로 가시기보다는 팔조령을 넘어 가창에서 버스를 타고 가시는 길을 선호하셨다. 그러다 보니 어른들도 두 시간 이상 꼬박 걸리는 험한 재를 초등학교 3학년 때부터 고등학교 1학년에 이르기까지 등짐을 지고 할아버지와 동행하여 팔조령을 넘어 다닌 적이 아마도 수십 번은 될 거다. 그때부터 등산을 익힌 걸까? 나는 산을 좋아했고 산을 통해서 많은 것을 배우고 사색했다.

할아버지는 지방 유지이셨고 동네에서 큰 어른으로 존경을 받으셨다. 특히 손재주가 좋으셔서 나락을 타작한 후 알곡을 고르는 '풍로'를 직접 제작하여 동네 사람들에게 무상으로 주시기도 했다. 방학 때면 늘 고향에 가서 기간 내내 할머니 옆에서 지내다 오곤 했다. 특히 봄, 여름방학 때는 모심기도 하고 밭농사를 거들기도 하는 한편, 동네 아이들과 어울려 소 '꼴'을 먹이느라 여럿이 마을 뒤쪽에 있는 삼성산(三聖山)에 올라가 한참을 놀다 오기도 했다. 할아버지께서는 삼성산을 마음의 큰 기둥으로 삼고 사셨다. 고향산(삼성산)에 대해 언급하실 때마다 똑같은 말씀으로 반복해서 들려주신 교훈이 "장차 성현 군자와 같은 사람이 되어야 한다."라는 훈계였다.

삼성산이라는 이름은 국내 여러 곳에 나타난다. 주로 불교 고승을 섬기는 곳으로, 유교 성현을 추앙하는 장소로, 또는 천주교 사적지가 있는 곳으로 나타나는데, 할아버지는 주로 공자·맹자·노자를 중심으로 교훈하셨다. 네이버(NAVER)에 찾아보면, 청도군 이서면 문수리 뒤쪽에 있는 삼성산은 668미터 높이의 전형적인 능선 산행코스로 소개되어 있다. 산행코스 가운데 가장 높은 비슬산(1,084미터)이 우측에 연하여 있으며, 팔조령 줄기 중간쯤에 큰 봉우리 세 개가 돌출되어 한 덩어리의 병풍을 이루고 있는 것같이 보이는 산이다. 보기에 따라서는 매우 듬직하고 위용이 있어 보이는 자태다. 나는 할아버지의 교훈을 잊어 본 적이 없다. 내가 철학에 깊은 이해를 가지려고 애를 쓴 것도 어쩌면 이런 가풍에서 연유했는지도 모르겠다. 점차 나이가 들면서 마음에 깊이 새겨져 온 할아버지의 가르침은 "어질고, 의(義)를 지키고, 사람과 사람 간에 막힘이 없어야 한다."라는 교훈으로 이해되었다.

어무이요, 용서해 주소!

고향마을 문수리를 떠난 지가 50년도 더 된다. 신병이 많으셨던 할머니가 먼저 돌아가셨고, 그 후 몇 년이 지나 할아버지께서 대구로 나오셔서 우리 식구들과 합류하게 되었을 때, 그 집을 친척에게 팔고 떠난 것이 벌써 그만큼의 세월이 지난 것이다. 아버지는 무매독자로 출생하셨다. 할머니가 녹수나무(노간주나무)에 빌다시피 해서 늦게 낳은 외아들이시다. 그 밑에 어머니께서 5남 2녀 칠 남매를 생산하셨으니 그 권세가 얼마나 크셨겠는가! 온순하고 고지식한 선비 타입이셨던 아버지(경상북도 교육위원회 근무)에 비해 어머니는 매사 적극적이고 도전적이며 대외 관계가 활발하셨던 분이다. 계 오야(계주)는 물론 오죽하면 대한불교 대구시 여성불교 지부장까지 맡아 보셨을까. 어쩌면 내 성격이 어머니를 빼닮았다고 느낄 때가 한두 번이 아닌데, 틀린 말은 아닌 것 같다.

그런 어머니가 첫아들을 낳았을 때다. 멀리 밭일을 나가셨던 할머니가 "손자 났다."라는 기별을 듣고 달려오시다가 고무신 신발이 돌부리에 채여 피가 흥건하게 젖은 줄도 모르고 달려왔다고 하시니, 그 외아들의 첫아들이 얼마나 귀하고 반가웠던 것일까! 그게 나의 출생 비화다. 그래서 그런지 나는 어머니보다 할머니가 더 좋았다. 신병이 잦았던 할머니를 모시고 (중학교 다닐 때) 한 번씩 부산 고신대학병원에 약 타러 갈 때, 청도역까지 가서 느린 완행열차를 타고 부산을 다녀왔던 기억이 지금도 그림을 보듯 눈에 선하다. 신음소리를 내며 고통스러워하시던 할머니를 생각하면 지금도 가슴이 먹먹해진다. 그런 할머니께서 그토록 맛있는 '할매꼬장'을 만들어 주셨던 것이 못내 그립다.

그런 할머니처럼 이젠 어머니께서 요양병원의 침상에 누워 거동도 못하신 채 힘든 여생의 나날을 보내고 계신다. 거기에 더하여 코로나19가 겹쳐 꼼짝없이 창살 없는 감옥처럼 격리되어 계시니 자식 된 도리로 그 마음이 오죽 힘들겠나! 내가 효자라서 이러는 게 아니다. 한 인간으로서 부모와 자식 간 인연의 아픔이 너무나 뼈저리게 다가왔기 때문이다.

그 깊은 아픔을 차마 외면할 수 없기 때문이다. 그래서 달려온 길인데, 그토록 마음 졸이며 찾아온 길인데, 결국 만나서 손잡아 보기는커녕 얼굴도 못 보고 떠나게 되었으니… 아! 이 원망을 어디에 하소연할까! 누구에게 할까! 그저 하나님만 의지하고 돌아설 수밖에 없는 불효자로서, 우리 형제들이 찾아 온 줄도 모르실 어머니께 "어무이요, 용서해 주소!"라는 한마디 피울음만 쏟아놓고 떠나게 되었으니 탄식이 절로 터져 나온다. 한이 맺힌다.

그 한 많은 대남요양병원을 떠나 둘째 동생의 아틀리에가 있는 부야 2리 마을로 가는 도로 양쪽에 감나무 밭이 부채살을 펼쳐 놓은 듯 넓게 퍼져 있다. 숲처럼 보이는 감나무 밭에, 붉게 물들어가는 잎사귀 사이로 빨간 열매들이 나무마다 홍보석처럼 주렁주렁 매달려 있다. '홍시 익어가는 마을'이 마치 인상파 그림의 한 대형 작품같이 밝은 가을 햇살 아래 고즈넉이 빛난다. 그때 불현듯 나훈아가 부른 '홍시'가 물결처럼, 파도처럼 밀려온다. "생각이 난다. 홍시가 열리면 울 엄마가 생각이 난다. 자장가 대신 젖가슴을 내주던 울 엄마가 생각이 난다…" 나훈아의 노래가 가슴을 파고든다.

▌우리의 본향은 어디인가

나훈아의 '홍시'를 들어 본 적은 예전에도 더러 있었지만, 그때는 그렇게 절실하게 와 닿지는 않았다. 그러다가 두세 달 전에 TV조선의 '미스터 트롯'에서 임영웅이 부르는 '홍시'를 듣고 그 감성이 뛰어나 나중에 가사까지 메모해 둔 적이 있었다. 그러다가 최근 한 달 전

사람도 익을수록 떫은맛이 사라지고 단맛이 나게 되는 것 같다. 홍시를 볼 때마다 나는 내 고향 청도가 그리워진다.

KBS 한가위 특집기획으로 방영한 "대한민국 어게인 나훈아" 쇼에서 작사, 작곡자 본인이 직접 부르는 '홍시'를 듣고는 그만 빵 터지고 말았다. 어머니를 그리워하는 마음과 '홍시' 노래가 주는 감동이 한데 섞여 나 자신의 감정을 더 이상 억제치 못한 채 울음을 터뜨리고 만 것이다.

'나훈아 쇼' <1부 : 고향>에서 '고향으로 가는 배', '고향역', '나의 살던 고향', '머나먼 고향' 등으로 이어지다가 '홍시'를 부르자 나는 금세 내 고향 청도가 온통 '홍시의 숲'으로 둔갑하며 마음속에 애절하도록 그리운 감정을 불러일으켰다. 그 마음속에 어머니가 계셨다. 그 어머니는 나의 '생명의 모체'였다. 그래서 나는 어머니의 생명으로 지금까지 살아왔고, 그 생명을 집 사람을 통하여 자식들에게 면면히 이어지게 한 것이다. 이것이 사람들로 하여금 본능적으로 '고향의식'을 품고 생명의 원천으로 거슬러 올라가 본향을 찾아가도록 만드는 힘이요, 인류의 역사성이라 여겨진다. 나는 비로소 나훈아의 '홍시'를 통하여 진정한 고향의 의미와 어머니에 대한 생명철학의 본질을 터득한 것 같은 착각에 빠져들었다.

'나훈아 쇼'에 빠져든 '착각'이 어디 그뿐인가! '테스 형! 세상이 왜 이래'를 부를 때, 나는 깜짝 놀라 앉아 있던 자리에서 벌떡 일어났다. 저 주제는 내가 전공한 철학의 기본이 아니었던가! "너 자신을 알라."라는 명제 하나를 붙잡고 그 수많은 젊은 날을 정신적 고통과 삶의 고난으로 채우며 험한 재를 넘듯 그렇게 지내오지 않았던가! 그럼에도 불구하고 나 자신에 대해 잘 모르고 있었는데, 드디어 '나훈아 쇼'가 영적으로 나를 흔들어 깨우며 자신을 다시 한 번 되돌아보도록 이끌어줬다.

나훈아가 '테스 형'에게 물은 두 가지—"너 자신을 알라며 툭 내뱉고 간 말을 내가 어찌 알겠소?", "먼저 가본 저 세상 가보니까 천국은 있던가요?"—질문은 곧 사람이 살아가면서 보편적으로 느끼는 본질적인 질문이다. 나는 그 답을 이렇게 찾는다. "나를 창조한 사람이 내가 아니므로 나 자신을 모르는 것은 당연하다. 그러나 하나님께서 자신의 형상을 따라 사람을 창조하셨다는 그 말씀을 믿으면, 그 믿음을 따라 예수 그리스도를 통해 하나님을 만나게 되며, 그때 하나님의 영으로 자신도 영적인 존재로 거듭나게 됨으로써 자신을 온전히 이해하는 지혜와 확신을 갖게 된다."

그리고 나머지 질문에 대한 답은 이렇다. "인간의 지혜와 방법으로 이 본질적인 질문에 답할 수는 없다. 그러나 예수께서 바리새인에게 대답해 주었듯이, 하나님의 나라는 볼 수 있게 임하는 것이 아니요, 또 여기 있다 저기 있다고도 못하리니 하나님의 나라는 너희 안에 있느니라."(눅 17: 20-21)라는 말씀대로, 천국은 우리의 믿음 안에 자리한다.

내가 철학적 질문을 갖고 이 글을 마치려고 하는 건 아니다. 나로선

뜻밖에도 나훈아의 '홍시'와 '테스 형'을 통해 지금까지 생각해보지 못했던 새로운 차원에서의 인생관에 눈 떴다고 말하고 싶다. 다시 말해 '고향의식'을 통해 자신의 '생명의 모체'를 거슬러 올라가 마지막 정점에서 만나는 하나님의 나라가 결국은 우리 모두의 '본향'이란 것을 깨닫도록 만들어 주었다. 그런 큰 확신이 생기자 코로나19 사태로 어머니와 서로 격리되어 있는 이 현실도 한낱 현상적인 사태에 불과한 일로서, 우리의 관계를 영원히 분리시키는 것이 아님을 믿게 해주었다. 그래서 마음이 한결 가벼운 상태로 추석 한가위를 지낼 수 있었다.

그렇다. 지금도 마찬가지다. 비록 청도에까지 내려가서 어머니를 보지 못한 안타까움과 아픔이 크지만, 어머니의 믿음과 또한 우리 자식들의 믿음이 하나의 '본향'에 함께 접속되어 있다는 사실을 믿고 받아들이고 나니, 생이별 같은 이 고통도 하나님의 사랑과 섭리 안에서 온전히 이겨낼 수 있다는 희망이 생긴다. 그래서 이 '희망의 창'을 통해 본질적으로 천국에 대한 환상을 바라보게 하고, 나아가 이 '바라봄의 법칙'이 우리의 현실을 전혀 다른 각도의 여정으로 터닝시켜 주는 것 같다.

이런 의미에서, 부야 2리에 있는 동생의 아틀리에를 방문하여 그동안 작업해온 여러 작품들을 감상하면서 나눈 대화가 마음에 큰 위로와 기쁨을 안겨주었다. 동생은 주로 나무와 숲에 깃드는 바람의 소리를 들으려는 작품세계를 보이고 있다. 몇 년 전부터 화풍을 달리하여 작품의 주제를 '존재하는, 그러나 보이지 않는 바람'으로 일관하고 있다. 대화중에 나는 그 '바람'이 창작품으로서 생명력을 갖기 위해선, 궁극적으로 미술작품도 하나의 존재를 뜻하기에, 그 존재성 안에 '성령의 바람'이 내재하도록 묵상하며 작업하는 일이 중요하다고 조언했다.

내 말이 타당한지는 모르겠다. 모르면 나훈아처럼 '테스 형'한테 다시 물어보면 된다. 그래도 알 수 없으면, 하늘을 쳐다보고 그 하늘을 지으신 하나님을 믿기만 하면 길이 보이리라! 이런 믿음이 빨갛게 익어가는 홍시처럼 잘 익어서 누군가에게 맛있는 양식으로 전해지기를 바란다. 그러다 마지막에는 까치밥으로 매달려 있을지라도 나는 슬퍼하지 않으리라! 잘 익은 홍시와 같이 자신의 인격과 신앙을 세상을 위한 '회복의 제물'로 내놓을 수만 있다면, 나는 이미 '테스 형'을 능가하는 구도자가 되어 있을 테니까! 이 고백이 결코 헛되지 않도록 주여, 인도해 주소서!

'바람'을 소재로 한 작품을 감상하다가 여기까지 생각의 너울이 출렁거렸다. 참으로 행복하고 의미 있는 가을 여행이다. 어머니는 비록 만나 뵙지는 못했지만, 그 '생명의 모체'에서 파생한 생명들이 '형제'라는 이름으로 모여 사랑을 나누고 우애로 뭉쳤으니, 이보다 더 잘 익은 '홍시'가 또 어디 있을까! 이 잘 익은 홍시를 병상에 계시는 어머니께 갖다드리고 싶다. 그리운 할머니, 할아버지 영전에도 바치고 싶다. 영원한 생명의 '고향의 바람'이 느껴진다. 우리 모두를 소성시키는 '회복의 바람'이다.

RESTORING
POWER
IN MY LIFE

제2부 **열정**

목표를 향해 달려가게 하는 삶의 원동력

"내가 비천에 처할 줄도 알고 풍부에 처할 줄도 알아 모든
일에 배부르며 배고픔과 풍부와 궁핍에도 일체의 비결을
배웠노라 내게 능력 주시는 자 안에서 내가 모든 것을 할
수 있느니라." (빌립보서 4: 12~13)

RESTORING POWER
IN MY LIFE

나와 야구 I —잊을 수 없는 추억들

야구는 9회 말 경기가 끝나야 끝나는 겁니다.
우리 인생도 이렇지 않을까요?

토요일(6. 20) 오후,

외손자(김주안, 초2)를 데리고 동네 이발소를 다녀왔다. 이발 순서를 기다리는 동안 SPOtv에서 방영하는 「동아일보」 주최 황금사자기 쟁탈 전국 고교야구 준결승전을 잠시 봤다. 실로 오랜만에, 올해 들어 처음으로 고교야구 중계를 봤다. 게임을 시작한 지 얼마 안 되는 3회전이었다. 광주진흥고와 김해고 선수들이 관중도, 응원팀도 없는 가운데 파이팅을 하면서 열심히 뛰는 모습이 무척 대견스러웠다.

이발소를 다녀온 후 게임이 어떻게 되었나 궁금해서 집에 들어오자마자 TV부터 켰다. 김해고가 3대 0으로 앞서가고 있었다. 9회 말에 이르기까지 변동 없이 김해고가 3대 0으로 승리했다. 그리고 사상 처음으로 결승전에 나간다고 했다. 김해고 투수 이동원 선수가 특히 돋보였다.

147킬로미터 강속구에 제구력도 뛰어났다. 결승전(강릉고 대 김해고)은 다음 주 월요일 오후 6시부터 중계한다고 했다. 나는 한동안 소파에 깊숙이 몸을 묻고 어릴 적 '나의 야구 시절'을 되새겨 봤다. 실로 오랜만에 느끼는, 잊지 못할 추억의 감흥이 청량한 샘물처럼 솟아났다.

내가 야구 글로브를 손에 잡아본 것은 초등학교(대구중앙국민학교) 4학년 때가 처음이었다. 소위 골목 야구로 시작하게 됐는데, 운동이라면 다 좋아했지만 특히 야구가 가장 친숙했다. 5학년이 되었을 때 학교 측에서 야구부에 가입하라고 종용해서 공식 일원으로 뛰었다. 맡은 포지션은 캐처였다. 6.25 사변 중에 후방 미군부대(미 8군)가 대구에 주둔하고 있어서 여가시간에 사병들이 야구를 자주 했다고 한다. 그래서 그런지 대구가 다른 도시에 비해 야구 보급이 앞섰던 것 같다. 일찍이 야구 도시로 발전한 연유일 테다.

나는 6학년에 올라가서도 내내 야구를 했고, 공부도 잘하지만 운동도 잘하는 학생이라는 칭찬을 가끔 듣기도 했다. 중학교(대구중)에 가서는 운동선수들이 불량배들과 어울린다는 소문을 듣고 선수 생활은 하지 않고 취미 활동으로 학급 친구들과 같이 야구뿐만 아니라 축구, 농구 등 여러 가지 구기 운동을 즐겼다. 그러다가 고등학교에 가서 다시 야구선수 생활을 하는 기회가 왔다.

경북고 2년 때, 2학년 재학생 중에서 야구를 좀 한다고 평을 들은 7~8명을 뽑고, 1학년 선수들은 중학교에서 전문으로 선수 활동을 했던 학생들을 스카우트하여 창단(1965년)했다. 그때 내가 주장을 맡아 1년 간 선수 생활을 했는데, 3학년 때는 입시 공부로 운동은 하지 않고 후배들의 정신교육 및 기강 잡기에만 주력했다. 내 포지션은 1학년 주전 선수를 도와 캐처 보조를 맡거나 외야수를 번갈아 맡았고 타순은 비교적 상위권에 속했다. 창단 1년 동안 대구종합운동장에서 공식 경기도 많이 치렀다. (당시 대구상고, 대구공고, 대구고, 협성고 등이 야구부를 장려했다.) 부산 경남고, 김천고 등과 친선 원정 경기도 많이 가졌는데, 전적은 형편없었다. 내 기억에 통산 15회 정도의 공식, 비공식 게임을 치렀는데 한 번도 이긴 적이 없었다. 콜드 게임을 당한 적도 한두 번이 아니었다. 그러다가 경북고 야구가 전국 고교야구를 석권하는 기적과 같은 일이 벌어졌다.

내가 고교를 졸업한 해(1967년) 4월, 「중앙일보」가 주최한 제1회 대통령배 전국고교야구대회에서 첫 우승을 하면서, 그 후 6년간 전국적인 규모의 고교야구 대회에서 대부분 우승 또는 준우승을 하는 기적을 연출한 것이다. 지금까지 그 기록은 깨지지 않았다. 더욱이 고교야구 실력이 점점 더 평준화되어 가고 있으므로 그런 집중적인 우승 전적은 다시는 나오기 힘들 것으로 예상한다. 그렇다면 경북고 야구가 창단한 지 불과 3년 차에 어떻게 그런 기적적인 성과를 올릴 수 있었을까?

그라운드를 뛰면서 배운 것들

'경북고 야구'를 통해 배우고 체득한 교훈을 정리해 보면 대체로 다음과 같다.

첫째, 무조건 감독이 시키고 가르치는 대로 따라 하라(충성심).

둘째, 팀워크를 목숨처럼 지켜라. 특히 규칙과 명예를 존중하라(단합

정신).

셋째, 이길 수 있다 생각하고 뛰어라. 지는 게임을 하려고 해선
안 된다(감투정신).

짧은 기간이었지만, 청소년기에 그라운드를 뛰면서 듣고 보고 몸에
익힌 이 세 가지 교훈은, 그 후 나의 인생 전반에 걸쳐 큰 기둥처럼
중심축이 되었다. 이는 누가 나에게 가르쳐준 것이 아니다. 2학년 선수
시절뿐만 아니라 3학년 때 후배들을 통솔하며 야구부 주장(Captain)으
로서 리더십을 발휘할 때, 한결같이 스스로 깨닫고 준용하고 요구한
수칙이다. 후일 창단 20년쯤에 이르러 경북고 야구부 동문회를 공식
발족하여 '경구회'라 칭하고 회장을 맡은 이후에도 해마다 새까만 후배
들을 만나게 되면, 나는 늘 '경북고 야구가 나의 인생에 준 교훈 세
가지'를 자랑삼아 강조하면서 훈육하는 걸 큰 보람으로 삼아왔다.

그도 그럴 만한 게, 재학 중 선수 시절에는 단 한 번도 게임을 이겨본
적이 없었지만, 경북고 야구가 해를 거듭하면서 승승장구 우승 가도를
달렸다. 그 저변에는 야구부 창단 1기생들의 헌신과 희생, 동문 선배들의
협찬과 지원이 컸고, 그에 더하여 이런 세 가지 교훈이 이끄는 '집단적
신념의 능력(Team Spirit)'이 후배들에게 '크고 선한 영향력'을 끼치고
있었기 때문이다. 다시 말하면, 고교 졸업 후 우리 야구부 1기생들은
후배들이 서울 중앙경기에 출전하게 되면 서울총동창회 동문 선배들의
협찬과 지원을 얻어서, 가까운 동문 선후배들을 동원하여 시합할 때마다
동대문야구장에 나가 피를 토하듯 목이 터져라 응원했다. 그리고 시합

기간에 지방에서 올라온 선수들의 가족과 함께 어울리며 후배들을 뒷바라지하는 일에도 최선을 다했다.

그런 가운데 결승전이 있는 날이면 서울총동창회에서 경북고 동문에게 총동원령을 내려 응원전에 참여토록 독려했고, 그래서 그날 우승을 하게 되면 선수 전원을 기마전을 하듯 등에 태우고 을지로 6가에서 2가까지 교가와 응원가를 부르며 행진하곤 했다. 이럴 때 솟아난 집단적 열정과 승리감은 그다음 어떤 경기에서도 이길 수 있다는 자신감과 긍지를 불태워 주었다. 더욱이 이런 행사는 선수 생활을 해온 후배들뿐만 아니라 동문 전체에게 모교에 대한 애착심과 자긍심을 갖게 하는, 잊을 수 없는 축제가 되어 주었다.

어디 그뿐인가? '경북고 야구'에 자극받은 자타가 인정하는 지방 명문고들이 너도나도 들고 일어나듯 야구부를 신설 또는 재활하여 부흥시킴으로써, 전국적으로 고교야구 붐을 만연시키며 한국야구사 발전에 크게 이바지하게 된 것은 주지의 사실이다. 그리고 마침내 이런 기류와 인적 자원(폭넓은 선수층)이 기초가 되어 한국야구가 아마추어 시대에서 프로야구 시대로 넘어가는 데 결정적 역할을 하게 된 것이다.

끝나기 전까지는 끝난 게 아니다

이런 과정에 경북고에서 배출한 걸출한 프로 선수들의 이름을 기억해 본다. 고 임신근, 조창수, 강문길(50회); 고 양창의(51회); 김보연(52회); 남우식, 정현발, 천보성, 배대웅(53회); 이선희, 함학수, 구영석,

고 황규봉(54회); 서정환(55회). 가까운 후배로는 이 정도밖에 기억이 잘 나지 않는다. 그 뒤를 이어 한참 후배로 LG 감독 현역을 뛰고 있는 류중일(64회)과 국민타자 이승엽(73회)이 있다. 특히 이승엽 후배에게 감사한 것은, 그가 일본 요미우리 자이언츠 구단 선수로 맹활약하고 있을 때(일본 리그 출전 후 100호 홈런을 두세 개 앞둔 시점), 그의 초청으로 일본 도쿄구장에 가서 분에 넘치는 대접을 받은 일이다.

당시 나는 연변과학기술대학 대외부총장으로 중국 출장이 잦았을 때다. 아내와 함께 도쿄구장 내 자이언츠 더그아웃(Dugout)에서 경기를 관전토록 배려해 주었으며 게임이 끝난 후에 스포츠 신문기자 인터뷰까지 준비해 주었다. 나중에 보니 중국에 있는 이승엽 선수의 대선배가 100호 홈런을 축하해 주기 위해 특별 관전 차 일본에 왔다는 식으로 기사가 나 있었다. 이승엽 후배는 그날에는 100호 홈런을 치지 못했으나, 그날 도쿄구장에서 함께 우의를 나눈 일은 내게 평생 잊을 수 없는 추억이 되었다.

그리고 또 한 사람, 특히 오랜 옛날 '나의 야구 시절'을 회상할 때 결코 잊을 수 없는 친구는 고 임신근이다. 내가 그를 처음 본 것은 경북고에 입학하기 훨씬 전이었다. 내가 중학생일 때 동네 집 부근에 있는 제일여자중학교 운동장에서 아침 일찍 평행봉, 철봉 운동을 하곤 했다. 그때 아침마다 하루도 빠지지 않고 (배가 불룩하고 나이가 많아 보이는) 아버지가 중학생 아들을 데리고 피칭 연습을 시키는 걸 자주 봤다. 나중에 내가 3학년이 되었을 때, 경북고 야구부 3기 입학생 중 피처 요원으로 스카우트되어 들어온 선수가 바로 임신근이었다.

그는 나와 동갑이었지만 운동선수로서의 입지를 세우고 2년을 굳힌 나이로 2년 늦게 입학한 것이다. (나는 다른 동료들과 함께 있을 때는 내게 선배로 인사하지만 단둘이 있을 때는 친구로 말을 놓고 지내자고 여러 번 종용했으나, 그는 끝내 타계할 때까지 나를 보면 무조건 깍듯이 선배 대접을 해 주었다.) 아들을 우수한 피처로 만들어 보겠다는 아버지의 집념도 대단했지만, 그 아버지의 뜻을 좇아 꾸준히 운동선수의 길을 열심히 달려온 본인의 의지와 열정 또한 대단했다고 하지 않을 수 없다.

그런 그가 마침내 큰일을 이루었다. 내가 고등학교를 졸업하던 해인 1967년 4월, 제1회 대통령 배 전국고교야구대회에서 2학년생 임신근 선수가 주전 피처로 기용되었고, 마침내 경북고 야구를 첫 우승팀으로 만드는 데 결정적 역할을 했다. 그 후 그는 거듭되는 우승 및 준우승을 이뤄내면서 고교야구 최우수 투수로 전국 지명도를 갖게 되었다. 한마디로 고교야구 영웅이 된 것이다. 후일 그가 한일은행 실업팀과 프로선수 생활을 거친 후, 광주 해태 타이거 투수코치로 자리 잡은 것이다.

그는 내가 광주에 갔을 때 몇 번 만나 큰 대접을 해주었는데, 그때 그 일이 아직도 기억에 생생하고 고맙게만 여겨진다. 즉 사인한 볼을 담은 백(bag)을 여러 번 선물로 갖다 주었는데, 그걸 받아서 당시 내가 현대건설로부터 하청(구내 토목 및 준공 대비공사)을 맡아 일하고 있던 영광원자력발전소의 현장 감독과 현대건설 담당 부서 팀원들에게 선물로 던져주었을 때, 그들이 보인 감동 어린 표정은 지금도 코가 벌렁거릴 정도로 기분 좋게 기억난다.

아, 그런 그가 젊은 나이에 심장마비로 세상을 떠난 지도 벌써 30여 년이 넘는다. 돌이켜 보니 올해가 경북고 야구 창단 55주년이 되는 해이다. '인생무상'이라더니 벌써 이렇게 됐나! 조금 전 '경구회' 초대 총무를 역임했던 김영세(53회) 후배에게 전화를 걸었다. 대구에 있으면서 회장인 나(48회)를 대리하여 후배 선수들과 모교 야구부 진흥을 위해 많은 수고를 해 오신 분이다. "영세! 우리 5년 후면 창단 60주년일세. 그동안 우리 야구부 동문이 자주 못 모였는데, 1박 2일 코스로 홈커밍 대회를 열고, 다음 날엔 골프도 하면서 60년 우정을 다시 한 번 나눠 봅시다. 그새 작고한 분들도 여럿 있을 텐데 그분들 자식들도 청하면 좋겠소. 그래서 우리 경북고 야구 창단 환갑잔치를 한 번 멋지게 열어 봅시다."

아, 그날이 벌써 기다려진다. 그날 나는 야구 선수로서 인생이 그렇게 행복하지 않았다고 말하는 후배들이 있다면, 이렇게 말해 주리라.

"인생을 야구에 비유해서 말하는 분들이 많습니다. 야구는 9회 말 경기가 끝나야 끝나는 겁니다. 우리 인생도 이렇지 않을까요? 끝나기 전까지는 결코 끝난 게 아닙니다. 우리 힘냅시다. 아직 우리에겐 끝나지 않은 게임이 진행되고 있어요. 그리고 우리는 결코 지는 게임을 하기 위해 경북고 야구부에 들어 온 게 아닙니다. 우리 끝까지 함께 합시다. 후배님들! 사랑하고 축복합니다."

RESTORING POWER IN MY LIFE

나와 야구 II—방황을 이겨낸 버팀목

진정한 삶의 실존적 가치를 깨닫게 해준 '야구의 힘'을, 그 후 인생
전반을 통해 하나님께서 주신 선물인 양 귀하게 여기게 되었다.

김해고가 일냈다.

드디어 김해고가 황금사자기를 품에 안았다. 사상 처음으로 결승전에
진출했을 뿐만 아니라 9회 말 1대 3으로 패색이 짙던 그 마지막 회전에서
기적을 일으킨 것이다. 지방 고교야구 강자인 강릉고를 4대 3으로
역전시키고 우승을 차지한 김해고의 단결력과 감투정신은 아무리 칭찬
해도 지나치지 않을 만큼 훌륭했다.

박무승 감독의 패기에 찬 지도력과 작전 능력은 찬스가 왔을 때
이를 백퍼센트 살려내는 최고조의 역량을 발휘했고, 선수들은 이길
수 있다는 자신감으로 일사불란한 팀워크를 이루며 이를 뒷받침했다.
특히 신장 185센티미터가 넘는 투수 이동원 선수가 마운드에서 뿜어내
는 강속구는 일품이었고, 캐처와 호흡을 맞추며 제구력을 과시한 것도

경기를 안정적으로 끌고 가는 데 견인차 역할을 했다. 한마디로 드라마틱하고 박진감 넘치는 고교야구를 봤다. 마치 그 옛날 '경북고 야구'가 전성기를 달릴 때의 모습을 연상케 하는 감동을 느꼈다.

그래서 지난 월요일(6. 22) 저녁에 SPOtv 결승전 방영을 본 다음 혼자 깊은 감회에 젖어 집에서 '혼술'을 했다. 평소 금주령을 일삼던 아내도 이날만큼은 내가 하는 대로 내버려 두었다. 많은 생각이 났다. 야구를 통해 만나고 함께 훈련하고 꿈을 나누었던 많은 동료의 얼굴이 신기루를 보듯 망막에 어른거렸다. 그런 가운데 가슴 한가운데서 쓴물이 터져 나오듯 내 마음을 아픈 추억으로 이끌고 가며 마침내 혼자 눈물을 찔끔거리게 만든, 잊어버리고 싶으나 차마 잊히지 않는 슬픈 일화가 한 편의 영화 신처럼 떠올랐다. 젊은 날 방황하며 혼자 외롭게 좌절감과 열등의식에 빠져 헤매던 시절의 이야기다.

좌충우돌 팔방미인

고등학교 친구 중에 대학입시 공부를 할 때 누구보다 크게 신세를 진 친구가 있다. 나는 중학교(대구중) 들어갈 때 수석 입학을 했고 그 친구는 중학 동기로서 고등학교(경북고)에 입학할 때 수석을 했던 K군이다. 2학년 때 야구를 한답시고 공부를 게을리한 점도 있지만, 그보다 더 심각하게 고등학교 과정을 태만하게 만든 비정상적 요인들이 몇 개 더 있다.

1학년에 입학한 지 얼마 안 되어 나는 2학년 선배들의 권유로 '새날동지회'란 서클에 참여했다. 그 단체는 이승만 정권의 독재를 규탄하며 대구에서 일으킨 2.28 학생데모(고등학교 중심)와 4.19 시위운동(대구 지역 중고, 대학생 참여)을 주도했던 경북고, 경북대 사대부고, 대구고 출신 학생회장 및 간부급 학생들이 경북대에 진학하여 만든 일종의 사회참여형 서클이었다. 이 대학서클에 고등학교 학생들도 가입시켜 일종의 의식화 훈련을 진행했을 때, 나는 3기 회원으로 참여했다. 멋모르고 참여했지만, 엘리트 대학생 선배들과 3년간 어울리며 나로서는 고교 수준을 뛰어넘는 초특급 경험을 했다. 그들과 함께 매주 등산 행렬에 따라다녔을 뿐 아니라, 학교에서도 '경북고 산악회'를 조직하여 리더 역할을 했다. 그뿐만 아니라 나는 당시 이효상 국회의장(경북고 4회 졸)이 주최했던 '팔공산 주행 60킬로미터 등반대회'에도 3년간 참여했다.

그러면서 해마다 여름방학이면 '학생 농활'이라 하여 농촌에 내려가 장기간 봉사활동을 했으며, 선배 중 국문학과 학생들과 어울리며 문학 수업을 받는답시고 여기저기 명사들을 찾아다니며 강연도 듣고 소그룹으로 지도도 받곤 했다. 그때 만난 분 중에 가장 크게 영향을 받았던 분이 당시 경북대 국문학과 교수로 계셨던 김춘수 시인(1922-2004)이시다.

그들 대학생 선배들과 매일 만나다시피 하면서 당시 대구 바닥에서 난 체하는 젊은이들이 주로 많이 이용했던 돌채, 둥굴관 술집에서 밤늦도록 문학, 철학, 역사 및 사회 전반에 걸쳐 거대담론을 늘어놓으며 시간 가는 줄 모르고 신선놀음한 게 나의 고교 시절이었다. 참 지금 생각해도 아찔한 경험이다. 그때 탐닉했던 철학사상이 당시 세상을 풍미했던 실존주의였다. 그 가운데서도 특히 허무주의와 연결되는 독일의 관념론적 실존 사상이 가장 크게 어필되어 왔다. 여기에 더하여 러시아 문학에 깃들어 있는 '고뇌하는 정신'에 매료되어, 나는 실로 뭣도 모르면서 청년 문학도인 양 고교 책 대신에 철학, 문학 및 위인 전기물을 끼고 다녔다. 그러면서 마치 탁월한 정신세계를 맛본 학생인 양 자긍심을 느끼며 지냈다.

이런 비정상적인 활동 위에 2학년이 되어 야구선수까지 하게 되었으니, 팔방미인형 인재로 평가받기를 자청했던 나는 마치 고삐 풀린 송아지처럼 '의식의 유희'를 즐긴 꼴이 되었다. 이러니 학교 공부를 제대로 했을 리가 있겠는가? 이런 나에게 자원해서 입시 공부하는 데 도움을 주겠다고 나선 친구가 있었으니 그가 바로 앞에서 얘기한 K군이다. 그에게는 누나가 한 분 계셨다. 친구는 경북 경산 출신이라 1학년 때부터 학교 부근에서 자취를 했는데, 그 누나가 자주 와서 뒷바라지를 해주고 있었다. 그래서 친구 집에 한 번씩 놀러갈 때마다 그 누나를 만나게 되어 평소 친숙한 관계였다.

3학년이 되었을 때 하루는 누나가 나를 보자고 해서 친구 집에 갔더니, 누나가 정색을 하면서 이렇게 말했다. "승율아, 너도 이제 3학년이 됐으니 입시 공부에 전념해야 할 때다. 너 지금 이런 실력 갖고는 S대 아니라 Y대, K대도 못 들어가겠다. 동생하고 의논했는데, 동생과 같이 하숙하며 공부하도록 해라. 내가 하숙집을 알아봐 줄 테니 둘이서 열심히 해서 너도 동생과 같이 S대에 들어가야 하지 않겠니?" 당시 K군은 학교 성적이 최상위권에 있었고 자타가 모두 S대 법대 입학을 크게 낙관했던 모범생이었다. 나로서야 그런 누나의 제안을 마다할 리가 없었다. 그로부터 5개월간 K군과 함께 한방에서 하숙생활을 같이했다. 잘만했으면 대입 직전까지도 하숙생활을 했을 그런 좋은 관계였는데, 5개월 만에 끝이 나고 말았다. 그 이유는 순전히 나로부터 기인했다.

친구 K군은 무척 내성적이고 공부에만 전념하는 착실하기 짝이 없는 학생이었다. 마치 헤르만 헤세의 『데미안』이나 『수레바퀴 밑에서』에 나오는 주인공 같은 학생이었다. 그에 비해 나는 다방면에 걸쳐 관심을 갖고 좌충우돌하며 탐험과 모색을 즐기는 외향적 경향이 컸다. 결국은 내가 친구에게 못할 짓을 하고 말았다.

친구의 죽음, 절망의 시작

앞서 말한 것처럼 나는 3학년이 되어서도 정신을 차리지 못하고 맨날 저녁때가 되면 대학생 선배들과 어울려 돌채나 둥굴관에서 술을 퍼마시면서 놀다가 겨우 통금시간 직전에 하숙집에 들어오는 게 다반사였다. 그렇게 늦게 들어가면 친구는 혼자서 공부를 하다가 내가 들어오기를 기다렸다는 듯이 맞아주었다. 그러면서 오늘은 또 선배 대학생들과 무슨 얘기를 하고 왔는지 궁금히 여기며 이것저것 물어보곤 했다. 하루 이틀 시간이 지나면서, 내가 밖에서 듣고 배우고 온 내용을 늘어놓으면, 이 친구가 처음에는 공부에 방해된다고 싫어하다가 나중엔 습관적으로 길들여진 사람처럼 나의 '신기한 무용담'을 듣는 재미로 밤 두 시, 세 시까지 웅크리고 앉아 경청하곤 했다.

그렇게 몇 개월을 지나다 보니 친구의 학업 성적이 차츰 안 좋아지더니 급기야 1학기 말 성적이 상위권에서 밀려나는 결과가 왔다. 그제야 누나도 뒤늦게 그 사실을 알고는 학기 말인 7월 말까지만 같이 있도록 하고 2학기부터는 동생과 어울리지 못하도록 나를 견제조치 했다. 결국 나는 이후에 집 부근에 있는 독서실을 이용해 공부했고, 그 친구는 계속 혼자서 하숙을 했는데, 누나 몰래 가끔 하숙집에 드나들며 둘이서의 우정은 변함없이 지켜나갔다. 그런데 학년 말이 되어 대학입시 원서를 쓰게 됐을 때, 결국 친구는 S대 법대를 지원하지 못하고 Y대 법대를 응시하여 법학과 톱으로 합격했다.

나는 담임 선생님께 떨어져도 좋으니 S대 약대를 응시하겠다고 막무가내로 떼를 써서 그리했지만 보기 좋게 낙방했다. 그런 후 재수를 한답시고 서울에 올라와서는 정작 친구를 두 번 정도밖에 만나보지 못했다. 그가 자꾸 나를 피하는 것 같았다. (나 때문에 공부를 못하게 되어 S대에 들어가지 못했다는 말을 Y대 입학 동문들한테 가끔 변명 삼아 했다고 한다.) 나도 재수하는 처지가 되자 자존심이 상해서 대학에 다니는 동문 친구들과 어울리는 것이 죽기보다 더 싫어졌다. 그러다가 내가 K군 친구의 자살 소식을 들은 것은 그다음 해 삼수를 한다고 서울에 와서 여름방학이 되었을 때다. 나는 너무나 충격적인 소식에 놀라서 급히 대구를 거쳐 경산군 자인면에 있는 친구 집에 문상하러 갔다. 그때 친구의 누나가 내 멱살을 잡다시피 하고 울부짖으며 소리치던 말을 평생 잊을 수가 없다. "이놈의 자식아, 너 때문에 내 동생 죽었다."

한참 후 누나로부터 뒷얘기를 듣고 나서 나는 또 얼마나 울었던가… 한여름 긴 긴 해가 서산을 넘어가고 있는데 친구는 간 곳 없고… 며칠 전 장사지내고 남긴 꽃다발 흔적만 묘소 앞에 쓸쓸히 버려져 있는 그 자리에서… 아, 나는 피를 토하듯 가슴을 치며 통곡했다. "나 때문에 S대도 못 들어가고 한이 맺혀 있다가 이제 와선 죽기까지 했으니 이 죄를, 이 미안함을 어찌 갚을 수 있겠나."

시간이 얼마나 지나갔는지도 모른 채 산골짜기가 한참 어두워진 다음에야 산을 내려왔으니, 그때의 내 심정을 어찌 말로 다 표현할 수 있을까? 그 친구 생각만 하면 지금도 가슴이 먹먹해진다. 그날 가슴을 치며 슬피 울었던 기억이 마치 유령이 호곡하는 것처럼 처절한 모습으로 마음에 떠오른다. 그런데 도대체 친구는 왜 자살을 했단 말인가?

█ 방황하는 청춘의 초상

친구는 정작 Y대 법대 과 톱으로 입학했지만, S대에 진학하지 못한 것을 늘 부끄러워했고, 심지어는 재수까지 할 생각을 하면서 주변 동료들에게 심한 열등감을 표현했다고 한다. 그러다가 1학년 2학기 때 동기들의 권유로 몇 번 여학생들과 인사하는 미팅(MT)에 참여했다가 Y대 인근에 있는 E여대 학생 한 명을 사귀게 되었고, 이후 자주 만나 차도 마시고 인천 송도에도 같이 놀러 가기도 했다고 한다. 그런데 2학년에 올라가서 다시 그 여학생과 계속 교제하려고 여러 번 연락을 취했으나 아무 반응이 없었다고 한다. 심지어는 학교 앞에서 기다리며 그녀를 만나 보려고 애를 썼다고 한다. 그러다가 겨우 학기 말이 다 되어 갈 때 한번 만났는데, 그때 그 여학생으로부터 더는 연락도 하지 말라는 차디찬 절교 통보를 받았다고 한다. 한마디로 말해 심하게 차인 것이다. (Y대에 입학한 경북고 동문들한테서 들은 얘기다.)

그러지 않아도 고3 시절 같이 하숙을 했을 때, 자기는 키도 작고 얼굴도 촌놈 스타일로 생겨서 나중에 여자들한테 인기가 없을 거라며 자기가 할 수 있는 것은 공부밖에 없다고 푸념을 늘어놓은 적이 더러 있었다. 아마도 원하는 대학에 진학하지 못해 우울증을 앓고 있던 차에 실연까지 당했으니, 그 여리고 순진했던 친구가 얼마나 상심했을까 짐작이 된다. 그런 그가 여름방학이 되어 시골로 내려간 지 얼마 안 되어 음독을 하고 만 것이다.

그 사건이 있은 다음, 나는 마음의 안정을 잃고 학원에도 나가지 않고 어영부영 시간만 보내다가 대입 시험을 치렀으나 결국 또 낙방했다. 이제 더 입시 공부를 할 의욕도 의미도 찾지 못한 채 서울에서 빈둥대다가 이러다간 나도 죽겠다 싶어서 모든 걸 다 팽개치고 1969년 봄에 (그동안 대학 응시를 사유로 미루어 왔던 군 병역을 자원입대 신고한 다음) 바로 군에 뛰어 들어갔다. 충격이 너무 컸고 나 자신의 인생의 진로에 대한 심각한 반성이 몰아쳐 왔기 때문이다. 그 길 말고는 자신을 주체할 방법이 없었다.

늦깎이 대학생이 되다

내가 대학에 입학한 것은 1975년이다. 군을 제대(1972년)한 다음, 대구에서 집안일(어머니가 하시던 사업)을 도와드리다가 그래도 대학엔 가야겠다 싶어서 다시 서울에 올라와 아르바이트를 하면서 광화문 대성학원에서 입시 공부를 했다. 이런 과정에, 내게는 세상 모든 사람이 나를 버려도 끝까지 나를 믿고 인정하고 지지해 주었던 한 여인이 있었다. 지금까지 인생을 동고동락하며 함께 살고 있는 아내 박재숙이다.

고등학교 입학하기 직전(1964년 2월) 먼 친척 소개로 알게 된 동년배인 이 사람은 나의 고교 시절뿐만 아니라, 그 이후 벌어진 일을 누구보다 잘 알고 있었다. 그는 대구에서 대학(원예학과)을 졸업한 후 서울로 올라와 K대 대학원에서 조경을 전공했으며, 석사 졸업 후 안국동 대학로에서 '작은 꽃집'이라는 조그만 꽃집을 운영하면서 나의 힘들고 외로운 젊은 날을 뒷바라지 해주었다. 당시 일본에 계셨던 부친(재일교포)께서 딸이 빨리 결혼하기를 종용하셔서 우리는 안정된 기반을 갖추지 못한 상태였지만 1974년 1월 초 만난 지 10년 만에 결혼식을 올렸다. 그 후 아내는 1년간 대구 시댁에 머물러 있었으며 연말에 첫아이(동엽)를 낳았다.

그동안 나는 서울에 다시 올라와 하숙을 하며 대학입시를 준비했다. 그때 내가 만난 분이, 인생의 진로에 큰 변수를 던져 주신 탄허 스님이시다. 그는 화엄경 강해로 일반인들에게도 널리 알려졌던 유명 인사다. 안국동 조계종 본원에서 법회를 할 때 가끔 구경삼아 참여했던 게 큰 인연이 되었다. 당시 대학 진로로 고심하고 있던 나에게 그분의 예언적 설법은 한 시대를 뛰어넘은 통시적 대안(역사관, 세계관을 보는 관점의 혁신적 대안)으로 다가왔으며, 결국 내가 동국대 불교대학(철학과)에 진학하는 데 결정적 상담자 역할을 해주셨다. (당시 탄허 스님은 동국대 불교대학 역경원 역장장으로 계시면서 후학을 가르치고 있었다.) 그 무렵 나는 부모, 친구, 선후배 등 세상과의 모든 인연을 끊고 살다시피 했으며, 심각한 좌절감과 열등의식에 빠져 방황하고 있던 터였다. 그런 나에게 그분은 정신적 피난처를 제공해 준 셈이다.

결과적으로 나는 군에 다녀온 후 결혼하고 첫아이를 낳은 후에야, 고교를 졸업한 지 8년 만인 1975년에 대학에 입학했다. 문자 그대로 늦깎이 대학생이 되었고, 그것도 불교철학이라는 터무니없이 비현실적인 분야를 전공하는 이상한 사람으로 변모해 갔다. 그런 나의 정신적 방황에 버팀목이 되어준 것이 '경북고 야구'였으니 이 또한 기이한 인연이 아닌가!

▌'보이지 않는 손'의 섭리

막상 대학에 입학하고 보니 참 어색하고 힘들었다. 무엇보다 8년 연령 차이가 나는 동기들과 의사소통을 하고 교감하기가 무척 어려웠다. 더군다나 나는 한 가정의 가장으로서 생활에 대한 큰 부담도 갖고 있었다. 수업 내용이 힘들거나 싫은 것은 아니었지만, 현실을 외면하고 뒤늦게 학생으로 참여하고 있는 상황이 자신에게 엄청난 스트레스로 작용하기 시작했다. 도무지 내가 왜 여기 앉아 있어야 하는지 회의가 들 때가 한두 번이 아니었다. 절망감으로 몸서리가 쳐졌고 억지로 급우들과 어울리면서 느끼는 이율배반적인 부조화는 점점 더 나를 폐쇄적인 유형으로 변모시켜 나갔다. 참 외로웠고 힘들었으며 스스로 불행하다는 의식이 팽배했다. 이때 돌파구가 된 것이 동국대 야구부와의 만남이다.

1학년 2학기를 시작한 지 얼마 되지 않았던 어느 날, 오전 수업을 마치고 한양대와 대항전을 하는 동국대 야구팀을 응원하기 위해 급우들과 같이 동대문야구운동장으로 갔던 적이 있다. 그 후 나는 '대학 야구'에 관심을 갖고 가끔 경기장에 응원을 가기도 했다. 그런 과정에 동국대 3년차 재학 중이며 주전 선수(내야수)로 뛰고 있던, 경북고 야구부 7년 후배 L군을 만나게 된 것이 여간 반가운 일이 아닐 수 없었다. 그리고 L군을 통해 자연스럽게 실업인 야구 감독 출신인 동국대 야구 감독을 만나 인사드리게 됐다. 그 후에도 가끔 학교 내 운동장에 나가 선수들이 연습하는 걸 구경하다가 마침내 용기를 내어 감독 선생께 한 말씀 부탁을 드리게 되었다.

경북고 야구부 창단 멤버 출신임을 강조하면서 선수들이 연습할 때 보조요원으로 참여할 수 있는 기회를 주시면 고맙겠다고 부탁했다. 이틀 후 후배 L군 편에 감독께서 허락하셨다는 연락을 받고 얼마나 기뻐했는지! 참으로 고맙고 감사한 일이었다. 그 후 대학 간 공식 경기가 없을 때 일주일에 한 번 꼴로 교내 운동장에 가서 대학 선수들과 함께 파이팅을 하면서 캐치볼도 받아 주고 마지막 순서로 배팅 연습도 같이 하게 되었다. 보조요원이지만 대학 선수들과 같이 유니폼을 맞춰 입고 야구를 다시 시작한 것은 고등학교 2학년 말 선수 생활을 마친 지 9년 만에 주어진 일이었다.

2년가량 그라운드에서 땀 흘려 뛰고 달리는 통에 나도 모르게 면역력과 같은 내성이 생기면서 그동안 대학입시 실패로부터 쌓여 왔던 온갖 정신적, 심리적 고통, 특히 친구의 죽음으로 연유한 고통을 치유하고 극복하는 데 특효약이 되어 주었다. 다시 말해 나도 무엇인가 할 수 있다는 자신감을 되찾게 되었고, 이것은 곧 자존심을 회복하는 원동력이 되었다. (* 2001년부터 평양과학기술대 건축위원장을 맡아 북한을 오가며 일했을 때, 북한 청년들의 내적 역량 강화를 위해 무엇보다 중요한 기본요건으로 삼았던 덕목이 바로 '자존심 회복과 자신감 향상'이었다. 이는 여타의 다른 과업을 기획할 때도 마찬가지로 강조해온 나의 철칙이다. 즉 '우리가 북한에 무엇을 갖다 주고 지원해 주는 것보다 더 중요한 것은, 그들의 자존심을 지켜주고 자신감을 키워주는 일이다. 그렇게 하는 것이 생명력 있는, 지속가능한 성장 대안을 가르쳐주는 일이 될 것이다.'라고 강조해 왔다. 이런 신념과 전략적 대안은 동국대 야구부와 함께 훈련하면서 몸소 체득하고 깨우친 산 경험에서 우러난 교훈이다.)

어디 이것뿐인가? 내가 동국대 야구부와 같이 연습을 하다 보니 학교 안에서, 특히 동급생들에게 소문이 나기 시작했는데, 그때 나를 찾아와 야구 지도를 부탁해온 아마추어 팀이 있었다. 내가 입학했던 해(1975)에 신설된 조경학과 팀이었다. 나는 그들과 매주 한 번씩 운동을 하며 2년가량 코치 역할을 했다. 그런 가운데 실력과 인성을 겸비한 학생들을 눈여겨볼 기회를 가졌다. 그리고 마침내 대학 4학년이 되었을 때, 아내의 전공을 살려 '반도조경공사'를 창립(1978)하게 되었다. 그때 동국대 조경학과 졸업반 세 명을 스카웃하여 회사의 기초인력으로 삼게 된 것은 어쩌면 '보이지 않는 손'의 섭리와 같은 기이한 일이 아니겠는가!

야구(야망과 구원)의 힘

실은 여기까지 글을 써 오는 동안 많은 고충을 느꼈다. 과연 이런 부끄러운 글을 쓰는 것이 좋을까 하는 생각이 여러 번 물밀듯 일어났다.

그럼에도 불구하고 강행을 한 것은, '경북고 야구'가 가르쳐준 교훈이 전국고교야구를 석권했다는 그 우월감 넘치는 긍지와 보랏빛 환희 속에만 내재하는 것이 아니라, 대학입시 실패 이후 장기적으로 극심한 좌절감과 열등감에 빠져 방황하던 한 젊은 영혼을 재기와 재활의 마당으로 이끌며 힘을 더해준 버팀목이 되었다는 점에서 더욱 그 가치와 의미가 있다고 보기에 감히 이런 글을 쓰게 되었다.

아, 돌이켜 보면 젊은 날에 겪은 참으로 힘든 고난의 시간을 야구를 통해 이겨낼 수 있었던 것 같다. 인생을 살아가면서 나는 어느덧 야구를 '야망과 구원'으로 이해하기 시작했다. '경북고 야구'를 통해 청소년기 야망을 한껏 불태웠을 뿐만 아니라, 늦깎이 대학생으로서 패배주의의 늪에 빠져 있었던 자신을 '다시 할 수 있다.'라는 신념의 능선으로 끌어내 준, 그 진정한 삶의 실존적 가치를 깨닫고 구원의 길로 접어들 수 있도록 뒷받침해 준 '야구의 힘'을, 나는 그 후 인생 전반을 통해 하나님께서 주신 선물인 양 귀하게 여기게 되었다.

야구는 9회 말까지 가봐야 끝을 알 수 있다고 한다. 맞는 말이다. 2020황금사자기 전국고교야구대회 결승전에서 김해고가 강릉고를 9회 말 역전승으로 이기고 우승했다는 이 사실 하나만 갖고도 나는 평생 우려먹을 수 있는 이야깃거리가 또 하나 생겼다고 말하고 싶다. 그런 뜻에서 나는 나의 이름(이승률)을 너무 좋아하고 자랑스럽게 생각한다. 왜냐하면 나는 이렇게 말할 수 있기 때문이다. "제가 야구를 좀 해 봤는데요. 저는 게임을 하면 승률이 높습니다. 하하!"

RESTORING POWER
IN MY LIFE

나와 야구 III —글로벌 미션의 한 모형

'플레이 메이커'로서 하늘나라의 영광을 위해 주어진 은사를
다 소진하며 일하다가 저세상으로 떠나고 싶다.

1990년(나이 마흔셋 되던 해)은

내 인생 후반전에 대전환을 일으킨 특별한 해이다. 이전에 만나 보지
못했던 두 분과의 만남을 통해 지금껏 갖고 있던 습관적 행태와 사고를
뛰어넘는 큰 변화를 경험하게 됐다. 한 분은 예수님이고, 다른 한 분은
중국 연변과학기술대 설립을 준비하고 있던 김진경 박사다.

먼저 예수님을 만난 얘기부터 해보자. 내가 전도를 받은 건 고등학교
입학 직전에 만났던 아내와 그의 어머니로부터다. 그로부터 10년 후
결혼하고, 결혼 후 15년 만에 교회를 가게 됐으니 나도 어지간히 전도하
기 어려운 질긴 놈이었다. 그런 내가 가족들의 손에 이끌려 오산리금식기
도원에 따라나선 것이 1990년 1월 1일 새벽이었다. 2박 3일 간 순복음교
회 실업인선교연합회가 주관하는 신년축복성회에 참석한 것이 모든

변화의 시작이 되었다. 기도원 입구에 들어가기 전, 그동안 25년 넘게 피워왔던 담배를, 다른 사람들은 모두 금식하고 있는데 나만 담배를 피우는 게 미안해서 그냥 생각 없이 논두렁에 집어 던진 것이 그걸로 끝이었다. 그 후 지금까지 한 번도 담배를 만져보지 않았고 또 피우고 싶은 생각도 전혀 나지 않았다. 참으로 기이한 일이, 첫날부터 뭔가 심상찮은 일이 벌어진 셈이다.

▌저 밑바닥에서 벽공으로

성회 둘째 날 오후였다. 프로그램 진행 중에 가끔 쉬는 시간이 있는데, 그때마다 장로님들이 오셔서 물도 갖다주고 친절하게 도움말을 해 주시곤 했다. 그때 예루살렘 성지순례를 다녀오셨다는 분이 계셔서 그분께 물어보았다. "지금 우리가 집회하고 있는 성전 이름이 '실로암'이라고 적혀 있던데, 이 실로암의 뜻이 뭡니까? 무슨 암자 이름도 아니고…" 그 장로님께서 한참 껄껄 웃으시더니 요한복음 9장을 펴 보이며, 예수님이 날 때부터 소경이었던 자의 눈에 흙을 침으로 발라 주시고는 "실로암 못에 가서 씻으라." 하신 대목을 설명해 주셨다. 그 설명을 듣고 있는데 갑자기 (감고 있는 눈앞) 망막에 험한 언덕 비탈길을 기어서 내려가는 눈먼 소경의 모습이 파노라마 영상처럼 떠올랐다.

실로암 연못은 산기슭 언덕 아래 골짜기에 있었다. 그곳을 향해 얼굴과 온몸에 피를 흘리며 고통스럽게 기어 내려가고 있는 눈먼 소경의 모습이 마치 나의 젊은 날의 모습으로 연상되어 왔다. 좌절감과 패배의식에 사로잡혀, 갈 바를 모른 채 방황하며 나날을 보냈던 그 잃어버린

실로암 못은 히브리어로 '보내다'라는 의미를 가지고 있는 연못이다. 예수의 공생애 중 태어날 때부터 장님이었던 사람의 눈을 고쳐준 곳으로 유명하며(요 9:17), 그 유래는 기원전 701년 남유다의 히스기야 왕이 앗시리아 산헤립의 침공을 받자, 기혼 샘에서부터 실로암 못까지 수로를 만들어 물이 성벽 안으로 흐르게 공사를 한 것에서 비롯된다(왕하 18~20장).

십 년 세월의 처절한 고통이 되살아났다. 그러다가 연이어 그 눈먼 소경이 실로암에서 눈을 씻고, 눈을 떠서 언덕 위에 계시는 예수님을 바라보는 장면이 떠올랐다. 그런 경우 남들은 어떻게 했을지 모르지만, 날 때부터 앞을 보지 못하다가 기적적으로 눈을 뜬 사람이 (예수님을 향해) 그냥 점잖게 목례만 하고 갔겠느냐는 생각이 들었다. 그와 함께, 나 같으면 언덕 위 푸른 창공(벽공)을 배경으로 우뚝 서 계시는 예수님을 향해 "예수님!" 하며 울며불며 그 비탈길을 도로 뛰어 올라갔을 것만 같은 심정이 들었다. 그러자 마치 화산이 폭발하듯 내 모든 심신의 껍질을 터뜨리며 뜨거운 기운이 속에서부터 솟구쳐 올랐다. 동시에 복부 저 깊은 곳으로부터 용암이 터져 나오듯 대성통곡이 터져 나오기 시작했다.

아! 얼마나 울었던가! 내 평생 그렇게 크게 울어본 적이 없었던 울음을 꺼이꺼이 울면서, 그때 비로소 마음속으로 '아, 이게 불교 철학을 전공하면서까지 체득해 보려고 했던 그 해탈이구나.' 하는 생각이 들었다. 그리고 한편 이것이 기독교에서 가르치는 '부활의 기쁨'이며, 자기 목숨을 악마에게 팔면서까지 진리를 구해 보려고 나섰다가 결국 좌절과 절망에 빠져 버렸던 파우스트가 구원의 여인 그레첸의 손에 이끌려 천상으로 올라가며 외친 "저 밑바닥에서 벽공으로"라는 명제로구나 하는 생각이 들었다. 이 세 가지 의미가 한꺼번에 융합적으로 깨우쳐지면서 영적인 창이 확 열리는 듯한 신비감을 느꼈다. 한마디로, 도통한 사람이 된 양 갑자기 생각하고 판단하는 모든 의식의 방향과 의미체가 이전과는 전혀 다른 세상을 사는 것처럼 느껴졌다.

그 후, 그다음 주일부터 곧바로 교회(여의도순복음교회)에 나간 이후, 지금까지 부득이한 경우(장거리 국제항공 탑승 중)를 제외하곤 한 번도 예배를 빠뜨린 적이 없다. 나를 이렇게 이끈 힘은 그 '부활의 기쁨'과 함께 샘물처럼 솟아난 생명수—'성령의 힘(Power of the Holy Spirit)'이 그 비결이었다고 나는 감히 고백한다. 그리고 나는 그걸 믿어 의심치 않는다. 그렇게 믿고 지금까지 한 마음으로, 한 믿음으로 살아온 게 내 인생의 후반전이다.

두 번째 대전환의 시간

1990년에 있었던 변화의 두 번째 얘기를 해보자. 내가 교회를 다닌

후 얼마 안 되어 순복음실업인선교연합회 식구들 여섯 가족과 함께 부부동반으로 중국여행을 다녀오게 되었다. 한·중 간 국교 수교 이전이지만 관광 목적의 여행은 허용되던 때다. 6월 중순에 5박 6일 일정으로 북경을 거쳐 심양, 연길, 백두산을 다녀오는 코스였다. 당시 나는 종합건설회사를 운영하면서 골프장 건설사업에 주력할 때다. 마침 중국에 간 김에 가이드에게 물어봤더니 그 넓은 중국 천지에 골프장이 두 곳(북경, 상해)에만 있다고 했다. 그것도 일본사람들이 설계, 시공, 운영하는 곳이라고 했다.

그때 섬광처럼 지나가는 생각이 '이제 곧 한·중 수교가 된다고 하니 내가 빨리 와서 침 발라 놔야 되겠구나.' 하는 생각이었다. 그때부터 매월 두 차례씩 산둥반도 웨이하이, 옌타이, 칭다오를 방문하면서 골프장 만들기에 적합한 부지를 찾다가 최종 선택한 곳이 칭다오 '석노인관광지구' 내 18홀 골프장으로 책정되어 있던 곳이었다. 그 후 혼자 힘으로 하기엔 리스크가 크다고 판단하여 대만 팀과 함께 골프장 부지를 인수하려고 추진하던 중, 농민들의 토지보상 문제가 하도 어려워서 중간에 사람을 넣어 도움을 청할 수밖에 없었다. 그렇게 해서 만난 분이 당시 국가 주석이었던 양상쿤 주석의 아들 양샤오밍이란 분이었다. 그런데 그분을 만나 로비를 하러 간 자리에서 우연히 만났던 분이 바로 앞서 언급한, 연변과기대 설립을 준비하고 계시던 김진경 박사이셨다.

약속이 공교롭게 더블로 잡혀 있었다. 나보다 훨씬 연세가 많아 보여서 그분더러 먼저 말씀을 하시라 하고 나는 그 옆에 앉아 경청했다. 기실 나는 골프장 사업을 해서 돈 벌려고 중국에 왔는데, 그때 그분이 이런 말씀을 하셨다. "나는 한국 출신이고 유럽으로 유학을 가서 학위를 한 다음, 미국에 건너가 20년이 넘도록 대학 교수와 무역을 해서 제법 성공한 사람이다. 그리고 나는 크리스천이다. 나는 다른 어떤 반대 급부를 얻으려고 여기에 오지 않았다. 다만 최근 중국이 개혁개방으로 문호를 열고 있어서, 미국에 있는 재산을 팔아 와서 길림성 연길에 조그만 기술전문대학을 세워 중국 사회에 봉사하려고 왔다. 장기적으로 중국의 과학기술 발전과 조선족 후예들을 위해 힘닿는 대로 교육사업을 해보고 싶어서 왔으니, 당신 아버지가 권력자이니, 부친께 잘 부탁하여 내가 하고자 하는 일을 도와주시기 바란다."

나는 그때 마음속으로 크게 반성이 되면서 깊은 감동을 느꼈다. 명색이 나도 진리를 찾아보겠다고 불교 철학까지 공부했던 철학도가 아닌가. 그런데 나는 지금 한낱 속물이 되어 있고, 이분은 자신의 소유물까지 팔아서 남들을 위해 대학을 세워 주겠다고 먼 길을 찾아왔으니 이런 분이야말로 인생의 진정한 가치와 의미를 깨닫고 사는 분이 아닌가 하는 생각이 들었다. 그러면서 나도 이분과 같은 꿈과 비전을 갖고 싶다는 강렬한 욕구가 치밀었다.

그 후 2주 후, 서울에서 김 총장님을 대학건립후원회 사무실에서 다시 만났을 때, 내가 먼저 "제가 뭐 도울 일이 있겠습니까?"라고 물었다. 그때 그분이 "당신 같은 건설업자가 조금만 도와주면 큰 도움이 되겠소"라고 하셨을 때 선뜻 동의했던 것은, 나도 무엇인가 새롭고 가치 있는 좋은 일을 해보고 싶다는 선한 충동이 있었기 때문이다. 그렇게 조금 돕는다고 시작했던 일이 벌써 30년을 동역하는 관계로 발전해 왔으니, 김진경 총장과의 인연도 참으로 기이한 '운명적 만남'이라 하지 않을 수 없다.

돌이켜 보면 그때 북경에서 그분을 우연히 ('우연을 가장한 필연이라고 말하는 게 더 옳을 것 같다.') 만났지만, 그때 느낀 그 영적 감동의 힘이 지금껏 나를 이끌어 온 또 하나의 보이지 않는 큰 위력이 되고 있다. 이것이 내가 기독 인생으로 거듭나면서 깨달은 두 번째 '만남의 축복'이었다. 1990년 한해가 지나기 전에 일어났던 두 분과의 만남, 즉 예수님과 김진경 총장과의 만남을 통해 나는 그 후 인생 후반전을 헤쳐 나가면서 참으로 기이한 대전환의 역사를 맛보기 시작했다. 그리고 그것은 순전히 하나님의 크신 은혜요, 선물이었다.

연변과기대는 엘리사의 기적

순복음교회 실업인선교연합회 일원으로서 조용기 목사님을 모시고 세계 여러 곳을 다니며 선교 활동에 참여했던 일과, 연변과기대 캠퍼스 건설을 지원하기 위해 연길을 오가면서 대학 설립에 동참했던 일을 회상해 보면, 나로선 이전에 상상도 할 수 없었던 기이한 일로 가득 찬다.

먼저, 교회에 나오자마자 조용기 목사님을 수행하여 세계 방방곡곡을 안 다녀 본 데가 없다고 할 정도로 숱하게 다녔다. 남미, 아프리카, 유럽, 이스라엘, 인도, 태국, 대만, 러시아, 일본 등 조 목사님을 모시고 다닌 그 해외 성회 현장에서 일어난 영적 부흥의 물결은 나의 초신자 신앙에 기름을 갖다 부어주었다. 또한 세계선교에 대한 비전과 열정을 고양시키는 데 결정적 힘을 더해 주었다. 세계를 이해하고 각 나라와 민족의 현황을 아는 식견과 안목을 틔워 주었고, 나아가 한국 기독교가 세계를 위해 무엇을 어떻게 해야 할 것인가에 대한 구체적 선교전략의 대안을 일깨워 주기까지 했다. 그것은 한마디로 헐벗은 영혼을 위한 '복음전도'와 다음 세대 육성을 위한 '교육선교'가 그 솔루션이라고 믿어지게 되었다. 이 두 가지, 복음전도와 교육선교가 하나의 현장을 통하여 전개된 곳이 (나의 경우에) 바로 연변과학기술대라고 할 수 있다.

연변과기대는 한국교회의 헌금과 국내 기독실업인 및 해외(특히 미국) 교포사회의 후원으로 설립, 운영되어 왔다. 1992년 9월에 개교하여 지금까지 28주년에 이르는 동안 만 명 이상의 졸업생들을 배출했다. 중외합작 국제대학(캠퍼스 언어는 영어, 중국어, 한국어 3개국 언어를 겸비토록 했다.)으로서의 면모와 기량을 키우기 위해 외국인 교수 유치와 졸업생들의 해외 유학 및 재학생들의 교환학습(3 + 1 제도)을 장려하는 정책을 펴 세계 명문대학과의 관계증진에 주력하는 한편, 중국 내에서는 처음으로 무감독 시험 제도를 실시하는 등 인성(특히 정직성) 교육에 치중했다. 또한 이웃과 지역사회를 돌보는 소그룹 자원봉사 활동에도 적극 참여토록 계도했다.

결과적으로 중국 100대 중점대학의 하나로 선정되었다. 졸업생들은 (중국에 진출한 외국 대기업을 포함하여) 학생 본인이 직장을 골라서 갈 정도로, 거의 100퍼센트 취업을 자랑할 정도로 높은 평가를 받았다. 연변과기대가 그렇게까지 발전할 수 있었던 근간에는 국제대학으로서의 훈육방침 위에 기독교 신앙과 선교적 열정을 갖춘 한인 및 외국인 교수들이 자비량으로 봉사하며 헌신한 '순수한 복음적 사랑'(이를 김진경 총장은 '사랑주의'라고 표현한다.)의 영향이 절대적이었다고 할 수 있다.

나는 연변과학기술대가 있는 연길시 북산가 언덕을 올라갈 때마다 구약 열왕기하 2장에 나오는 엘리사 선지자의 행적을 되새기곤 한다. 엘리사가 여리고 성에 갔을 때 그 성읍 사람들이 "성읍의 위치는 좋으나 물이 나쁘므로 토산이 익지 못하고 떨어진다."라고 진언했다. 이 말을 듣고 엘리사가 새 그릇에 소금을 담아 오라고 해서 갖고 오자, 이를 들고 '물 근원'으로 나아가서 소금을 그 가운데 던지며 "여호와의 말씀이 내가 이 물을 고쳤으니 이로부터 다시는 죽음이나 열매 맺지 못함이 없을지니라."라고 하셨다고 선포했다. 그러자 그 후 엘리사의 말대로 물이 고쳐져서 토산이 익고 생명이 풍성한 열매를 맺는 땅으로 변화되었다는 얘기다.

연변과기대를 생각할 때마다 이 '엘리사의 기적'을 한 번도 잊어본 적이 없다. 다시 말해 이 '엘리사의 기적'은, 곧 연길시 공동묘지의 터 위에 세운 연변과기대를 상징하고 특화하는 예시적 사건이라고 믿어졌다. 즉 '죽음의 땅에서 생명의 땅으로 변화된 역사'가 바로 연변과기대의 역사요, 정체성이라고 늘 간증하는 이유다. 이와 동시에 더 큰 은혜로 와 닿은 것은, 연변과기대 사역을 수행하는 가운데 스스로 실감하는 하나님의 섭리, 즉 지난 젊은 날에 있었던 '죽음의 삶'에서 '생명의 삶'으로 변화된 역사, 이것이 후반전 내 인생의 진수임을 깨닫고 얼마나 감사했는지!

(＊청년 시절 '잃어버린 십 년'을 보상하듯, 왜정시대 독립 운동가들의 후예들이지만, 중국 변방에서 역사의 고난 가운데 버려져 있던 조선족 청년들을 가슴에 끌어안고, 그들에게 꿈과 비전을 가르쳐주려고

애썼던 그 참된 기쁨의 나날이 내 인생을 얼마나 풍요롭게 만들어 주었던가! 또한 그 이후 2001년부터 평양과학기술대 건설을 시작하여 2009년 9월 준공 및 개교식에 이르기까지, 그 긴 세월 동안 중국 조선족 건설업체를 데리고 어렵사리 공사를 진행하면서 북한 청년들-청년돌격대-을 때로는 노무자로, 때로는 가슴에 품어야 할 대상자로 바라보며 그들 스스로 자존심을 지키고 자신감을 회복할 수 있도록 격려하며 손잡아 주었던 그 일이, 지금까지도 마음을 다해 통일의 꿈을 지피도록 끝없이 추동하고 있지 않은가!)

내가 연변과기대를 도운 것이 열이라면, 그 연변과기대가 내게 준 용기와 지혜의 산물은 백, 천, 만도 넘을 것이리라. 어린 자녀들과 함께 연변과기대에 와서 헌신하는 젊은 교수 가족들을 보고 있노라면, 그들이야말로 엘리사와 같은 선지자들이요, 이 세상에서 무엇이 가치 있고 의미 있는 삶인지를 가르쳐준 진정한 스승들이라는 생각이 절로 든다.

사람은 좋으나 세상을 통해 마신 물이 나빠 토산이 익지 못하고 황폐했던 나의 삶을 고치고 거듭나게 하는 데 역사하신 하나님의 은혜, 그 '물 근원'에서 흘러내린 물결이 지금도 삶 전반을 적시며 흘러가고 있으니, 아! 연길시 북산가 언덕 위에 푸른 창공을 배경으로 우뚝 서 있는 연변과기대 캠퍼스를 생각만 해도 절로 가슴 떨리는 감동이 밀려온다. 그 연변과기대 '물 근원'에서 흘러내린 물결이 두만강, 압록강을 넘어 평양 땅에까지 이르러 세운 남북합작 국제대학이 곧 평양과학기술대학이다. 지금은 뭐라고 말할 수 없지만 (내가 믿기에) 평양과기대는 장차 남북한 통일과 한민족 통합을 이끄는 '갈등을 통합하는 리더십'으로 자라날 것이다. 그뿐 아니라 한반도 주변국가들, 즉 중국, 러시아, 몽골,

일본 및 미국도 포함하는 동북아 지역 역사 발전에 기여하는, 새 시대를 준비하는 소통과 화합의 창(窓)이 되어줄 것을 믿어 의심치 않는다.

CBMC 실크로드 사역의 진로

이외에도 연변과기대와 관련된 일들이 많지만 특별히 한국기독실업인회(CBMC)를 소개함으로써 기업인으로서의 나의 선교적 삶에 대해 잠시 돌아보고 싶다. 내가 CBMC를 알게 되고 '서울영동지회'라는 커뮤니티에 참여한 것은 1992년 봄이었다. 인도어 골프장에서 함께 운동을 했던 지인으로부터 초청을 받고 처음으로 CBMC 전도초청 모임에 참석했을 때다. 그날 주제 말씀을 전하신 분이 당시 서울영동지회 지도목사를 하고 계시던 김동호 목사(당시 동안교회 담임)이셨다. 창세기 1장 27~28절 말씀을 근거로 '땅을 정복하라'라는 제목으로 설교하셨다. 그런데 말씀 도중에 느닷없이 "공부해서 남 주자. 돈 벌어서 남 주자. 출세해서 남 주자."라는 말씀을 하시는 게 아닌가!

이전에 한 번도 들어보지 못했던 그 말씀을 깜짝 놀라는 심경으로 받아들였는데, 그 이후 지금껏 그 말씀이 내 가슴에 비수인 양 깊이 박혀 있어서 한시도 잊어버린 적이 없다. 기독실업인으로서의 인생을 살아가는 데 지킬 만한 사명적 표어로 그 말씀이 늘 생각과 행동의 준거 기준이 되어 온 셈이다. 그런 도중에 중국 연길에 한인기독실업인회(CBMC)를 세울 수 있는 기회가 왔다. 내가 1994년에 서울영동지회 총무가 되었을 때다. 그동안 연변과기대 본부동 및 학사동 건축을 독려하고 1992년 9월 개교 준비 및 개교 후 후속 업무를 지원하느라 연길에 자주 드나드는 과정에, 연길에 사업차 와 있던 한인 기업인들을 여러 명 알게 되었다. 나중에 그분들을 중심으로 CBMC를 창립하게 되었는데, 그때 기업인은 아니지만 전문인으로서 CBMC 창립을 위해 주도적인 역할을 하면서 도움을 주신 분들이 연변과기대 1기 교수진으로 참여했던 분들이다.

1994년 8월 1일, 학교 안에서 '한·중 경제협력세미나'를 열고, 그 명분으로 한국에서 오신 기독기업인들(서울영동지회 회원)과 연길에서 사업하고 계시던 분들을 별도의 장소로 모이게 했다. 거기서 창문을 꽁꽁 닫아 놓고 땀과 눈물을 뻘뻘 흘리면서 개최했던 중국 최초의 기독실업인회(연길한인기독실업인회) 창립대회가 지금도 영화의 한 장면처럼 눈에 선명히 떠오른다. 그때부터 연변과기대(YUST) 사역과 기독실업인회(CBMC) 사역은 나에게 '복음 실은 수레의 양바퀴'처럼 맞물려 돌아가며 인생 후반전에 거대한 세계선교 사역의 활로를 열어가는 중심축이 되었다.

연길지회 창립 이후 연변과기대 교수 몇 가족들과 함께 청도, 북경, 천진, 심양, 상해, 심천 등 여러 곳을 직접 찾아다니며 각 지역에 진출해 있는 한국 기업인들 가운데 교회 다니는 분들을 중심으로 한인기독실업인회를 홍보하고 창립하는 일에 열중했다. 이와 함께 중국 심양, 청도, 상해 지역에 진출해 있는 조선족 기업인들을 격려하고 육성하는 차원에서 조선족기독실업인회를 창립 지원하는 한편, 한국에 유학 갔다가 돌아와서 회사를 창업한 엘리트(북경대, 칭화대, 천진 남개대, 상해 복단대 출신 등) 청년 기업인들을 중심으로 중국기독실업인회 창립을 유도하는 등, 지역별로 산학협력이 가능한 범위 안에서 '비즈니스 세계에 복음을 전하는 일'에 매진했다. 그 결과로 1992년 연길지회 창립 이후 10년 만에 중국 전 지역에 한인 CBMC가 60여개, 조선족 CBMC가 10여개, 중국 한족 CBMC가 20개가량 생겨나면서 전국적으로 90개 이상의 기독실업인회(CBMC) 커뮤니티가 창립, 운영되어 왔다.

'일터 사역'을 지향하는 이런 CBMC 사역의 물결은 그 후 톈산산맥을 넘어 카자흐스탄 알마티에 고려인 CBMC를 세우고, 우즈베키스탄 타슈켄트에 한인 CBMC를 창립하는 쾌거를 이루었다. 그리고 마침내 2001년 터키 이스탄불에 한인·터키인 합동 CBMC를 창립하기까지 리더십을 발휘해온 일은, 인생 후반전에 있어서 기념할 만한 또 하나의 큰 성과라고 하지 않을 수 없다. 아시아 대륙 맨 오른쪽 도시인 연길로부터 아시아 대륙 맨 서쪽 이스탄불에 이르기까지 'CBMC 실크로드 사역'을 이끌어온 것은 스스로 생각해도 더할 나위 없는 공헌이요, 큰 보람이 되었음을 굳이 감추고 싶진 않다. 아! 이 모든 게 다 하나님의 인도하심과

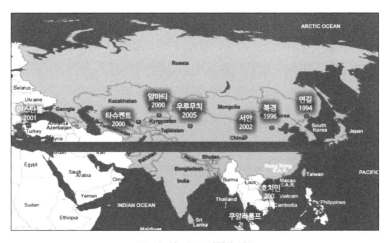

CBMC 실크로드 사역의 진로

도움심이 아니겠는가!

▌야구는 내 인생의 숨은 기획자

여기까지 글을 이끌어오는 동안 '숨어 있는 기획자'처럼 생각의 저변에 깔려 있던 '야구' 얘기를 이제 해보자. 순복음교회 조용기 목사님을 수행해서 세계선교의 많은 현장을 다녔고, 또한 연변과기대 대외부총장을 역임하면서 교수 리쿠르팅, 해외 나온 유학생 돌보기, 학교 재정을 위한 후원 모금 활동, 대학 장기발전을 위한 산학협동프로젝트 추진, 환황해경제기술교류회의 및 두만강 포럼 참석, 연변과기대 주최 국제 컨퍼런스 기획 및 유치 등, 이루 말할 수 없는 일을 수행해 오는 과정에 마침내 CBMC 사역과 연합하면서 온누리에 세계선교를 펼치고 민족복음화를 위한 사역을 기획할 때마다 전략적 기반으로 삼은 '글로벌 미션의 한 모형'은 'Baseball Play-maker Mission Strategy(BPMS)'에 다름 아니었다.

나는 모든 선교전략의 중추적 기능을 배정할 때 야구 경기의 유형을 본받으려는 경향이 컸다. 즉 (예를 들자면) 서울을 홈 베이스로 하여 퍼스트 베이스를 연길, 세컨 베이스를 북경, 서드 베이스를 우루무치, 그 다음 베이스를 알마티, 타시겐트, 이스탄불에 두는 형태로 사역의 망을 짰다. 그런 다음 거기에 적재적소의 인물을 배치하고 관리함으로써 게임(선교사역)의 성패를 가늠하고 리드하려는 자세를 견지해 왔다. (＊궁극적으로 나의 마지막 파이널 베이스는 평양이 되리라. 평양과기대를 통해 남북한 소통과 화합의 새 길을 열어가려는 것이 꿈에도 잊지 못할 통일을 향한 필생의 비전이 아닌가!)

어느 사역지에 나가 한곳에서 붙박이처럼 일하는 방식은 솔직히 말해 마음에 내키지도 않았고, 또한 돌아다니기를 좋아하는 타입이라 스스로 유목형 리더십(Nomad Leadership)을 존중하며 살아온 케이스다. 그런 경향은 초등학교 때부터 야구부 캐처를 했고, 나중에 경북고 야구선수 시절에도 주전 후배 선수를 보조하는 역할로 캐처 연습을 계속하면서 몸에 밴 습성 때문인 것 같다. 홈 베이스를 지키면서 선수(조직원)들을 적정한 역할의 베이스 맨으로 기용하여 자리매김을 한 후, 필요한 시점에 잠깐씩 넓게 펼쳐 놓은 각종 베이스를 돌아다니며 일(게임)의 상태를 점검하고 격려하는 그런 방식이 더 몸에 맞고 잘하는 일이 되었다.

특히 (나 스스로 생각해 볼 때) 하나님으로부터 받은 은사(내가 제일 관심을 가지고 잘하는 일)는, 아마도 선수들(플레이어) 또는 전문가들에게 일(게임)을 잘하도록 여건을 만들어주고 자리를 깔아주는 역할, 각자가 갖고 있는 장점과 장점(강점과 강점)을 연결하고 서로 연합해서 더 큰 시너지를 창출하도록 만드는 역할인 것 같다. 이런 일을 하라면 자다가도 일어나서 뛰어나갈 판이다. 나는 비록 못나고 부족하지만, 홈 베이스를 지키면서 선수들이 각자의 위치에서 열심히 잘 뛸 수 있도록 소통하고 배려하는 일이 그렇게 즐거울 수가 없었다. 천성이라서 그럴까? 아무튼 나는 그렇게 야구의 플레이 메이커(Play-maker) 역할 방식으로 사업을 영위해 왔고, 연변과기대와 평양과기대 및 CBMC의 '일터 사역'을 포함한 각종 해외 사역을 힘들지만 재미있게 감당해 왔다.

그런 뜻에서 캐처로서의 경험을 살려, '강타자가 되는 비결'을 나름대로 터득한 게 있어서 여기에 정리해 보고자 한다.

첫째, 높은 선구안을 가져라. (변별력)

둘째, 저스트 미팅에 강해야 한다. (타이밍, 기회 창출 능력)

셋째, 데드볼(dead ball)을 해서라도 퍼스트 베이스를 밟아라.
  (게임 기여도)

넷째, 반드시 홈으로 돌아와야 득점을 한다. (투철한 목적의식)

이런 네 가지 강점을 유지하며 자신의 타율을 높이고 게임에 대한 기여도와 함께 팀을 승리로 이끌어가는 데 크게 기여한 '강타자'를 단 한 명만 추천하라면 나는 서슴지 않고 추신수 선수를 든다. 그는 2001년 8월 계약금 135만 달러의 조건으로 '시애틀 매리너스'에 입단한 이후, 2013년 12월 7년 총액 1억3천만 달러를 받으며 '텍사스 레인저스'로 이적하기까지, 그가 쌓은 '강타자'로서의 면모와 기량은 가히 '기적을 연출하는 선수'라고 해도 과언이 아닐 정도다.

그렇다. 야구를 통해, '야망과 구원'의 길목에서 서성거리며 세상살이의 여러 진면목을 많이 배웠다. 그리고 마침내 '플레이 메이커'로서 하늘나라의 영광을 위해 주어진 은사를 다 소진하며 일하다가 저세상으로 떠나고 싶다. 그게 인생을 통해 얻는 진정한 가치이고 의미라면. 남은 인생도 데드볼을 하는 한이 있더라도 퍼스트 베이스를 밟아서 게임을 주도하는 감독(하나님)이 그 게임을 잘 리드할 수 있도록 돕고 싶다. 그러다가 마침내 홈(돌아갈 본향)으로 돌아가 천상의 복을 누리며 영생을 사는 그런 신실한 야구인(신자)이 되고 싶다.

RESTORING POWER IN MY LIFE

나의 창업 스토리 I

―막다른 골목에서 새 길을 찾다

(웬만하면) 빨리 짝을 구해 결혼하고, 두 사람이 함께 손잡고 힘을
합쳐 자기 앞의 인생 고지를 향해 죽기 살기로 한번 부닥쳐 보라!

대구기독문인회 초청

인터뷰(8. 28)가 있어서 대구를 다녀왔다. 오래전에 약속한 미팅이라
코로나 사태가 엄중해지고 있지만, 시간을 내어 다녀왔다. 대구시조시인
협회장을 역임하신 리강룡 현 회장, 직전 회장이신 이상진 박사(한국품
질경영연구원 수석 컨설턴트), 대구기독교총연합회 조무제 사무총장
및 대담 기록을 맡은 소설가 남택수 장로, 이렇게 네 분이 따뜻하게
맞아 주셨다. 약 2시간 정도 대담하는 가운데 주로 신앙 경력과 선교
활동(연변·평양과기대, CBMC, ISF 등)을 중심으로 대화를 나누었으
며, 앞으로 남북한 통일 사역을 위한 대책도 많이 질문해 오셨다. 대담
도중에 내가 늦깎이로 대학을 다니면서 어렵사리 창업하게 되었을
뿐 아니라, 사업을 하는 과정에 비닐하우스 생활까지 한 적이 있다고

하니 다들 얼마나 놀라워하는지!

SRT를 타고 서울로 올라오면서 (마스크를 낀 채) 눈을 감고 묵상하는 가운데 그분들의 표정이 계속 어른거렸다. 부끄럽고 창피한 일이지만 이제 이 나이(73세)가 되어 뒤를 돌아보니 그 모든 게 다 하나님의 은혜였다는 생각뿐이다. 그 얘기를 풀어 놓자면 사연이 길고 길다. 이참에 대구기독문인회에서 인터뷰한 내용을 중심으로 '나의 창업 스토리'를 소개함으로써, 코로나 사태만이 아니라 평소에도 일자리 문제로 희망을 잃고 방황하는 청년들에게 조금이나마 힘이 되고 격려가 되어주고 싶다.

▌막다른 골목에서도 길은 있다

결혼하고 첫애를 낳은 뒤 대학(동국대 불교철학과)에 들어간 해가 1975년(28세)이다. 그 후 대학 3학년 여름방학 직전이었으니 1977년 7월 중순쯤의 일이다. 불광동 언덕배기 골목집에 세 들어 살았는데, 당시 둘째 아이를 낳은 지 얼마 안 되었을 때다. 이른 아침인데 마당에서 시끄러운 소리가 나서 나가 봤더니 집달관이 들이닥쳐 집안 곳곳에 빨간 딱지를 붙이고 있었다. 내용인즉슨, 40대 후반에 과부가 되어 아이 셋을 키우며 어렵게 가계를 꾸려 왔던 집주인이 이년 넘게 사채를 끌어 쓰다가 빚을 갚지 못하여 결국 강제집행을 당하게 된 것이다. 우리는 집주인의 그런 사정을 전혀 모르고 있다가 졸지에 집주인과 함께 집 밖으로 쫓겨나는 신세가 되었다. 기실 집주인도 그동안 집을 팔아 보려고 무진 애를 썼으나, 워낙 낡고 퇴락한 데다 막다른 골목

끝에 있는 집이라 아무도 둘러보러 오지 않았던 것이다.

우리 내외는 그저 기가 막혔다. 속수무책으로 무엇을 어떻게 해야 할지 몰라 전전긍긍하고 있는데, 채권자 되는 분이 말을 걸어왔다. "학생을 보니 사정이 매우 딱해 보여서 한 가지 제안을 해볼 테니 의논해 보시오."

전세금(백만 원)을 안 떼이려고 이런저런 통사정을 하며 대화하는 중에 아내가 고려대 석사과정을 나왔다고 했더니 자신도 고대 출신이라고 하면서, 채무자로부터 받을 돈이 430만 원이다, 여기서 한 푼도 더 붙이지 않고 팔 테니 부모님께 얘기해서 이 집을 인수해라, 그래서 수리를 해서 내놓으면 최소한 전세금 정도는 되찾을 수 있을 거다, 요즘 부동산 매기가 좀 나아졌으니 그렇게 한번 해보라는 내용이었다.

우리 내외는 다른 대책이 없어서 그날부터 일주일간 주어진 시간 여유를 갖고 온 사방에 '돈'을 알아봤다. 결과적으로 친가에서 백만 원, 처가 장모님이 백만 원을 지원해 주시기로 했다. 그때 '천사'가 나타났다. 불교대학 동급생인 P군이 자기 아버지가 제일은행 명동지점 장이라서 '형 이야기'를 했더니 한번 찾아오라고 하신다는 전갈이었다. 지점장님을 만나 상황 설명을 해드리고 수리를 해서 집을 파는 대로 융자금을 일시에 다 갚겠다고 소신있게 말씀을 드렸다. 나를 한참 뚫어지게 쳐다보시더니, 하도 딱하셨던지 "알았다. 이백만 원 내가 보증해서 빌려줄 테니 꼭 성공하라."라고 하시는 게 아닌가! 아! 이렇게 고마울 수가 있나! 나는 너무나 감사하여 무릎을 꿇고 큰절을 드렸다.

그 후 우리 내외는 친구들로부터 빌리거나 아르바이트해서 모은

'돈'을 보태어 채권자에게 430만 원을 건네고 집수리를 시작했다. 여름 방학 한 달간 일꾼 두 명을 데리고 꼬박 매달려 일했다. 그런 끝에 8월 마지막 주일 오후에 복덕방 세 군데서 집을 둘러보러 왔다. 저녁 무렵이 다 되어 갈 때 그중 한 군데 복덕방 영감님이 손님을 모시고 와서 계약하자고 했다. 그래서 우리는 더 물어보지도 않고 복덕방에서 이끄는 대로 매매 계약을 마쳤는데, 결과적으로 집값 원금은 물론 전세금 백만 원을 찾고 수리비용과 복비를 합친 금액 백여만 원과 거기에 백만 원이 더 남는 750만 원으로 집을 팔았다. 한마디로 기적이 일어난 것이다!

그때 수익금으로 남은 백만 원이 그다음 해(1978년) 회사를 창업하는 종자돈이 되었다.

창업과 첫 조경공사

나는 아내에게 이렇게 말했다. "나는 어차피 불교대학에 왔으니 여기 눌러앉아 교수 자리 찾는 길 외에는 더할 게 없어요. 그러니 당신 전공을 살려서 사업을 하도록 해요. 조경은 실무분야이고 잘만 하면 나중에 건설회사도 만들 수 있을 테니 그리 해봐요. 나도 도우리다."

그동안 아내는 학부에서 원예를 전공하고 서울에 올라와 신규 기술분야로 각광을 받기 시작한 조경학을 전공한 후, 취업을 위해 여러 기관에 응시했으나 여성이고 또 기혼자라는 이유로 여러 번 퇴짜를 맞은 경험이 있었다. 그래서 천행으로 생긴 귀한 '돈'을 아무 데나 쓰지 말고 아내의 전공을 살리는 데 사용코자 했던 게, 그동안 고생하며 나를 뒷받침해 왔던 아내에게 할 수 있는 최대한의 도리였다. 여러 모로 준비한 끝에 그다음 해 2월 초, 강남 영동시장 앞 길거리에 12평 되는 사무실을 세 얻어 개업한 회사가 '반도조경공사'였다.

그때 창업 팀으로 참여했던 직원들은 동국대 조경학과 1기생으로 4학년 올라가기 직전에 있던 세 명이었다. 동국대에서 늦깎이 공부를 하면서 조경학과 학생들에게 야구를 코치할 때 눈여겨 봐두었던 세 명의 학생이 바로 그들이다. 그해 첫해 1년 간 맡은 일이라곤 고작 가정집 정원공사 세 건과 조그만 모텔 한 곳 조경공사에 불과했다. 그 첫 번째 일이 5월 중순, 영동대로 길 건너편 언덕 위의 주택 마당이었는데, 대문에서 현관까지 이르는 10미터 정도의 진입로에 붉은 벽돌을 까는 일이었다.

지금도 그때 일했던 장면이 눈에 선하다. 인부도 없이 직접 시공을 해본다면서, 멜빵 지게를 지고 낑낑대며 마당으로 올라가 짐(붉은 벽돌, 시멘트, 모래, 자갈)을 부려놓은 후, 어설프게 콘크리트 타설을 하던 직원들의 모습이다. 그런데 일의 결과가 어찌 됐나? 며칠 후 비가 왔던 그다음 날, 주인 아주머니로부터 급한 연락이 와서 직원들과 함께 뛰어가 봤다. 이게 웬일인가! 직원들이 그렇게 튼튼하게 시공했다고 스스로 대견해 마지않았던, 15제곱미터에 불과한 진입로가 빗물에 침하되어 온통 움푹움푹 찌그러져 있지 않은가!

나중에 비상 대책회의를 하면서 안 사실이지만 지극히 초보적인 일, 즉 땅바닥에 콘크리트 길을 만들 때는 반드시 '버림 콘크리트'로 먼저 기층을 만들어 놓고 그 위에 와이어 매쉬 또는 철근을 조립한 다음,

일정 두께로 메인 콘크리트를 타설하는 게 원칙이었다. 그런데 이 과정을 모두 빠뜨린 것이다. 이처럼 어설프게 멋모르고 시작한 일이 지금에 이르기까지 40여 년의 세월이 흘렀으니, 그동안에 또한 얼마나 많고 많은 일이 있었겠는가!

턴키 방식의 도입으로 도약하다

창업한 뒤 1년 동안은 워밍업 기간이라고 치자, 그다음 해(1979년)로 넘어오자 약간 조바심이 났다. 나는 대학 졸업과 동시에 곧바로 대학원(철학과)에 입학하여 학업을 계속할 뜻이 분명했지만, 막상 회사를 세워 놓았는데 일감이 없으니 그냥 공부만 하고 있을 수가 없었다. 아내가 여기저기 일감을 찾으러 다녔지만 신통치가 않았다. 그도 그럴 것이, 공사 단종(조경) 면허가 없다 보니 정부 발주 공사에 입찰할 자격이 없었고, 그러다 보니 정부 공사를 수주한 도급 기업에서 하청을 받는 일도 여간 어렵지 않았다. 당시는 요즘처럼 하도급 업무 규제가 철저하지 않아서 무면허 업자도 간혹 하청을 하긴 했지만, 수주 경쟁에서 후순위로 밀려나기 십상이었다. 특히 대기업 또는 중견기업 산하에는 오너(Owner)의 친인척 되는 사람들이 고정적으로 하청을 하면서 아성을 이루고 있었기 때문에, 그 벽을 뚫고 들어가기가 낙타가 바늘귀로 들어가는 것만큼 어려웠다. 그러다 보니 제대로 된 공사는 아예 근접도 못하고 그저 개인 집 정원공사나 일반 사업자가 발주하는 조그만 일 이외에는 할 만한 일이 없었다.

나 역시 아직 학생 신분을 면치 못하고 있는 주제에 어디 가서 '일'을 따오겠는가! 아내를 도우려고 애를 써봤지만 마땅한 대책도 없고 또 사회적인 연줄도 없었다. 참으로 갑갑해졌다. 그런 가운데 이런 생각이 들었다. 기왕 게임을 할 바에는 '큰 놈'하고 한판 붙어 보자는 생각이 떠올랐다.

희한하게 그때도 내게 희망의 길잡이가 되어 준 것은 '경북고 야구'였다. 경북고에서 같이 야구를 했던 친구이며, 대학에서 토목을 전공하고 현대엔지니어링에 입사하여 토목부 대리(代理)로 근무하고 있던 K군을 만나 이런저런 얘기를 나누었을 때다. 당시 그가 참여해 있던 프로젝트가, 설계와 시공을 한 회사가 몽땅 책임지고 실행한 다음 준공 시 키(Key)만 돌려준다고 해서 이름이 붙여진 '턴키 베이스' 프로젝트로, 국내에서 처음으로 시도한 '아산화력발전소(지금은 평택화력발전소로 불림)' 건설 사업이었다. 그를 만나 '턴키 베이스' 프로젝트에 대해서 들었을 때, 나는 갑자기 어떤 기발한 '아이디어'가 떠올랐다.

그 '아이디어'가 그 후 우리 회사의 진로에 굳건한 토대가 되어 주었고, 또한 나의 인생을 건설해 나가는 데 있어서 '턴키 베이스' 방식을 선호하는 소중한 계기가 되었으니, 이게 천운인가 아니면 하나님의 인도하심인가! 내 아이디어는 단순했다. 아산화력발전소가 '턴키 베이스' 프로젝트라면, 우리도 '턴키' 방식으로 한번 접근해 보자는 생각이 들었다. 그래서 친구를 통하여 현대엔지니어링의 아산화력발전소 담당 PM 측에 이렇게 제안했다.

"그동안 건설된 한국의 발전소를 살펴보니 공장 건물만 웅장하게 지어 놓았지 환경문제나 지역주민들에게 대한 배려가 전혀 없어요.

일본만 하더라도 발전소를 공원화해서 환경 정화는 물론 지역주민들이 친근하게 발전소를 탐방하도록 해주고 있어요. 이번 프로젝트가 국내에선 처음으로 실시되는 '턴키 베이스'이니 귀사에서도 조경 부문에 한 번 특별한 대안을 만들어 보시지요. 일단 저희가 공짜로 아산화력발전소 공원화 기본계획을 세워드리겠습니다. 한전 측에서 관심을 가지면 제가 직접 한전에 출입하면서 현대엔지니어링 이름으로 설계를 마무리할 수 있도록 책임지고 일하겠습니다. 그리고 나중에 공사가 발주되면 그때 현대건설 측에 부탁해서 이런 회사(반도조경공사)가 그동안 우리를 도와주었다고 소개만 해주시면 그걸로 족합니다."

이 제안이 그대로 수용되어 현대엔지니어링을 통해 국내 발전소 공원화 계획의 첫 작품을 설계할 수 있었고, 그리고 나중에 현대엔지니어링뿐만 아니라 한전 측에서도 도움말을 주어 현대건설이 아산화력발전소 '조경 및 준공 대비공사'를 발주할 때, 하도급 업체로 우리 회사를 우선순위로 채택해 주었다. 부끄러운 얘기지만, 그때 당시 업계에서는 면허도 없는 회사가 발전소 조경 같은 큰일을 한다고 시기하는 소리가 컸다. 그러나 현대 측이나 한전 측에서 공히 우리 회사의 실력과 성의를 최대한 인정하여, 그 후 아산화력발전소뿐만 아니라 국내에서 건설된 원자력발전소, 화력발전소, 양수발전소 등 대부분의 발전소 조경 및 준공 대비공사에 우리 회사가 협력사로 참여하도록 길을 열어주었다.

뜻과 정성과 목숨을 다하여 도전해 보라

1979년 대학원(1년 차) 학교 공부도 해야 했지만, 또 한편 아산화력발전소 '턴키' 프로젝트는 내가 직접 제안하고 추진한 일이라 현대엔지니어링과 현대건설 토목부 및 한전 본사 출입과 현장을 뛰는 일도 (아내를 대신하여) 내가 직접 주도적으로 할 수밖에 없었다. 그러다 보니 학교 공부가 태만해질 수밖에 없었다. 특히 한전 측 현장소장이 주재하는 매주 월요일 공정회의에 참석하는 등, 현장 출장이 많아져 실제로 학교 가는 일이 반도 못 됐다. 부득이 석사과정 1년만 다니고 그다음 해(1980년)는 휴학을 하고 말았다. 그렇게 된 근저에는, 불교 철학의 학문적 공부가 무척 공허하게 느껴진 반면에 발전소 건설 현장의 '일'을 통해서 체험하는 박진감 넘치는 '현실 상황'이, 인생에 대한 철학적 이해를 높이는 데 더 중요한 학습으로 영향을 미쳤다고 하는 게 정직한 고백이리라.

아무튼 1월부터 한전 본사를 출입하여 설계를 확정한 후 3월 중순경 현대건설로부터 하도급 업체로 선정되어 곧바로 공사 현장(아산화력 1, 2호기 건설공사)에 투입된 지 반년 만에 1단계 공사를 마쳤다. 그런 과정에 그 일을 수행할 만한 전문적인 팀워크가 필요했는데, 그 팀워크를 멋지게 잘 짜고 관리한 것이 공사의 결과를 우수하게 만드는 데 결정적인 역할을 했다고 해도 과언이 아니다.

발전소 '조경 및 준공 대비공사'의 주요 공정은 발전소 부지 전체의 식재공사와 공원화 사업에 따른 환경시설 및 준공을 위한 부대시설 공사를 망라하고 있었다. 이 모든 공정을 한 묶음 하여 '턴키 베이스'로 공사를 하였으니, 도급업체인 현대건설뿐만 아니라 우리 회사가 받은 하도급 규모도 상당히 컸다. 난생 처음으로 큰 공사를 맡았고 또한 수익금도 컸다. 그때 나를 도와서 우리 회사의 아산화력발전소 현장소장으로 취임했던 분이 (지금은 돌아가셨지만) 박수현 소장이시다. 그는 남산미술원(동작동 현충원 구내 조각물 및 신세계백화점 앞 분수대 시공 업체)에서 일한 부장급 요원 중의 한 분이었다. 아산화력발전소 분수공원을 기획, 설계하는 중에 조언을 구한 분으로서, 내가 만나본 인력들 가운데서 실무적으로 가장 뛰어난 실력자였다.

나는 그분을 우리 회사로 모셔 오기 위해 삼고초려를 마다하지 않았다. 그리고 그가 우리 회사에 참여한 이래 아마추어 직원들을 가르치고 훈련하면서 발전소 준공 대비공사 가운데 까다롭고 힘든 구조물 공사 및 환경시설 공사의 대부분을 맡아서 현장소장 업무를 수행해 주었다. 지금 와서 돌이켜 보면 꿈같은 일이다. 천지도 모르고 덜컥 회사를 개업해 놓고, 대학을 갓 졸업한 아마추어 직원들을 데리고 한국 최대의 국가기관인 한국전력의 발전소 공사를, 그것도 (단종이라는 기초면허도 없이) 한국 최대의 건설회사인 현대건설을 상대로 '턴키 베이스'로 게임을 벌려 성공적인 결과물을 도출해낸, 그 초인적 발상의 아이디어와 열정을 돌이켜 보니 그저 꿈같이만 여겨진다.

내가 자랑삼아서 하는 얘기가 결코 아니다. 고학위 출신이지만 일자리를 못 잡아 여기저기 기웃거리면서 봉급 많고 편하게 일할 수 있는 직장이 어디 없나 하고 배회하는 젊은 친구들에게 한마디 충고 겸 격려를 해주고 싶어서 하는 말이다. 마음에 드는 좋은 직장을 구하면야 천만다행이지만, 만일 이도 저도 안 될 때는 차라리 맨땅에 헤딩하는 기분으로 창업을 해보라고 권하고 싶다. 그렇다고 무조건 막무가내로 준비 없이 하라는 얘기는 결코 아니다.

다음 몇 가지 항목을 창업의 기본원리로 삼아 뜻과 정성과 목숨을 다하여 한번 도전해 보라! 어차피 한번 사는 인생이 아닌가! 할 수만 있으면 (웬만하면) 빨리 짝을 구해 결혼하고, 그런 후 두 사람이 함께 손잡고 힘을 합쳐 자기 앞의 인생 고지를 향해 죽기 살기로 한번 부닥쳐 보라! 그러면 어느 날 반드시 그 고지의 꼭대기에 승리의 깃발을 꽂을 날이 찾아올 것이다. 그것을 자신의 힘으로 이루어낼 수도 있겠지만, 혹시 어쩌면 하나님이 도와서 '하늘은 스스로 돕는 자를 돕는다.'라는 그 격언을 이루어주실 줄 누가 알겠는가!

불광동 언덕 위 막다른 골목에서 인생의 새 길을 열어갈 수 있도록 인도해주신 하나님께 먼저 감사드린다. 어릴 적에 만나 어렵사리 결혼하고, 그 후 어떤 고난과 시련이 와도 꿋꿋이 기도하며 삶의 기반을 지켜준 아내가 또한 더없이 귀하고 고맙다. 그렇게 흘러온 건설 인생의 주춧돌 겸 기업가 정신(Entrepreneurship)으로 내가 감히 주장하고 싶은 '창업의 원리'는 이렇다.

첫째, 일단 할 수 있다고 생각하라!
둘째, 자신의 적성과 여건을 최대한 활용하라!
셋째, 사업의 방향과 목표를 분명히 하라!
넷째, 팀워크로 도전하라. 끝까지 함께 하라!

RESTORING POWER IN MY LIFE

나의 창업 스토리 II

—역경을 어떻게 이겨낼 것인가?

지금 이 순간 고난과 역경을 당하고 있는 분들께 '영혼을
춤추게 하는 촉매'가 될 만한 몇 마디 조언을 해주고 싶다.

아산화력발전소 준공 대비공사를

수행하면서 가장 부족하고 힘들던 부분이 '돈' 문제였다. 선급금을
일부 받아 공사를 시작했지만, 그 후 일을 공정에 맞춰 잘 추진하려면
상당한 자금이 비축되어 있거나, 아니면 조달 능력이 있어서 그때그때
자재 구매와 인건비 지출에 차질이 없어야 한다. 그런데 내가 제일
못한 게 그 부분이다. 거의 맨몸으로 시작한 일이 되다 보니 늘 자금에
쪼들리고 궁했다. 아내가 구해오는 '빚'으로 공사를 추진하면서 매월
말 기성금이 나오면 이를 갚아주고 또 빌려오는 형국으로 일을 할
수밖에 없었다. 현장에서의 일은 박수현 소장 팀이 잘해 주어서 아무
탈 없이 진척되고 있었지만, 사업주 처지에서 이들을 뒷받침하는 데는
무엇보다 '돈' 문제가 제일 중요한 관건이고 골칫덩어리였다. 어찌

보면 '돈'이 일한다고 해도 과언이 아니다. 그럴 때마다 소원처럼 아내에게 되뇐 말이 "우리 돈 벌면 집을 한 채 지어서 그걸 은행에 담보해 놓고 융자받아서 일해 봅시다."라는 것이었다. 매월 빚쟁이 눈치 보느라 여념이 없었으므로 '은행 돈'을 이용해서 마음 편히 사업하는 게 큰 소망이 될 수밖에 없었다.

인생의 블랙홀

그런데 그렇게 할 만한 기회가 왔다. 3월 중순부터 시작한 아산화력 발전소 공사가 여름을 지나면서 마무리 단계에 들어갔을 때다. 양재동 은광여고 후문 앞에, 예전에 장모께서 동생(처의 막내 이모)을 위해 장만해준 조그만 집터(40평정도 되는 땅)가 있었다. 처 이모부가 그걸 우리에게 팔겠다고 해서 인수하게 되었고, 그런 참에 그 옆에 있는 50평쯤 되는 땅도 사들여 상가주택(1층: 가게 2칸, 2~3층: 주택) 형태로 신축하기로 계획을 세우게 되었다. 땅 매입비와 건축비용은 그동안 6개월 공사를 하면서 번 돈과 은행 융자금 및 세입자 전세금으로 어느 정도 충당할 만했다. 건축 공사를 맡아줄 현장 팀은, 당시 우연히 만났지만 대치동에서 집 장사를 하고 있다는 아내의 중학교 동창되는 분(A)이 추천한 일꾼들로 정했다.

9월 초에 건축허가를 받고 그다음 주에 바로 공사를 시작했다. 터파기를 해놓고 기초 콘크리트 작업을 마쳤던 날 밤이었다. 비가 역수같이 왔다. 두 내외가 사무실(영동시장 앞)에서 늦게까지 일한 후, 집(역삼동 전셋집)으로 퇴근하려다가 현장이 걱정되어 양재동으로 가 보기로 했다. 밤중인 데다 비가 많이 오고 있어서 택시가 잘 잡히지 않았다. 길가에서 한참 기다린 후에 합승을 하게 됐는데, 뒷자리에 남자분이 타고 있어서 내가 뒷좌석에 타고 아내는 앞자리 조수석에 앉았다. 양재동 쪽으로 가는 도중에 뒷좌석 승객을 무지개아파트에 내려준 다음, (아내는 원래 앉아 있던 조수석에 그냥 앉아 있었다.) 나만 잠시 차에서 내렸다가 도로 뒷자리에 앉아 양재동 현장으로 갔다.

은광여고 후문 쪽 길은 언덕배기 지형이다. 현장 부지도 언덕배기에 연하여 있어서 경사지 부분을 먼저 굴착한 다음, 건물 기초를 앉혀야 하는 그런 지형이었다. 그날따라 비가 너무 많이 왔기에 터파기 한 후 기초 콘크리트 작업을 해놓은 곳이 무너지지 않았는지 염려가 되어 달려간 것이다. 그날 밤(1979. 9. 14) 우리 내외에게 큰 불행이 닥쳤다. 우산을 든 채로 현장 이곳저곳을 살펴본 다음 특별한 이상이 없음을 확인한 후, 다시 택시(뒷자리)를 타고 양재동에서 역삼동 쪽으로 돌아오는 길이었다. 아내는 여전히 앞자리 조수석에 앉아 있었고 길은 역삼동 쪽으로 내려가는 내리막길이었다.

(지금은 없어졌지만) 그때 당시 영동대로 길 양쪽에는 버스 노선을 위한 분리대 화단이 조성되어 있었다. 밤 11시경 어두운 밤길이었다. 비가 집중호우처럼 쏟아져서 택시 기사가 그 분리대 화단을 보지 못했던 것이다. 내리막길이고 차도 없으니 속도를 좀 냈던가 보다. 경찰 진술에서 기사가 60킬로미터를 달렸다고 했지만 최소한 80킬로미터 이상은 달렸을 것이다.

택시는 분리대를 들이받고 도로변으로 튕겨 나가다가 가로수에 걸려

급정거를 한 상태가 됐다. 천만다행으로 사고 지점 바로 옆 도로변에 정형외과 병원이 있었다. 택시 기사와 나는 고꾸라져 있는 아내를 끌어내 등에 업고 병원으로 뛰어갔다. 조수석에 앉아 있다가 차체 앞 범퍼에 얼굴을 부딪쳐 크게 다친 아내는 그날 밤 입 주변에 80바늘을 꿰매는 대수술을 받았다. 이빨도 4개나 부러지고 경추(목등뼈)도 크게 손상을 입은 중상이었다. 나는 뒷자리에 있다가 (어디에 부딪혔는지 알 수 없지만) 앞이마가 찢어지고 머리에 타박상을 입었다.

아! 그런데 지금껏 생각해도, 그때 이름도 모르고 얼굴도 전혀 기억이 나지 않지만, 아내를 응급조치해 주셨던 그 의사 선생님을 대한민국에서 가장 훌륭한 외과 의사라고 평하고 싶다. 80바늘을 꿰매는 과정에 찢어진 입술과 입 주위 피부조직을 어떻게나 정밀하게 잘 다지고 맞춰 주었던지, 그 후 1년쯤 시간이 지나간 다음에 보니 코밑에 약간 희미하게 표가 날 정도이지 남이 보면 전혀 모를 정도로 수술 자국이 깔끔했다. 그나마 얼마나 큰 다행이냐고 생각할 수도 있겠다. 그러나 꼭 가지 않아도 될 공사 현장을 구태여 다녀오다가 큰 사고를 낸 자신을 얼마나 자책했는지 모른다. 그런데 불행이 이것으로 끝나지 않았다.

교통사고 난 다음 날 아침 일찍, 아직 마취에서 깨어나지 못한 아내 곁에 멍하니 앉아 있는데 장모님이 병실로 들어오셨다. 얼굴과 머리통 전체를 붕대로 칭칭 감고 있는 딸자식을 내려다보시며 한참을 울고 나시더니 내게 불쑥 흰 종이 하나를 내밀어 보이셨다. 이게 웬일인가! 멀고 먼 일본 땅에 계시는 장인어른(재일 교포)께서 지난밤에, 그것도 우리가 사고 난 그 비슷한 시간에 심장마비로 운명하셨다는 전보 쪽지였다. 나는 갑자기 눈앞이 캄캄해지며 장모님께 한마디 위로의 말도

하지 못한 채 입술을 깨물고 울기만 했다.

당시 우리 내외는 일 때문에 밤늦게 집에 들어오는 경우가 허다해서 시골에 혼자 계시는 장모님더러 서울에 올라오셔서 아이들을 돌봐 달라고 부탁드려 역삼동 전셋집에서 함께 모시고 있었다. 아! 그런데 어쩌다 이런 불행한 일이 한꺼번에 일어났단 말인가! 한마디로 미칠 지경이 되었다. 어떤 검은 함정—인생의 험악한 블랙홀에 빨려 들어간 듯 정신이 아득해졌다.

▌'실험적 인간 조건'을 통과하다

사고 난 다음 날 곧바로 서울대병원으로 옮겨 입원한 후, 석 달 가까이 아내와 같이 한 병실에서 지내다가 12월 초순 무렵 퇴원했다. 그동안 회사 직원들 십여 명 인원은 그대로 유지하고 있었지만, 일거리는 전혀 없었다. 이전부터 몇 가지 사업 건을 추진해 왔으나 회사 대표 내외가 장기간 입원하게 되자, 협의해 왔던 모든 일이 중단되거나 다른 회사로 돌려졌다.

아산화력발전소 일은 박수현 소장이 잘 마무리해서 10월 중순에 무난히 준공검사를 마쳤다. 그러나 참으로 암담한 일이 발생했다. 12월 초 퇴원하는 대로 바로 양재동 건축 현장으로 달려가 봤다. 공사는 건물 뼈대만 세워져 있고 아직 지붕 상량도 올리지 않은 상태로 중단되어 있었다. 현장에는 집 지키는 노인 한 사람만 우두커니 앉아 있었는데 현장소장이 어디 갔느냐고 물어도 제대로 대답을 하지 못했다. 실은 우리가 서울대병원에 입원했을 때 공사를 중단하려고도 생각했으나,

이미 벌려 놓은 일이고 또 아내의 동창생 되는 분(A)이 자기가 책임지고 집을 지어 주겠다고 하니 그를 믿고 은행 통장까지 맡겼던 것이다.

그런데 석 달 후 퇴원하고 나와 보니 이 모양이었다. 겨우 수소문하여 A를 찾아가 만났더니 도리어 우리를 보고 통사정을 하는 게 아닌가! 대치동에서 집을 몇 채 동시에 발주하여 공사를 하다 보니 자금 사정이 나빠져 우리 돈까지 쓰게 되었다, 부득이 이번 겨울 지나고 봄에 집을 완성해 주겠으니 좀 참아 달라, 그리고 역삼동 전셋집의 기한이 지나서 어디 갈 데가 없으면 자기 집에 와서 한두 달 있는 동안에 다른 전셋집을 얻어 주겠노라고 했다. 참으로 암담했다. 그동안 아이들(2명)을 돌봐주신 장모님을 시골로 내려가시게 하고 우리 네 식구는 할 수 없이 A의 집에 보름 정도 머물러 있다가 나중에 역삼동에 방 한 칸(지하실 방) 월세 집을 얻어 나갈 수밖에 없었다. 그 겨울은 우리에게 참으로 혹독하고 참담한 불행을 겪게 하였다.

봄(3월)이 되었으나 A는 차일피일 이 핑계 저 핑계를 대며 일을 계속해줄 생각을 하지 않았다. 그동안 회사 직원을 반으로 줄이고 아산화력발전소 준공 이후에 받은 공사 잔금으로 겨우 회사를 운영했다.

어떤 이는, 특히 친가 부모님은 회사를 치우고 어디 취직이나 하라고 야단치듯이 말씀하셨다. 그러나 그때 우리 내외는 결심했다. 죽어도 회사 문은 닫지 않겠다고! 더구나 아내의 전공을 살려보겠다고 세운 회사가 아닌가! 또한 늦깎이 학생이지만 철학을 전공하면서까지 인생의 진실을 찾고 세상 속에서 인정받는 삶을 살아 보겠다는 자존심 하나로 버텨온 내가 아닌가! 이 정도 고난과 역경이 있다고 해서 회사 문을 닫고 물러난다면, 지금까지 살아온 게 무의미할 뿐만 아니라 '게임'에서 영원히 지는 것이라는 생각이 들었다. 밥은 굶어도 결코 회사 문은 닫지 않겠다는 자존심을 지키며 우리 내외는 다시 한 번 창업한다는 마음으로 봄의 아지랑이 피는 언덕을 향해 올라갔다.

4월 중순부터 건축 공사를 재개했다. 모든 일을 직영으로 처리했다. 공사비는 우리가 오히려 통사정하여 A로부터 받아낸 일부 현금과 명동에서 복덕방 하는 영감님의 알선으로 사채를 쓰기로 했다. 일꾼들은 박수현 소장이 소개해준 인부들을 공사 종류별로 맡겨서 시켰다. 처음 지어 보는 집이지만 그런대로 무난히 잘 지었다. 다만 공사비 조달이 여의치 않아 공기가 5개월이나 걸렸다.

9월 말에 입주한 다음, 집에 살면서 매매하는 방식을 택했다. 은광여고 후문 쪽 언덕배기라서 위치가 좋은 편이 아니었다. 집이 팔리지 않아 결국 겨울을 신축 주택에서 지내게 되었다. 그다음 해(1981년) 1월 초에 셋째 아이(현주)를 낳았다. 나는 한전과의 관계를 계속 유지하면서 아산화력발전소 '턴키' 방식으로 삼천포화력발전소 조경 및 준공 대비공사 설계업무에 주력했고, 아내는 봄 시즌을 놓치지 않으려고 정원 공사뿐만 아니라 농장 조성이라든가 시내 빌딩에 나무 몇 주 심어 주는 작은 일도 마다하지 않고 맡아서 열심히 일했다. 그렇게 열심히 해도 복리 이자를 이길 수가 없었다. 불가항력이었다. 결국 1년 정도 살면서 집을 팔아보려고 했던 계획을 포기하고 10월 말에 사채권자에게 집을 통째로 넘겨주고 나왔다. 그러고 나서 거처를 옮긴 데가 역삼동 연립주택 단지 사이의 공터에 10평 규모로 지은 비닐하우스였다. 난생처음으로 비닐하우스 생활을 시작하게 됐다.

이런 참담한 상태에서도 우리 내외는 한 번도 회사를 그만두겠다는 생각은 하지 않았다. 엘리트 부부가 운영하는 회사이기 때문에 '결코 망해서는 안 된다.'라는 '사명적 자존심'도 있었지만, 이런 과정에 용기를 주고 희망을 잃지 않도록 격려해 주신 분들과의 관계가 너무나 소중했다. 아내의 교회 교우들은 물론이고 사업과 사회활동을 통해 만난 분들 가운데 특별히 우리에게 '선한 영향력'을 끼치신 몇 분들과의 인격적인 만남은, 그 후 인생을 살아가면서 돈이나 명예보다 더 소중한 '사회적 가치'를 깨닫게 해주었다.

또한 고생해서 지은 집이지만 부채 청산용으로 털고 나니 돈에 매여 안달하던 마음이 많이 정화되는 것 같았다. 그래서 우리는 밑바닥에서부터 다시 시작한다는 마음으로 비닐하우스 생활을 택했다. 남들은 뭐라고 할지 모르지만, 세상에 빚지고 살고 싶진 않았다. 그리고 할 수만 있으면, 기왕에 사업을 시작했으니 유능한 사업가가 되어 가족의 부양을 책임지고 또한 이웃을 위해 선하고 유익한 일을 하고 싶어졌다. 손에 잡히는 건 아무것도 없었지만, 오히려 밑바닥에서 벽공을 바라보며 심기일전하여 새 삶을 살아보자는 결단이, 우리로 하여금 긍정적인 미래를 꿈꾸게 하는 역설적인 계기가 되었다. 설사 그것이 '시지프스의 고통'을 요구한다고 하더라도 말이다.

그러나 역시 현실은 고달팠다. 2년 기한으로 세를 얻은 300평 공터의 전면 도로 쪽에 수목 전시장 형태로 상록수를 잔뜩 심어 놓고 그 나무들 사이로 샛길을 만들었다. 비닐하우스에 이르는 진입로였다. 뒤편 빈 땅의 한쪽 편에 비닐하우스를 지어놓고 전기와 수도는 담장 너머 옆집(태화연립주택)으로부터 공급을 받았다. 그리고 화장실은 유원지에서 쓰는 간이화장실 한 세트를 구해서 설치했다. 비닐하우스 안에 2평 되는 부엌을 칸막이로 막아 놓고 연탄아궁이를 만들어 솥을 걸었다. 방바닥은 흙을 돋우어 온돌 형으로 난방을 했으며 시멘트 바닥으로 마감한 후 그 위에 전기장판을 깔았다.

그렇게 해서 여섯 명이 한방에 자면서 겨울을 지냈다. 우리 내외와 아이들 세 명, 그리고 또 한 명은 아내가 무남독녀라서 외롭다고 장모님이 오래전에 두 살짜리 여식 아이를 입양해서 키웠는데, 그동안 대구에 있다가 장모님 대신에 갓난아이(막내딸)를 돌보려고 올라온 처제(당시 14살)였다. 슬프지만 참으로 특수한 '실험적 인간조건'의 생활이 시작되었다. 더는 내려갈 수 없는 한계상황에서 인간의 실존적 진면목을 체험하는 긴박감이 몸서리치게 침습해왔다.

절망의 나락에서 다시 떠오르기까지

긴 겨울이 지나고 다시 봄이 왔다. 5월 5일 어린이날이었다. 아내는 봄철 공사를 위해 동분서주하며 맡아놓은 일감을 처리하느라 여념이 없었다. 나는 처제와 함께 아이들 셋을 데리고 뚝섬유원지로 놀러 갔다. 어린이날이라 이 날만큼은 특별히 아이들에게 부모 구실을 잘 해주고 싶어서다. 수양버들 숲이 우거져 있는 공터에 어린이 놀이터가 조성되어 있었다. 나는 아이들에게 간식과 마실 음료를 사준 다음 자기들끼리 놀게 하고는 물가로 갔다. 물가에서 깡소주를 마시며 흘러가는 강물을 하염없이 바라보았다. 잔잔히 흐르는 물결 위에 햇빛이 보석처럼 빛나고 있었다. 눈이 부셔서 반쯤 감은 눈의 망막 위로 지난 세월에 겪은 여러 가지 사연들이 파노라마 영상처럼 되새겨진다.

헤르만 헤세의 『싯달타』의 한 장면이 연상되었다. 강변에서 흘러가는 물결을 바라보며 수많은 사람의 얼굴로 윤회해온 자신의 모습을 회상하는 대목이 나온다. 나도 그와 같아서 수많은 사연의 얼굴이 윤회하며 현재의 나를 만들어냈다는 생각이 들자, 갑자기 이 혹독한 인연을 끊어버리고 싶은 충동이 (술김에?) 불같이 일어났다.

빈 소주병의 목을 쥐고 물가에 있는 돌멩이를 내리쳤다. 그러고는 깨진 병을 움켜쥐고 왼쪽 팔목을 찔렀다. 겁이 나서 깊이 찌르진 못했다. 그러나 깨진 병을 옆으로 긋기만 해도 정맥을 끊기는 충분했다. 부들부들 떨리는 손으로 한참(1분 정도?)을 바둥바둥대고 있는데, 갑자기 등 뒤에서 자지러지게 우는 어린아이 소리가 들려왔다. 엉겁결에 뒤를 돌아보니 놀이터에서 놀고 있던 막내딸(2살)이 땅에 엎어져 있고(처제가 잠시 자리를 비운 사이에 같이 놀던 아이와 부딪쳐 넘어진 것 같았다), 아들 둘(9살, 6살)이 그네를 타고 놀다가 동생이 넘어져 있는 곳으로 뛰어오는 모습이 보였다. 나도 덩달아 튕긴 듯 일어나 달려갔다. 깨진 병을 그냥 물가에 집어 던진 채로….

흙 묻은 얼굴로 울고 있는 아이를 부둥켜안았다. '이 어린것을 두고 내가 무슨 짓을 하려고 했던가!'라는 생각이 비수처럼 가슴을 찔렀다. 그새 화장실에 다녀온 처제에게 집에 갈 준비를 하라 일러놓고는 다시 조금 전에 앉아 있었던 물가로 갔다. 깨진 병을 주워 모았다. 손에 상처가 나면서 피가 흘렀다. 영혼의 핏물 같은 슬픔과 회한이 뼛속 깊이 흘러들었다. 억지로 입술을 깨물며 깨진 병 조각을 쓰레기통에 갖다 버린 후, 아이들을 데리고 택시를 타고 집으로 돌아왔다. 그게 1982년 어린이날 행사였다.

택시가 역삼동 수목 전시장 앞에 도착했다. 큰 애 둘은 학교(역삼초등)에 가서 좀 더 놀다 오겠다고 했다. '그리 하라' 하고 막내딸을 업은 이모와 함께 먼저 비닐하우스로 돌아왔다. 얼굴과 손발을 씻고 하우스 안에서 쉬고 있는데, 담장 쪽에서 애들이 담장을 뛰어넘어 오는 듯한 인기척이 들렸다. 무슨 일인가 싶어서 하우스 문을 열고 나가 보니 큰 애 둘이서 막 담장에서 뛰어내린 자세로 엉거주춤 서 있었다. "너희들 왜 담을 타고 넘어왔냐"고 야단치며 물었다. 그때 큰아이가 했던 말이 지금도 가슴에 못이 박혀 있다. "아빠, 저 길로는 못 들어오겠어요" 바깥 도로에서 비닐하우스 쪽으로 들어오는 진입로를 가리키며 울먹이던 그 말을 나는 평생 잊어버릴 수가 없다.

어린 마음에 비닐하우스에서 산다는 사실이 너무나 싫고 힘들었던 모양이다. 담장 건너 연립주택에 사는 것처럼 주택 단지 안으로 들어갔다가 담장을 타 넘고 들어온 것이다. 그때 비로소 알았지만 아이들이 학교에 가거나 밖에 놀러갈 때도 늘 그렇게 담장을 넘어서 들락날락했다는 것이다. 나는 그날(어린이날), 일을 마치고 밤늦게 돌아온 아내와 아이들을 부둥켜안고 얼마나 울었는지 모른다.

연초부터 공사를 수주하려고 백방으로 뛰어다녔다. 비닐하우스에 산다고 주눅 들지는 않았다. 각오하고 나서니 그런대로 견딜 만했다. 태연하게 사람들을 만났다. 로비한답시고 술도 많이 마셨다. 그렇다고 일(큰일)이 금세 손에 잡히는 건 아니었다. 다행히 지난해부터 '턴키'

방식으로 접근하여 무상으로 설계해 주었던 삼천포화력발전소 조경 및 준공 대비공사가 3월 초에 발주되어 도급업체인 한라건설로부터 지명입찰에 참여토록 요청을 받았다. 돈이 될 만한 식재 공사는 도급업체와 관계가 깊은 D 회사가 가져갔고, 우리 회사는 단종(식재 공사) 면허가 없다는 이유로 까다롭고 이윤이 박한 준공 기념탑 설치공사와 부대시설을 맡는 것으로 결론이 났다. 그래도 이게 어딘가!

한전 측에서 끝까지 도움말을 해줘서 받았지 그러지 않았으면 이 일조차도 못 받았을지도 모른다. '실력과 성의'라는 두 팻말을 달고 '실성'한 사람처럼 돌아다니는 내가 측은해 보이기도 했고, 한편 대견스러워 보이기도 했던 모양이다. 그들은 끝까지 의리를 지켜주었다. 그럴수록 나는 일을 더욱 잘 수행하기 위해 매월 2회 삼천포 현장에 내려가 일주일 정도 머물며 박수현 소장을 도와 작업을 독려했다. 그런 가운데 어린이날이 되어 아이들을 데리고 뚝섬에 다녀온 그 날, 나는 자신의 불행보다 더 큰 자식들의 아픔을 깨닫고 부모로서 깊은 반성을 하게 되었다.

우리 내외는 열심히 일했다. 이를 악물고 일했다. 여름이 지나고 가을철이 되자 일감도 제법 많이 늘었다. 한전 공사는 거의 나 혼자서 관리했고, 나머지 대부분의 일은 아내가 직원들을 데리고 직접 실무를 맡아 일을 했다. 작업의 수준과 전문가적 역량이 점점 더 크게 향상되는 걸 느꼈다. 아내를 칭찬하고 직원들을 격려하는 경우가 잦아졌다. 사내 분위기가 안정되었을 뿐 아니라 회사에 대한 주변의 신망도 매우 높아졌다. 그러나 우리 내외가 비닐하우스 생활을 하면서 사업을 하고 있다는 사실을 아는 사람은 거의 없었다. 직원들도 함구했지만, 그 어떤 사람도 우리 하우스에 데리고 온 사람이 없다. 심지어 부모 형제들조차도 전혀 모르게 했다. 교인들만 몇 분 고정적으로 심방을 와서 기도를 해주고 간 게 전부다.

그러던 어느 날, 10월 초 추수감사절이 다가왔다. 토요일 저녁에 식사를 마치고 책을 읽고 있는데, 아내가 "동엽이, 저거 아부지요."라고 불렀다. 우리 내외는 쑥스러워서 서로 '여보, 당신' 소리를 못했다. 왜 그러냐고 반문하듯 쳐다보고 있는 나에게 아내는 이렇게 찬찬히 말했다. "내일이 추수감사절인데, 그동안 고생도 많이 했지만, 하나님의 은혜로 이만큼 안정이 되었으니 내일 추수감사절 헌금을 좀 하고 싶어요." 나는 그리하라고 순순히 대답했다.

그동안 결혼하고 자식을 키우면서 (나는 교회에 나가지 않았지만) 아내와 아이들이 교회 가는 걸 한 번도 막아본 적이 없다. 그것은 내가 착해서라기보다 인간의 자유의지를 존중해 주어야 한다는, 지극히 기본적이고 보편타당한 철학적 상식에 따랐을 뿐이다.

그다음 날 저녁밥을 먹고 난 다음에 또 아내가 "동엽이, 저거 아부지요."라고 나를 불렀다. 그러면서 하는 말이, 오늘 교회에 추수감사절 헌금을 드렸고 그동안 몇 년간 제대로 헌금을 하지 못했는데, 이번에 마음먹고 좀 많이 했노라고 했다. 나는 고개만 끄덕이며 알았다는 표시를 했다. 그러자 아내가 다시 한 번 나를 빤히 쳐다보며 추궁하듯 말했다. "얼마 했냐고 왜 안 물어보세요?" "물어보면 뭐하나. 헌금했으면 됐지." "그래도 한번 물어봐요." "그래, 얼마 했어?" 그러자 아내가 정색하며 대답을 했다. "헌금…. 오백만 원 했어요."

나는 그 순간 해머로 뒤통수를 얻어맞은 듯 눈앞이 캄캄해지고 머릿속에 아무 생각이 나질 않았다.

한참을 멍하니 앉아 있는데 아내가 내 손을 잡아 이끌더니 "미안해요…. 고마워요."라고 하면서 눈물 젖은 얼굴로 내 품에 안겨 왔다. 말없이 눈을 감은 채 몸을 맡긴 아내를 엉거주춤 끌어안고 있다가 이윽고 나는 오른손으로 그의 등을 토닥거리며 입을 뗐다. "어쩔 수 없지 뭐. 우야겠노. 이미 헌금을 했다는데…. 잘했어. 잘했어요."

그때 헌금한 오백만 원은 당시 비닐하우스에 살며 어렵게 저축해온 전 재산이라고 해도 과언이 아니다. 그날 밤 우리 내외는 또 한없이 부둥켜안고 울고 또 울었다. 아! 인생이란 도대체 무엇인가?

▌기적은 또 다른 기적을 낳는다

기적이 일어나기 시작했다. 이렇게 말하면 혹자는 이상하게 들릴지 모르겠다. 그러나 그해 추수감사절 이후 분명히 새로운 변화가 일어나기 시작했다. 세 가지 특이점들이 나타났다. 우선 한 가지, 집을 이사하게 됐다. 10월 중순, 삼천포화력발전소 준공 대비공사를 마무리하느라 바빴을 때다. 삼천포 현장에 있는데 아내한테서 전화가 왔다. 그동안 1년 가까이 우리에게 전기와 물을 공급해 주었던 옆집 태화연립 104호에서 자기 집을 사지 않겠느냐는 연락이 왔다는 거다. 나는 두말하지 않고 일반시세보다 높지 않으면 무조건 사도록 하라고 일렀다.

그 다음 주 서울에 올라오자마자 바로 계약을 했고 두 달 후 12월 중순에 이사를 마쳤다. 비닐하우스 생활 13개월 만에 밑바닥을 딛고 정상적인 생활의 무대 위로 기어 올라온 셈이다. 참으로 감개무량했다. 그러나 이보다 더 기쁘고 감사했던 것은, 그해 크리스마스를 새로 이사한 집에서 교회 식구들과 함께 예배를 드리게 된 일이다. 아내도 그랬지만 아이들이 얼마나 좋아하는지! 그 모습을 보니 나도 덩달아 행복감을 느끼고 눈시울이 붉어졌다.

오랜만에, 진실로 오랜만에 상상도 할 수 없을 만큼 즐겁고 기쁜 성탄절을 맞이한 것이다. 그날 우리 내외는 큰 애들에게 크리스마스 선물로 특별한 제안을 했다. 아이들의 공부와 생활습관 지도를 위해 가정교사를 채용해 주기로 한 일이다. 아이들은 물론 좋아했다. 다름 아니라 S대 공대를 다니며 기숙사 생활을 하고 있던 8촌 조카에게 미리 부탁했었다. 조카는 그 후 석·박사 과정을 다 마칠 때까지 큰애들 둘을 잘 지도해 주었다. 우리 내외가 건설 분야 직업상 아침 일찍 나갔다가 저녁 늦게 들어오는 일이 많아서 아이들에게 늘 미안했는데, 조카가 함께 생활하게 됨으로써 아이들의 성장 과정과 훈육에 큰 도움이 되었다.

두 번째로, 10월 말경 오랜만에 현대건설 토목부에서 전화가 왔다. 바쁘지 않으면 한번 본사를 방문해 줬으면 좋겠다는 연락이었다. 3년 전(1979년) 아산화력발전소 준공 대비공사를 마친 후 그동안 특별한 프로젝트가 없었지만, 그래도 인간적인 친교는 계속해오던 참이다. 무슨 일인가 하고 가봤더니 공무를 담당하는 P부장이 울산에 있는 현대건설 영남지사(본사 토목부에서 관장)로부터 올라온 품의서를 보여주었다. 공문을 보니 '부산충혼탑 건립공사'의 하도급을 맡을 작업반(하도급업체)을 결정하여 빠른 시일 내 현장에 투입해달라는 요청이었다.

P부장의 설명을 들어본즉슨 이랬다. 부산시가 발주한 대청봉 공원화 사업의 일환으로, 원래 용두산 공원에 있었던 충혼탑이 부산시가 광역시로 승격하면서 부산충혼탑은 대청봉으로, 경남도 충혼탑은 창원으로 옮기게 되었다. 그런데 부산시 지하철(1호선) 공사에 참여하고 있는 6개 도급업체가 성금을 모아 부산충혼탑을 건립하여 헌납하는 일이었다. 이 공사의 수주를 전담했던 영남지사에서, 낙찰을 받은 후 처음에는 후속 공사까지 기대하면서 좋아라고 파티까지 열었다고 한다. 그러나 막상 작업반을 선정해 달라고 본사 토목부에 품의가 올라와서 알아봤더니 아무도 이 일을 하겠다고 나서는 업체가 없었다고 한다. 공사 종류로 보아 건축부가 할 만한 일이다 싶어서 본사 건축부로 이첩했으나 사정은 마찬가지였다. 공사 자체도 힘들지만, 실행예산을 짜보니 도급계약 금액보다 하도급 견적이 훨씬 더 많이 나와 적자 현장이 될 게 뻔했기 때문이다. 공사내역 중에 화강석 판석 물량이 많아서 이를 대량 취급하고 있는 주택사업부에 협조 요청을 했으나 거기서도 똑같은 반응이었다. 그래서 부득이 품의서를 도로 영남지사에 내려 보내야 하는 시점에 아산화력발전소 준공 기념탑 공사를 했던 반도조경공사가 혹시 이 일을 해낼 수 있지 않을까 하고 연락을 했다는 것이다.

나는 이 제안을 받고 며칠간 심히 고민했다. '현대'의 일이 남의 일 같지 않아서였다. 도면과 공사내역을 살펴봤더니 참으로 어렵고 위험한 일이었다. 대청봉 꼭대기에 70미터의 탑을 세우는 일로서 작업 여건이 최악인 현장이었다. 설계는 당시 김수근 대표(설계사무소 공간)와 쌍벽을 이루며 한국건축계를 이끌어 온 김중업 선생이 주력했던 작품이다. 나는 먼저 박수현 소장의 의견을 들어보았다. 그도 무척 곤혹스러워했다. 내가 다그치듯 물었다. "삼천포화력 인부들을 용병으로 쓰면 되지 않을까요? 우리 목수 팀에 대형 철물 구조물을 다루는 작업반을 갖다 붙이면 한번 해볼 만하지 않겠습니까?" "일이야 하면 되겠지만… 돈이 문제지요. 이 공사 백 프로 받아도 아까지(손해) 납니다." "손해나면 내가 나지 어디 박 소장님 보고 물리라 할까 봐서요?"

의사 결정을 하기가 참으로 쉽지 않았다. 이럴 때는 나 혼자 밤늦게까지 회사에 남아 불을 꺼놓고 곰곰이 숙고하는 버릇이 있다. 그날도 '내가 왜(Why) 이 일을 해야 하는가?'에 대한 깊은 명상을 하다가 갑자기 불현듯 한 생각이 떠올랐다. "현대건설을 이기는 일이 내가 사는 길이다."라는 생각이 떠오르자 더 이상 다른 어떤 생각도 일어나지 않았다. 나는 마음을 정했다.

그다음 날 현대건설 토목부에 부탁하여 영남지사에 연락을 취해놓고는 다짜고짜 식으로 울산에 내려갔다. 그리고 영남지사장인 K 전무를 만나 이렇게 제안했다. "현대건설이 수주한 금액의 90퍼센트만 받겠다. 100퍼센트를 달라고 하면 내가 도둑놈 소리를 듣지 않겠는가? 그 대신 조건이 있다. 모든 작업은 우리가 책임지고 할 테니 자재만 대주고 기술적인 문제나 인력을 쓰는 등 공사방법에 대해선 일절 간섭하지 말라. 이 조건이 수락되면 우리 회사가 이 일을 맡겠다."

K 전무는 횡재를 만난 사람의 표정을 짓더니 내 손을 불끈 잡아주었다. 당장 그날부로 계약을 맺었고 공사에 착공한 지 10개월 만에 준공을 하는 쾌거를 이루어냈다. 현대건설로부터 받은 도움, 즉 아산화력발전소 '턴키' 프로젝트에 참여함으로써 건설 인생의 새 길을 걷게

된 것에 대한 그 마음의 빚을 갚는 길은, 우리 회사가 현대건설보다 한 걸음이라도 더 빨리 일하고 한 치라도 더 앞선 기능으로 현장의 목표를 달성해 주는 것, 그것이 대안이라고 믿어 의심치 않았기 때문이다. 그리고 일의 결과보다 동기를 중요시하고, 돈이나 명예보다 '일'로 깨닫는 성취감과 인간적 자긍심을 더 소중히 여기며 '가치 창출'하는 일이야말로 사회 속에서 최고로 아름답게 빛나는 선(善)이라고 확신했기 때문이다. 이런 철학적 기개와 확신과 자유의지의 소산이 그 '어렵고 힘들고 돈도 안 남는 공사'를 맡아서 아무 탈 없이, 성공적으로 마무리해 낸 근본적 동력이었다고 나는 믿는다. 그때 나는 우리 나이로 35세였다.

세 번째 이야기가 참으로 은혜로운 내용이 될 것 같다. 태화연립으로 이사를 하였고, 부산충혼탑 건립공사를 착공한 그다음 해(1983년) 봄이다. 4월 중순 무렵으로 기억된다. 직원들은 모두 외출하고 아내 혼자 사무실을 지키고 있는데 낯선 전화가 걸려 왔다. 문의 전화였다. 주택을 신축하고 정원공사까지 마쳤다, 그런데 집주인이 정원공사를 마음에 들어 하지 않아 다시 보수공사를 하려고 한다, 지나가다가 수목 전시장 간판을 보고 전화를 했다, 이런 일도 귀사에서 해줄 수 있느냐는 문의였다. 아내는 당연히 할 수 있다고 대답했다.

그리고 전화를 걸어온 분과 약속을 하여 그다음 날 신사동 영동호텔 앞에서 만나 함께 논현동 주택으로 갔다. 회사 중간 간부직원 같아 보였는데, 본인의 신분은 밝히지 않은 채, 현장 안내를 마친 후 며칠 내로 보수 계획안을 갖다 주면 좋겠다고 요청했다. 그렇게 해서 며칠 후 제출한 계획도면을 검토한 고위 인사가 곧바로 작업을 시작하라고 지시를 했다. 그때 맡아서 한 일이, 당시 현대건설 이명박 사장의 논현동 주택 현장이었다. 전화를 걸어 왔던 중간 간부직원은 현장 소장 L 과장이었고, 고위급 인사 되시는 분은 건축부 최고 책임자인 K부사장이셨다.

그 '우연의 접속'이 우리 회사의 진로와 발전에 일대 혁신을 이끌어주었다. 논현동 작업의 결과가 무척 마음에 들었는가 보다. 그 후 얼마 안 있어 K부사장께서 성북동에 있는 현대건설 영빈관 조경공사를 맡기셨다. 중동 출장을 다녀오신 정주영 회장께서 정원을 잘 꾸몄다고 칭찬을 하셨다는 말을 전해 들었다. 그 후 현대건설 건축부에서 발주하는 대부분의 조경공사 하청 업무(직영공사는 물론 도급공사까지도)를 우리 회사가 도맡았다. 마치 건축부의 한 부서인 양 모든 일을 터놓고 기획하고 예산을 세우고 실행했다. 그렇게 10년을 일했다.

뒤돌아보면 참으로 기이한 일이다. 아내는 이 모든 것을 순전히 하나님께서 주신 기적의 선물이라고 믿어 의심치 않는다. 나도 (교회에 나가지는 않았지만) 그 어려운 비닐하우스 생활을 하면서도 믿음을 지켜낸 아내의 지극한 신앙과 헌신을 보시고 하나님께서 특별한 은혜를 베풀어주신 일이라 생각했다. 1982년 추수감사절 이후, 우리 집과 회사의 분위기는 확연히 달라졌다. 희망과 도전, 감사와 회복이 넘치는 새 삶의 길이 열리기 시작한 것이다.

영혼을 춤추게 하는 촉매

부산충혼탑(높이 70미터)의 규모는 대단하다. 대청봉 정상에 약 400제곱미터 원형의 인공 연못이 조성되어 있고, 그 연못 위로 (여러 방향에서 불어오는 바람의 풍압을 대비하여 설계한) 9개의 콘크리트 벽체(화강석 판석 마감)가 원형 열주(列柱)를 이루고 있으며, 그 열주의 상단에 브래킷으로 9개 벽체를 연결하는 링 콘크리트 구조체가 공중에 붕 떠 있는 형상으로 설치되어 있다(탑신부 39미터). 그리고 그 링 콘크리트 내벽으로부터 9개의 갈빗대 형 철 구조물이 솟아나 하늘을 향해 하나의 꼭짓점으로 모여지고, 다시 그 위에 최상부 철탑이 3층 탑 모양으로 올라선 모습이다(상륜부 31미터). 탑신 아래 연못 중앙에는 위패를 모신 반구형 '돔'의 영령실이 있으며, 다리로 건너가게 되어 있어서 이승과 저승을 연결한다는 의미를 상징했다.

탑 공사도 시공하기에 엄청나게 어려웠지만, 그에 못지않게 신경 쓰인 구간이, 대청봉 공원 주차장에서 충혼탑에 이르는 경사면 돌계단(폭 25미터, 사면 길이 100미터가량) 작업이었다. 폭우가 오거나 세월이 지나도 그 돌계단이 침하되지 않도록 경사면을 안정시키는 기초 작업이 매우 중요하고 험난했다. 여태껏 발주된 각종 메모리얼 타워 가운데 이토록 장대하고 웅장한 작품을 본 적이 없으며, 또한 산봉우리 정상에 이토록 위험하고 난이도가 큰 구조물을 세워본 적도 없었을 것이다.

이 공사 기간에 있었던 에피소드와 무용담을 얘기하자면 온밤을 새워야 한다. 그만큼 사연도 많고 우여곡절도 많았다. 예를 들면, 탑신부 공사를 마친 다음 상륜부 철탑을 세울 때 헬리콥터를 사용하라고 권하는 부산시 관계자들의 건의를 조정하느라 애를 먹은 일(* 헬리콥터로 한강 올림픽대교 교각 상단에 조각 구조물을 설치하다가 사고가 난 일을 기억해 보라. 얼마나 위험한 작업 방식인가!)도 생각나고, 경사면 돌계단의 기초 작업을 위해 백 개가 넘는 목 파일을 박은 일(*몇 년 전 부산 출장 시, 본 재단 이동탁 사무총장과 함께 거의 35년 만에 현장을 둘러봤을 때 한 치의 침하도 없이 견고하게 유지되고 있는 것을 보고 나도 놀랐다.)이며, 무엇보다 탑신 최상부 3층 탑 용접 공사를 하다가 인부 한 명이 떨어져 허공에서 허우적거리다가 9개 갈빗대 형 철 구조물을 끌어 올린다고 쳐놓은 와이어 줄에 한쪽 팔이 걸려 살아난 일이 다큐멘터리 영화의 주요 장면을 보듯 선명하게 기억된다. 사고 소식을 듣고 급히 내려갔을 때, 그 인부가 하얗게 질린 얼굴로 삼일 밤낮을 잠만 자던 모습이 지금도 눈에 선하다.

준공식 하루 전날 밤이었다. 경내 모든 구간의 청소를 깨끗이 완료해 놓고 박수현 소장과 작업반 팀장들을 불러 모아 음식 대접을 한 다음, 나 혼자 소주병 하나를 들고 충혼탑이 서 있는 대청봉 정상으로 올라갔다. 검은 허공에 (화강석 판석 색깔이 희므로) 허옇고 우람찬 로켓 형 우주선이 산꼭대기에 내려앉아 있는 듯한 착각이 들 정도로 무시무시한 정경이었다. 그 돌계단을 한 단씩 올라가는데 갑자기 찔끔찔끔 눈물이 났다. 그리고 정상에 올라가 연못 옆 화단 언덕에 앉아 시내 야경과 부산항만 전경을 바라보면서 얼마나 뜨거운 눈물을 흘렸던가!

'일'을 완성해 놓은 다음에 느끼는 안도감과 벅찬 성취감으로 흘리는 눈물이기도 하려니와, 그보다 마침내 '현대'를 넘어섰다는 사실이 자신을 더욱 감동케 한 것 같다. 그렇다. 뭔가 이루어낸다는 건 얼마나 기쁘고 감격스러운 일인가! 고난을 이겨낸다는 것, 역경을 이겨낸다는 것은 자신을 이겨낸다는 말과 다름없을 테다. 결국 '현대'를 이겨냄으로써 자신의 고난과 역경을 이겨내고 자신감을 회복한 것은, 충혼탑

1983년 8월 15일 건립된 부산 충혼탑 전경. 탑을 설계한 김중업 선생은 완성된 모습을 바라보고, 자신은 그림을 그렸을 뿐 직접 시공을 하라고 했다면 못했을 것이라고 감탄하셨다. 그 후 위기 때마다 나를 일으켜 세워준 '영혼의 촉매' 같은 말씀이었다.

공사로 번 돈보다 수십 배 더 고귀하고 강력한 능력으로 마음 판에 새겨졌다. 그리고 그 자신감은 자신의 정체성을 지키는 굳건한 틀이 되어 주었을 뿐 아니라, 마침내 비즈니스의 영역을 새롭게 확장하는 '자생력'을 키우는 길잡이 역할까지 해주었다.

흔히 '일'을 대할 때 나타나는 세 가지 타입의 사람이 있다고 한다. 첫째는 어떤 일이 일어나고 있는지 모르는 사람이며, 둘째는 어떤 일이 있는지는 알지만, 그냥 바라보고만 있는 사람이며, 셋째는 그 일을 알고, 그 일이 잘되도록 이루는 사람이라고 한다. 감히 말하건대 나는 '일'을 대할 때마다 항상 세 번째 타입의 사람이 되고자 애를 써왔다. 이번 부산충혼탑 건립공사도 이런 정신으로 임했다고 자부한다. 여기서도 '경북고 야구'를 통해 배운 감투정신과 팀워크로 도전하는 플레이 메이커(Play-maker)로서의 리더십을 자신에게 부여했다고 믿어진다. 그것이 준공식 전날 밤, 대청봉 정상에서 밤바다를 바라보며 자신에게 베푼 가장 값진 보상이었다.

다음날 준공식은 성대하게 열렸다. 마침 8.15 광복절과 겹쳐 무슨 잔칫집 행사처럼 흥겨웠다. 부산시장과 국회의원들의 축사, 성금을 출연한 6개 업체 대표들의 메시지가 장시간 계속되었고, 시공회사 현대건설 이명박 회장과 설계자 김중업 선생이 감사패를 받았다. 준공식 마지막 순서로 테이프 커팅을 마친 후, 행사 참석자들이 앞 다투어 돌계단을 밟고 대청봉 정상으로 올라갈 때 나도 함께 올라갔다.

아내는 (논현동 주택 정원공사 건으로) 이명박 회장을 알고 있었지만 나는 그를 몰랐다. 한 번도 대면한 적이 없기 때문이다. 그는 나와 악수는 했지만 특별한 언급이 없었다. 그러나 김중업 선생은 공사 도중에 두 차례 다녀가셨고, 그때마다 시공을 실질적으로 수행하는 책임자 입장에서 시공 방법과 공정에 대해 브리핑을 했기 때문에 나를 충분히 인지하고 계셨다. 그날 대청봉 정상에 올라가 충혼탑을 하늘로 올려다보면서, 허공에 붕 떠 있는 링 콘크리트를 손으로 가리키며 하신 말씀을 나는 아직도 기억한다. "내가 설계했지만, 너무 어려운 설계를 했어요. 이 사장이 나보다 더 실력 있는 것 같아요. 나는 종이 위에 그림을 그릴 줄은 알지만 이렇게 시공하라고 하면 못할 것 같소"

그날 준공식에서 받은 인사말 중 가장 큰 위로를 받은 대목이다.

그 한마디가 후일 어떤 어려움을 만나고 위기가 닥쳐도 흔들림 없이 정면 대결하는 용기와 담력을 갖도록 만든 '영혼을 춤추게 하는 촉매'가 되어 주었다. 이런 뜻에서, 지금 이 순간 고난과 역경을 당하고 있는 분들께 '영혼을 춤추게 하는 촉매'가 될 만한 몇 마디 조언을 해주고 싶다.

첫째, 긍정의 힘을 믿어라. 그 믿음을 굳게 지켜라.

둘째, 아무리 힘들어도 사회적 관계의 끈을 놓치지 말라.

셋째, 일 자체를 즐기고 Know—Why에 치중하라.

넷째, 감사하라. 감사하면 더 좋은 일이 생길 것이다.

RESTORING POWER IN MY LIFE

나의 창업 스토리 Ⅲ

―하늘은 스스로 돕는 자를 돕는다

죽기까지 사명(Business as Mission)으로 일하라.
먼저 그의 나라와 그의 의를 구하라.

중국 무협 소설을 읽다 보면,

무술의 최고 경지에 도달하려면 '생사관문'을 통과해야 한다는 대목이
나온다. 인간이 태어나면서 즉시 폐쇄되는 혈맥('임독양맥')이 있는데,
이 관문을 뚫고 정진해야 마침내 최강고수(最强高手)로서의 공력을
얻는다는 설명이다. 무협 소설에 나오는 그런 '생사관문'은 아니지만,
죽을 둥 살 둥 고비를 넘기다가 마침내 자발적으로 도전한 '부산충혼탑
건립공사'라는 험난한 산을 넘고 나니, 마치 내가 이 관문을 통과한
듯한 특이한 느낌과 정신적 공력을 얻게 되었다.

이 말이 틀린 게 아닌 것이, 그 이후 어떤 어렵고 힘든 여건의 일을
만나도 하나도 겁이 나지 않았으며, 부닥치는 대로 피하지 않고 정면
돌파하는 습성이 붙었다. 공사의 난이도나 실행 조건의 유불리를 떠나

'일' 그 자체를 달성하는 데서 오는 재미와 보람이 더 컸다. 마치 무술인이 '무술' 그 자체를 즐기듯이, 나도 사업가로서 '사업' 그 자체를 즐기며 일하는 게 자신의 정서에 걸맞고 자유롭게 느껴졌다. 그러다 보니 세상을 대하는 태도도 무척 초연해졌다. 특히 '돈' 문제가 그랬다. '돈'에 크게 연연하지 않고, 벌면 버는 대로, 또는 손해를 봐도 그러려니 하고 담대하게 넘어갔다. 사업을 단순히 돈벌이로만 생각하지 않고 인간에게 주어진 신성한 '가치행위'로 이해하게 되었기 때문이다.

돈이 싫을 리야 없지만, 돈은 사업을 하다 보면 부수적으로 따라오는 것이지, 돈을 유일 목적으로 삼아 인생의 승부를 걸기엔 너무 치졸하고 억울하다는 생각이 들었다. 그러다 보니 돈벌이 목적으로 사람을 만나거나 사람에게 매이는 일이 점점 싫어졌다. 사회적 관계를 지키고 존중하는 일은 참으로 중요한 덕목이지만, 사람을 돈벌이의 수단으로 치부하는 것은 내 양심상 허용할 수 없었다.

일은 일이고 사람은 사람이다

'일은 일이고 사람은 사람이다'라는 생각, 즉 일과 사람을 구분하여 인간관계의 순수성을 지켜가면서 '할 일'을 다하는 태도가 무척 귀하게 여겨졌다. '철학적 의협심'이랄까? 사람과 사람과의 순수한 만남을 통해 이루어지는 신실한 우애, 소통, 협력, 공감 등이 일을 통해 만나는 사회적 관계(갑, 을 관계)에서도 마땅히 적용되어야 할 '사회적 가치'로 서의 맥락이라고 믿어졌다. 쉽지 않은 일이지만 창업 이후 15년 이상 하청업무를 계속하면서 나름대로 지켜온 비즈니스의 모럴이었다.

그러나 갑, 을 관계에서 그런 일이 평탄하게 유지되기는 쉽지 않은 일이다. 나만 그렇게 생각한다고 되는 것이 아니다. 상대가 있기 때문이다. 그동안 아산화력, 삼천포화력 이후에도 한전에서 발주한 발전소 관련 조경 및 준공 대비공사 일을 숱하게 했다. 큰일만 챙겨도 삼랑진양수발전소, 고리원자력 3, 4호기, 울진원자력 1, 2호기, 한전 본사 사옥, 무주양수발전소, 분당열병합발전소, 영광원자력 전시관 및 3, 4호기 준공 대비공사가 대표적인 일이다. 그런 가운데 얼마나 많은 상관관계가 있었겠는가. 얼마나 술도 많이 먹고 돈도 많이 뿌렸겠는가. 이런 과정에서 가장 싫었던 일은, '일' 자체가 아니라 그 '일'을 통해서 사람들을 만날 때 나의 인격이나 인생 자체가 '을' 또는 '병'의 처지에 놓이는 것이었다.

이를 극복하기 위해선 하청 신세를 벗어나는 수밖에 없었다. 결과적으로 조경공사업 종합면허(1989년)와 토목건축업 면허(1994년)를 갖추어 작은 기업이지만, 원청(도급업체)을 할 수 있는 종합건설회사로 탈바꿈했다. 그 희망이 이루어지기까지 무려 15년이 걸렸다. 그 후 해외건설업(건설엔지니어링, 2003년), 산림사업(산림토목, 2013년), 주택건설사업(2015년)까지 갖추어 명실공히 종합건설회사로서의 면모를 갖추며 현업에 이르고 있으니 이 또한 얼마나 감사한 일인가!

그리고 이 모든 과정에 일관되게 지켜온 두 가지 원칙적인 사업주제(Two subjects of business)가 있었으니, 그것은 아내와 함께 하는 가족기업형 회사로서 하드웨어를 잘 지키는 일이고, 다른 한 가지는 이 토대 위에 어떻게 하면 이를 지속가능한 경영으로 이끌어 갈 수 있을 것인가에 대한 소프트웨어를 개발하는 일이 주된 과제였다.

최근에 이르러 나는 이런 생각을 자주 해 본다. 나와 아내는 과연 행복한 삶을 살아왔는가? 자문해 보면 불행한 일도 많았지만 일(사업)을 통해서 두 내외가 한 몸처럼 일해 온 것은, 처음에는 부득이한 케이스로 시작했지만, 결과적으로 '일과 삶'이 적절히 조화를 이루며 하나의 융합체적인 시너지를 품고 있다는 점에서는 분명히 '행복한 삶'을 영위해 왔다고 자부한다. 흔히 말하는 '워라밸(Work-Life Balance)' 차원의 단순한 이분법적인 균형을 뛰어넘어, '일과 삶'이 서로 섞이고 상호작용하면서 삶이 일을 더 풍성하게 하고 또한 일이 삶을 더 풍요롭게 만드는 선순환 구조의 '워라하(Work-Life Harmony)'로 살아가고 있다고 느낀다면, 그건 틀림없이 행복한 삶이라고 말해도 괜찮지 않을까? 사실 이렇게 말해줘야 그동안 나 때문에 고생해온 아내에게 만 분지 일이라도 그 사랑의 빚을 갚는 셈이 되리라!

큰아들(이동엽 원장)과 같이 창업한 참포도나무병원도 이런 측면에서 아주 행복한 프로젝트다. 가족기업형의 병원으로 의료기술과 서비스와 미션 마인드가 함께 어우러져 '일과 삶'이 대를 이어 유기적으로 상호 연계되는 모습을 보고 있노라면, 부모 된 입장에서 너무나 행복하다. 그러나 이런 가족기업형 회사나 병원이 더 큰 발전을 이루기 위해선 나름대로 특별한 기업가 정신(Entrepreneurship)과 지속가능 경영에 대한 원리적 대안을 갖고 있어야 하겠다.

특히 요즘 같은 코로나 팬데믹으로 인해 기업의 위험관리 중요성과 더불어 '이해관계자 자본주의(Stakeholder Capitalism)'로 이행하려는 시대 상황에서는 더욱 그러하다. 참고로 1987년 유엔보고서 '우리 공동의 미래'가 제시한 '지속가능성'은 기업의 사회적 책임(CSR)과

결합해 21세기 기업경영의 메가 트랜드가 됐다. 이런 측면에서 우리 '가족기업'도 백년 장수기업을 목표로 하고 있으며, 지금까지 연마해온 기업가 정신을 바탕으로 '사회적 기업'으로서의 지속가능한 경영을 해나가도록 최선을 다할 작정이다.

이런 생각을 하며 뒤안길을 돌아보니 모든 게 다 하나님의 은혜라고 믿어진다. 비닐하우스 생활을 하면서도 믿음의 절개를 지킨 아내의 기도와 간구에 응답하신 하나님의 도우심이 없었으면 도저히 일어날 수도, 살 수도 없었으리라! 그 긴 세월의 고난과 역경이 지금은 복이 되어 오히려 신앙 가족공동체로서 '행복한 삶'을 영위하는 통로가 되어 주었으니, '고난이 유익이라.'라는 성경 말씀이 그대로 믿어진다.

그런 뜻에서 그동안 40여 년에 이르는 건설업 기간에 특별히 생각나고 간증할 만한 일 몇 가지를 소개하고자 한다. 또한 혹시라도 '나의 창업

자기 앞에 가로놓여 있는 '생사관문'을 통과하기를 원하는 분이 계시면 서슴지 말고 자신에게 이렇게 소리치며 뛰어나가기를 권한다. "하늘은 스스로 돕는 자를 돕는다!"

스토리'를 읽고 자기 앞의 인생에 가로 놓여 있는 '생사관문'을 통과하기를 원하는 분이 계시면 서슴지 말고 자신에게 이렇게 소리치며 뛰어나가기를 권한다. "하늘은 스스로 돕는 자를 돕는다!" 이 격언이 자신을 이김으로써 마침내 세상을 이기는, 하늘로부터 공급되는 '절륜한 공력'이 되리라 믿는다.

궁정동 무궁화공원

1993년 3월 초, 김영삼 정부 첫 국무회의에서 의결된 사업이다. 옛 중앙정보부의 궁정동 안전가옥(5채)을 철거하고 시민 휴식공원을 만드는 일이다. 6월 말까지 완공해야 하는 긴급 공사로 발주되었기 때문에 시공자가 설계안을 내는 '턴키'(일괄도급) 방식으로 추진되었다. 관할 구청인 종로구청에서 청와대 내 공사 경험이 다수 있으며 '턴키' 실적이 있는 종합조경 면허업체로 입찰 제한을 했다. 3개 업체가 지명입찰에 응했고, 그중에 우리 회사(반도환경개발주식회사)가 포함됐다. 공사비도 적지 않았지만, 문민정부 출범 후 첫 청와대 발주(경호실) 공사인 데다 그곳이 박정희 대통령이 시해된 역사적 사건의 현장이었기에, 누구나 다 관심을 갖고 지켜보는 프로젝트였다.

입찰 일정이 공지되었는데 하필이면 우리 내외가 조용기 목사님(여의도순복음교회)의 아프리카 케냐 나이로비 성회 수행 기간과 겹쳤다. 아내에게 입찰 업무를 내가 챙겨볼 테니 당신 혼자서 다녀오라고 일렀다. 그런데 막무가내였다. 해외 성회를 수행하는 기관인 여의도실업인선교회에서 기획팀장으로 봉사하던 때였다(나는 가족들의 손에 이끌려

1990년 1월 초 오산리금식기도원에 갔다가 예수님을 만났다). 아내는 하나님과 약속한 일이니까 무조건 성회에 참석해야 한다는 것이었다. 하도 강력하게 요청하는 바람에 입찰 업무를 몽땅 직원들한테 맡겨 놓고 아프리카로 떠났다.

그 후 성회를 마치고 돌아오는 길이었다. 경유지인 파리에서 하루를 묵고 떠나는 날, 그날이 입찰일이었다. 우리 내외는 조 목사님께 기도 요청을 했고 함께 갔던 실업인선교회 임원들께도 합심기도를 부탁했다. 우리가 파리 드골(Charles de Gaulle) 공항에 도착하여 출국 절차를 밟고 있는데, 서울 본사에서 입찰 담당 상무로부터 전화가 걸려왔다. "회장님! 우리가, 우리가 낙찰됐어요!"라고 하는 게 아닌가! "아! 하나님 감사합니다!"란 말이 절로 터져 나왔다. 그렇게 수주한 공사를 어찌 소홀히 했겠는가! 설계안부터 특별히 신경 썼다. 공원 부지 중앙에 궁정동을 상징하는 우물 정(井)자 분수 샘터(2.5m×2.5m 크기의 화강석 통돌로 조각)를 만들어 놓고 거기서 흘러내린 물이 사대문을 거쳐 8도로 퍼져 나가는 형태의 의미체로 조성하였다.

그리고 중앙 분수대를 중심으로 무궁화 화단을 조성한 다음, 그 외곽으로 원형 산책로와 함께 휴게시설 및 화장실(초가형)을 배치하여 시민들이 편하게 접근하고 휴식할 수 있도록 조치했다. 이 정도면 청와대에서 요청하는 시민 휴식공원의 기능은 충분히 반영된다고 할 수 있다. 그러나 그곳은 단순히 시민들의 휴식만으로 그칠 수 없는, 너무나 중요한 역사의 한 현장이 아닌가! 그래서 청와대 관계자들에게 박정희 대통령이 시해당한 자리에 표석이라도 하나 세우자고 여러 차례 건의했으나, 번번이 무시됐다. 그렇지만 나는 절대 포기하지 않았다.

부지 가장자리에, 주택가와 연하여 있는 서쪽 편 땅에 낮은 토산을 조성하고, 거기에 3~4미터 높이, 30미터 정도의 길이로 성벽 형태의 자연석 쌓기를 했다. 그런 다음 그 성벽(역사의 흐름을 상징)이 죽 이어오다가 갑자기 무너진 듯한 자리에 폭 1미터, 길이 1.5미터 정도로 작은 체구 한 사람이 누울 수 있는 크기의 공간을 만들었다. 그 앞자리에 반석을 앉히고 반석 위에 '새' 형상의 자연석(일종의 표석)을 하나 올려놓았다. 그리고 무너진 듯한 성벽의 뒷마당에 30년 이상 되는 낙락장송 세 그루를 심어서 배경을 이루게 했다. 한마디로 말해, 조경 기법을 활용하여 박정희 대통령의 시해 장소를 추모하는 공간으로 그 흔적을 남겨 놓은 것이다. 아무도 모르게, 비밀스럽게 조성한 그곳을 매년 10월 26일이 되면 빠짐없이 참배해 왔다.

준공 기일이 얼마 남지 않은 6월 중순쯤이었다. 또 한 번 소동이 일어났다. 이번에도 조용기 목사님을 모시고 모스크바 성회에 다녀와 야 하는 일정과 겹친 것이다. 내가 남아서 작업 마무리를 할 테니 당신 혼자서 성회에 다녀오라고 아내에게 종용했다. 그런데 이번에도 또 막무가내로 안 된다는 것이었다. 하도 완강히 항변해서 할 수 없이 경호실 윗분께 사정 얘기를 하고 부탁을 드렸다. 그분 말씀이 "나갈 때는 당신들 마음대로 나가지만, 들어올 때는 맘대로 못 들어 올 거요"라 고 하는 게 아닌가! 한마디로 출국하지 말라는 얘기였다.

하기야 경호실 책임자로서, 7월 1일 VIP를 모시고 준공식 겸 공원 개원식을 하는 날짜가 불과 2주밖에 남지 않았는데, 작업을 총괄하고 마무리해야 할 시공회사 책임자 두 내외가 다 빠져나간다고 했으니 그도 크게 당황했을 게 분명하다. 도저히 방안이 나오지 않자, 우리 내외는 더는 경호실과 의논하지 않고 모든 것을 하나님께 맡겨 놓고 담담한 심정으로 모스크바로 출국했다.

그런데 참 희한한 일이 벌어졌다. 우리 내외가 성회를 마치고 돌아온 날짜가 준공일을 불과 사흘 남겨 놓은 시점이었다. 보통의 경우 청와대 식재공사를 하다 보면 담당자들이 충성도를 높이려는 의도에서 막판에 당치도 않게 자재 반품, 수종 변경 등을 요구하며 갑질을 할 때가 많다. 그런데 이번 경우는 현장에 회사 대표가 없으니 실무진에게 요구해 봐야 소용이 없었던 게다. 그냥 원래 설계한 '턴키' 내용대로 시공을 완료할 수밖에 없는 상황이었다. 한마디로 원 설계안 그대로 작업을 마무리한 것이다. 우리 내외가 돌아와서 한 일이라곤 고작 호스를 들고 경내 물청소를 도왔던 일밖에 없었다. 그런데 그 '일'의 결과는 어떻게 평가되었나?

1993년 7월 1일, 궁정동 무궁화공원 개원식에 오신 VIP께서 테이프 커팅 자리에서 경호실 관계자들을 치하하면서 크게 만족한 뜻을 표했다. 그러자 이 '일'에 관계해온 청와대, 서울시, 종로구청 공무원들 모두가 이구동성으로 일 잘했다고 칭찬해 주는 게 아닌가! 발주처로부터 큰 호평을 들으니 우리 팀도 신이 났고 보람에 넘쳐 한껏 고무되었다. 그런데 이야기가 여기서 끝나지 않는다.

그날(토요일) 오후 개원식 행사를 마칠 무렵 MBC 기자가 다가와서 인터뷰를 하겠다고 했다. 특별히 거절할 이유도 없고 해서 기자가 묻는 대로 문민정부의 출현에 따른 시민사회의 반응과 궁정동 안가(安家) 철거 후 조성한 시민공원의 의의에 대해 적당히 답변했다. 그리고 나서 나는 저녁 시간에는 관계 공무원들과 지역 주민 대표들을 초청하여 음식을 대접하느라 뉴스를 보지 못했다. 아니, 볼 수가 없었다. 그런 다음 날 주일이었다.

여의도순복음실업인회관 빌딩 지하실에 차를 주차해 놓고 선교연합회 본부가 있는 8층으로 올라가려고 엘리베이터를 탔다. 그동안 수없이 조용기 목사님을 만나고 수행했지만 한 번도 엘리베이터에서 만나본 적이 없었는데, 그날 1층 문이 열리자 조 목사님이 부목사와 함께 엘리베이터 안으로 쑥 들어오시는 게 아닌가. 반갑게 인사를 드리는 나를 보자마자 하시는 말씀이 "이 집사, 자네, 말도 잘 하대."라는 것이었다. 전날 저녁 MBC 뉴스를 보신 것이다. 그때 그 말씀을 듣는 순간에 내가 느낀 감격과 감사의 마음을 누가 알랴!

그때 내 마음속에는 이런 감동이 메아리쳤다. "아! 하나님이 조 목사님을 통하여 칭찬해 주고 계시는구나."라는 생각이 차고 넘쳤다. 그렇다. 케냐 나이로비 성회 때도 그랬고, 나중에 모스크바 성회 때도 그랬다. 1년 전부터 조용기 목사님의 해외 성회 일정을 짜 놓고 이를 진행하는 과정에 궁정동 무궁화공원 조성공사가 긴급 공사로 발주되는 바람에 공교롭게 입찰 시와 준공 시 두 번 다 일정이 겹쳐 성회에 참석할 수 없는 처지였다. 하지만 그 개인의 일을 모두 뒤로 하고, 하나님의 일을 먼저 챙기고 헌신한 믿음을 이쁘게 보시고 칭찬하시는구나 싶어 깊은 감동을 받았다는 게 솔직한 나의 신앙고백이다.

여의도공원

1971년 여의도에 있던 공군기지가 이전된 후, 당시 김현옥 서울시장이 이곳을 신시가지 건설 및 주택용지로 개발하려 했으나, 와우아파트 붕괴사고로 시장직을 물러나면서 무산되고 말았다. 그때 개발 청사진을 주도했던 김수근 대표(설계사무소 공간)의 계획을 취소시킨 장본인이 박정희 대통령이다. 뉴욕의 센트럴파크를 연상시키는, 조경이 잘된 공원광장 계획을 입안하여 보고했으나, 한마디로 싹 밀어버리고 비상 활주로 용도의 콘크리트 광장으로 엎어버린 것이다. 그것이 5.16 광장이다. 그 콘크리트 광장이 푸른 녹지의 대형 공원으로 탈바꿈한 이면에는 우리 회사의 기적 같은 간증 거리가 숨어 있다.

김영삼 정부 말기로 접어들었을 때(1997년)의 일이다. 당시 조순 서울시장이 대권의 꿈을 안고 추진한 도시개발사업 가운데 하나가 여의도 공원화 프로젝트다. (지하에 근린시설과 주차장을 조성하고 그 위에 공원을 만들었으면 훨씬 더 멋진 도심 시설녹지 복합공간이 되었을 것이다.) 졸속으로 발주한 이 공사의 입찰이 4월에 있었다.

우리 회사도 당연히 참여했다. 저가 낙찰의 폐단을 줄이기 위해 사전 적격 심사제도(PQ)를 도입한 지 얼마 안 되었을 때다. 입찰 전에 회사 실적을 증빙하는 자료가 들어가야 했고, 5년 간 국가 공공기관의 표창이나 우수업체 인증을 받은 자료가 있으면 가산점이 붙는 그런 제도였다. 입찰하기 이삼일 전으로 기억된다. 조달청 담당자로부터 표창 자료가 더 있으면 추가 제출하라는 연락이 왔다. 회사가 미리 다 챙겨서 접수(5건)했지만, 혹시 추가할 게 있는지 살펴보라는 내용이었다.

왠지 이상한 감이 왔다. 나는 직원들을 풀가동하여 그동안 일했던 공공기관에 찾아가 자료실을 샅샅이 뒤지게 했다. 5년 전에 주택공사에서 납품 우수업체로 표창받은 자료 한 건이 누락된 것을 발견하고 입찰 하루 전에 추가 접수하게 했다. 그 결과 가산점 1점이 추가되어 0.5점 차로 낙찰되었다. 여의도공원 2공구(공원 중앙에서 마포대교 방향 구간) 사업을 맡게 된 것이다. 그 공사 구간 바로 앞에 「국민일보」 사옥이 있었고 8층(최고층)에 조용기 목사님의 집무실(「국민일보」 이사장)이 있었다. 아내와 나는 여의도 공원공사의 수주를 위해 일찍부터 조 목사님과 교우들께 기도 요청을 해놓은 상태였다. 낙찰 소식을 접한 그들은 우리 내외보다 더 좋아했고 자기 일인 양 그렇게 기뻐해 주셨다.

공사 기간에 조 목사님 집무실에 한 번씩 들릴 때면, 목사님께서 창을 통해 작업 구간을 손가락으로 가리키며 "이거, 다 우리 정원이다." 라고 하며 좋아하시던 모습이 지금도 눈에 선하다. 그런 가운데 내게 영감으로 주어진 하나의 임무가 생겼다. 평지에서는 잘 보이지 않는 2공구 끝부분 언덕(인공으로 조산한 곳) 위에 정자와 더불어 조그만 폭포가 조성되어 있다. 그 아래에 연못이 자리 잡고 있다. 물은 순환 펌프로 가동하여 24시간 흐르게 되어 있다. 원 설계안에 보니 연못이 큰 특징 없이 디자인되어 있었다. 감리단 측과 협의하여 연못 형태를 서울시 지도 모양으로 조정했다. 그런 과정에 내 마음속에 자리 잡은 기도의 제목이 '서울성시화운동'이었다. 지금도 그 제목은 마음 언저리에 남아 있다.

당시 이같이 기도한 마음의 밑바탕에는 열왕기하 2장 19~22절이 항상 준거로 깔려 있었다. 선지자 엘리사가 여리고성에 갔을 때, 그 성읍 사람들이 이 성읍의 위치는 좋으나 물이 나쁘므로 토산이 익지 못하고 떨어진다고 했다. 엘리사가 이르되 새 그릇에 소금을 담아 오라고 해서 갖고 오자, '물 근원'으로 나아가서 소금을 그 가운데에 던지며 여호와의 말씀이 "내가 이 물을 고쳤으니 이로부터 다시는 죽음이나 열매 맺지 못함이 없을지니라." 하셨다고 하니 그 후 물이 고쳐져서 옥토로 변했다는 기록이다.

나는 이 '물 근원'이라는 용어를 성경 구절 가운데서 가장 좋아하는데, 그 이유는 신앙의 본질적인 그루터기를 잘 나타내고 있으며 또한 모든 교육선교와 철학적 이해의 근원이 된다고 여겨지기 때문이다. 내가 연길시 북산가 언덕 위에 있는 연변과기대(PUST)를 바라보며 올라갈 때마다 묵상하는 것도 바로 이 '물 근원'이며, 또한 여의도공원에 인공폭포를 조성할 때도 이 마음으로 임했다.

여의도공원조성공사를 착공한 지 2년 가까이 된 1999년 2월에 준공했다. 이 일을 하나님께서 '기적의 선물'로 주셨다고 믿기에 준공일이 다가오자 특별한 기념행사를 열고 싶어졌다. 기독교계에서 음악선교를 리드하고 있는 분들과 의논한 끝에, 미국, 유럽, 호주에 흩어져 있으면서 어떤 특별한 이슈가 있으면 날짜를 잡아 공동 찬양집회를 열어 주는 'Integrate' 팀을 소개받게 되었다. 그들을 사비로 초청해서 여의도공원 중앙부에 있는 광장에서 이틀간 찬양집회를 개최했다. 교계 인사들뿐만 아니라 순복음교회 교우들과 일반 청년대학생들도 많이 참석했고, 이 찬양집회를 계기로 기독청년들에게 음악선교와 더불어 민족복음화와 세계선교의 비전을 새롭게 장려하고 부흥시키는 성과를 얻게 되었다.

여의도공원 조성공사를 하면서 얻은 하늘나라 확장의 값진 열매라고 말하지 않을 수 없다.

경기테크노파크

한국 IMF 외환위기는 김영삼 정부 때인 1997년 11월에 우리나라가 가진 외환이 너무 부족해 국제통화기금(IMF)으로부터 자금 지원을 받은 사건이다. 국가경제가 일시에 침몰하는 현상을 빚었고 기업경영은 최악의 상태에 달한 듯 피폐해졌다. 부도 업체가 속출했으며 건설업계도 심한 타격을 받았다. 우리 회사도 재정적 어려움에 빠져 구조조정에 따르는 비상조치를 했다. 보유하고 있던 부동산을 적잖이 매각하여 긴급자금으로 수혈했다. 아무튼 이전에도 어려움이 왔을 때 결심했던 것처럼, 어떤 일이 닥쳐도 회사 문을 닫는 일은 하지 않겠다는 소신으로 버티고 응전했다. 그런 가운데 큰 곤경에 처하는 고약한 일이 발생했다.

건설업계에서는 관 공사를 수주하게 되면 상호보증제라는 게 있어서 업체들끼리 품앗이 형태로 주고받으며 보증을 해주곤 한다. 영종도 인천공항 건설공사가 본격적으로 진행되고 있을 때, 공항청사 주변 식재공사를 맡은 M회사가 공사 이행보증을 요청해 왔다. 전에 신세를 진 업체라 당연하게 보증을 해주었다. 공사 기간이 2년가량 걸리는 제법 큰 공사였는데, 이 업체가 IMF 위기를 넘기는 과정에 견디다 못해 부도를 내고 말았다.

잔여 공사가 삼분의 일이나 남아 있었다. 기성금을 이미 많이 받아간 상태에서 부도를 냈기 때문에, 잔여 공사를 다 하려면 15억 원 이상 추가로 투입해야 마무리할 만한 일이었다. (업계에서는 M회사가 일부러 부도를 냈다는 소문이 돌았지만 나는 개의치 않았다. 다만 몹시 억울했다.) 참으로 난감했다. 남의 일을 마저 다해 주려니 '생돈' 거금을 투입해야 했다. 보증이행을 피하려면 우리 회사도 부도 처리하는 게 한 가지 방법이 될 수 있지만, 죽어도 그 짓은 못하겠고 참으로 힘들었다. 하나님께 기도했다. 무엇을 어떻게 하는 게 좋을지를 간절히 묻고 간구했다.

현실적으로 매우 힘들고 억울한 일이었지만 잔여 공사를 우리 회사에서 전적으로 이행하기로 했다. 결국 일이 다 끝나고 정산을 해보니 약 10억 원 정도를 밑 빠진 독에 물을 갖다 부은 셈이 되었다. IMF 사태로 위기를 맞고 있던 회사 입장에서는 엎친 데 덮친 꼴이었다. 그래도 인내하며 용케 잘 버텨 나갔다. 그러다가 2000년 가을을 맞았다. 안산테크노파크 신축공사가 발주되었다. 지금은 경기테크노파크로 불리지만, 당시 통상산업부와 경기도지사 간 기술연구 집적화 연구단지 조성 협약을 맺고 시행하는 특수 비영리법인 사업으로 안산시가 공사를 주관했다. 부지 위치는 한양대 안산캠퍼스 바로 옆이다. 입찰 준비를 하면서 단독 입찰이 어려워 동양고속건설(주)을 파트너로 잡고 우리 회사가 신랑(주계약자) 역할을 했다.

산을 뭉개고 2십만 제곱미터의 대지 위에 전체면적 4만 제곱미터 규모의 신축 연구단지를 조성하는, 2군 건설업체(종합건설면허)까지 참여하는, 3백억 원 규모의 프로젝트였다. 몇 년간 IMF 위기에 시달려 온 업계로서는 상당히 큰 프로젝트로 소문이 났고, 수주 경쟁이 치열했다. 입찰은 오후 3시에 있었다. 5시경 입찰 상무로부터 전화가 걸려왔다. "회장님… 우리 2등 했어요." 건설 분야 입찰에서 '2등'이란 아무 소용이 없는 일이다. 학교 공부나 콩쿠르 시상식 같은 데서는 2등도, 3등도 상을 받지만, 입찰에서 2등은 죽은 몸이다.

그날 본사 직원들은 낙심하여 누구는 울기까지 했다. 너무나 억울했다. 2등이라니! '차라리 꼴찌나 하고 말지.' 이런 심사조차 났다. 우리 내외도 기분이 가라앉아 일이 더는 손에 잡히지 않았다. 직원들에게 저녁 먹고 술이라도 한잔하라고 일러놓고 일찍 퇴근해서 집으로 돌아왔다. 저녁을 먹는 둥 마는 둥 한 다음, 7시 뉴스를 보고 있는데 화면에 IMF로 인해 어려움을 당한 '퇴출기업' 명단이 수십 개 죽 뜨는 게 아닌가. 그런데 그 명단 가운데 오늘 입찰에서 1등 한 삼익건설(주) 이름이 들어가 있는 것을 보고 일순 심장이 멎는 듯했다.

나는 부랴부랴 발주처에 전화해서 물어봤다. 1등으로 낙찰한 회사가 퇴출기업이 되면 그다음 낙찰자는 누가 되는가, 아니면 또 재입찰을 하는 것인가를 떨리는 마음으로 질문했다. 담당자의 대답이 걸작이었다. "1등은 죽고 2등이 1등 되는 겁니다."

그날 밤 우리 내외는 또 한없이 뜨거운 눈물을 흘렸다. 성경에서 '거듭난다.'라고 한 말이 실감 났다. 죽은 자 가운데서 다시 살아나는 기적이 일어난 것이다.

그런데 그 일을 공식적으로 계약하기까지는 상당한 시간과 고비를 넘겼다. 본디 3등이었던 삼성물산(건설 부문)이 2등으로 치고 올라오면서 1등으로 회생한 무명의 중소업체를 어찌하든 젖혀 보려고 백방으로 힘을 썼던가 보다. 우리 회사의 실적과 세무 관련 사항, 기술 인력 및 면허 규정에 이상이 없는지 샅샅이 체크를 했다. 발주처에서도 시간

(재) 경기테크노파크는 경기도 기술혁신의 거점기관으로 지식산업의 기술고도화, 기술집약적 기업의 창업, 경기지역의 산학연관 유기적 협력체제 구축을 위해 일하고 있으며, 중소기업 성장 파트너를 자처하고 있다.

을 끌면서 상대방에 동조하는 듯한 분위기였다. 입찰한 지 두 달이 지나도 낙찰 선언을 하지 않자, 지역 사회에서 물의가 일어나기 시작했다. K일보에서 이를 취재하고 기사화하자 발주처에서 며칠 가지 않아 낙찰 선언을 해주었다. 2000년 12월 크리스마스 직전이었다.

그 후 약 2년에 걸쳐 공사를 마치고 정산을 해보니 우리 회사의 몫(토목, 건축, 조경)으로 일한 결과로 얻어진 이익금이, 2년 전 영종도 인천공항 조경 식재 공사보증 이행으로 치렀던 손실금 10억을 훨씬 능가했다. 아! 참으로 신비한 감동을 느꼈다. 하나님께서 옆에 계셔서 우리의 일상을 지켜보면서 그분이 필요한 때에 적절히 사랑과 은총을 베풀고 계시다는 깨달음이 다가왔다. 섬뜩할 정도로 강력하고도 초월적인 힘(Transcendental Power)이 느껴졌다. 지금도 회고해 보면, 당시 회사를 지켜보겠다고 '생돈'을 퍼부어 가면서 밑 빠진 독에 물을 붓는 듯한 곤혹감으로 일했던 영종도 하늘이 이제는 그립기조차 하다. 그 한없이 힘들고 억울했던 심정을 위로하시면서 새롭고 좋은 것으로 채워주신 하나님께 감사드린다.

▌세속의 덫에 잠자고 있던 영혼이 깨어나다

이상으로 몇 가지 중요하고 은혜를 만끽한 이야기를 나누면서 곰곰이 되새겨 보니 '나도 참 파란만장했구나.' 하는 생각이 든다. 어디 이런 일들뿐이겠는가! 자칫하면 아내와 이혼할 뻔했던 일도 있다.

88올림픽과 더불어 회사가 크게 신장하고 종합건설면허까지 보유하게 되니, 조경공사 부문에만 안주해 있을 게 아니라 좀 더 큰일을 해보고 싶었다. 그때 당시 여러 군데 골프장 조경 및 토목 쉐이핑 작업을 수주하여 시공했고, 또 미국 유명 골프장을 돌아볼 기회가 있어서 차츰 골프장 건설사업을 해보고 싶은 생각이 불끈 솟던 참이었다.

1990년 6월에 교회 식구들과 같이 중국여행을 다녀온 후에(참조 112쪽), 칭다오 석노인관광개발지구에 골프장 건설계획을 세우고 매월 두 차례 칭다오를 방문하곤 했다. 그때 시(市) 관계자들과 협의하는 과정에, 옛날 독일 조차지역에 조성되었던 별장들 가운데 위치가 좋은 곳을 택하여 석노인골프장의 숙박 시설(호텔 및 펜션)로 이용할 계획도 같이 세웠다. 그러다가 문제가 일어난 것이다. 아내는 내가 칭다오만 다녀오면 집을 사겠다고 하니 "당신 여자 생겼지! 여자 생긴 게 틀림없어! 중국만 갔다 오면 집 사겠다고 하니, 정 그렇게 하고 싶으면 이혼장에 도장 찍어 놓고 하세요!" 이렇게 말하는 게 아닌가! 내가 아무리 설명을 해도 믿으려 하지 않았다. 이렇듯 불신과 오해가 점점 더 깊어 가던 참에 북경에서 우연히 김진경 총장을 만난 것이다.

당시 나는 돈 벌러 갔지만, 미국에 있는 재산까지 팔아 와서 조선족 사회를 위해 대학을 세우겠다고 설득하는 김 총장님의 말씀을 듣고는, 가슴을 치는 충격과 함께 오랫동안 '세속의 덫'에 잠자고 있던 내 영혼이 깜짝 놀란 듯 깨어났다. 젊은 날 진리를 찾아보겠다고 불교 철학까지 전공하며 열정을 불태웠던 그 철학적 탐구 정신의 아궁이에 기름을 갖다 붓는 듯한 영적 감동을 느끼게 됐다.

결국 그 후 중국에서의 골프장 사업 계획을 모두 접고 김진경 총장과 함께 대학(연변과기대)을 세우고 인재를 육성하는 교육사업(이 사업은 돈 버는 사업이 아니고 돈 쓰는 사업이다.) 쪽으로 완전히 방향을 틀게 되었다. 그리고 그런 '선한 일'에 아내도 흔쾌히 동참하게 되었으니 이 모든 게 하나님의 인도하심이 아니겠는가! 거기로부터 인생 후반전의 새 길이 열렸다고 해도 과언이 아니다. '일' 벌리기를 좋아하는 나에게 글로벌 미션(CBMC 실크로드 미션, 환황해경제기술교류협력, 동북아 공동체문화사역 등)과 함께 한반도 통일을 준비하는 일(평양과기대 사역)까지 맡게 되었으니, 이는 하늘로부터 주어진 사명이라고 믿어 의심치 않는 바이다.

그렇게 연변 땅에 인연을 쌓아가면서, 연길시 박동길 시장을 모시고 한전 본사를 드나들며 연길에 열병합발전소를 건설해 보겠다고 쫓아다 닌 일(3년간 애쓰다가 무산된 일이지만)이 특별히 기억에 남는다. 그때 중국 길림성 관료들과 어울리며 만일 그 일이 성사되면 발전설비 자재를

북한 나선경제특구 나진항 제3부두 전경. 러시아가 장기임대로 투자했으며, 중국도 항만 임대와 배후 물류단지 건설을 통해 동북 3성 경제발전 및 동해권 출구로 나진항을 중요시하고 있다.

나진항(＊항만 증축계획 포함)을 통하여 훈춘—도문—연길로 수송할 수 있도록 산업도로를 신설하자고도 했다. 그러면서 거기에 연하여 나진항 배후지역에 중국과 남북한 합작으로 신경제도시를 건설하여 국제무역항으로 키우는 일도 같이 해보자면서, 밤새도록 술을 마시고 호기를 부렸던 기억이 주마등처럼 떠오른다.

이런 '개발협력(Cooperative development)' 방식의 창의적 대안으로 남북한에 새 길을 열고, 두만강유역개발(UNDP)에 새로운 전기(환동해·유라시아경제권)를 마련함으로써, 장차 중국 동북 3성 지역뿐만 아니라 러시아 연해주도 함께 연결하여 잃어버린 한민족의 역사—'발해의 꿈'을 오늘에 되살리려는 노력을 계속하고 있다. 이런 '그랜드 비전'의 무대에 여러분 모두를 초청하고 싶다. 기독실업인의 한 사람으로서 '나의 창업 스토리'를 나누다가 그만 여기에까지 이르렀는데, 이 글을 읽는 청년들에게 진정을 다해 권면하고 싶다.

"청년들이여! 큰 야망을 품어라! 성문으로 나아가 백성들이 올 길을 수축하고, 돌을 제하고, 만민을 위하여 기치를 들라! 신아시아 시대의 미래 지평을 선도하는 BTS(Big Team Spirit)의 총아가 돼라!"

이런 희망으로, 늘 외롭고 힘들 때마다 하나님께 기도하며 자신을 추스른 몇 가지 '나의 다짐'을 선물로 남긴다.

첫째, 일은 일이고 사람은 사람이다. 일은 일로 승부하라.

둘째, 강점과 강점을 연결하고 조합하라.

셋째, 죽기까지 사명(Business as Mission)으로 일하라.

넷째, 먼저 그의 나라와 그의 의를 구하라.

RESTORING

POWER

IN MY LIFE

제3부 **비전**

미래를 창조하는 사람들의 전략적 로드맵

"하나님이 말씀하시기를 말세에 내가 내 영을 모든 육체에 부어 주리니 너희의 자녀들은 예언할 것이요 너희의 젊은이들은 환상을 보고 너희의 늙은이들은 꿈을 꾸리라" (사도행전 2:17)

RESTORING POWER IN MY LIFE

두만강은 흐른다

'발해의 꿈'이 열리는 '동북아 자연경제권'의 길목에서 한반도의
새 지평을 열어가는 놀라운 꿈이 생생한 현실로 다가오고 있다.

내가 처음으로 두만강 유역에 있는

방천 전망대에 오른 것은 1991년 9월 중순께였다. 연길시 북산가 언덕에
있는 공동묘지 부지를 헐고 연변과학기술대학 본부동과 학사동 건축공
사를 한창 진행하고 있던 때다. 연변조선족자치주의 배려로 아침 일찍
공무용 지프를 타고 훈춘과 경신진을 거쳐 방천사구공원(防川沙丘公園)
에 도착한 것은 오전 11시 무렵이었다. 방천전망대는 공원의 동쪽 끝
언덕 위에 중국식 고전 건물로 자리 잡고 있었다. (지금은 언덕 아래
강변 쪽으로 팔각형 신축건물을 새로 세우고 그 꼭대기에 전망대가
설치되어 있다.)

전망대 옥상에 올라서니 동북아 3국의 접경지가 한눈에 들어왔다.
좌측으로 하산역이 내려다보이는 러시아 땅이고, 우측으로는 두만강

러시아, 중국, 북한의 국경이 만나는 두만강 유역의 접경지역

건너 두만강시가 보이는 북한 땅이며, 중국은 해안으로부터 15킬로미터 떨어져 있어서 동해로 나가는 출구가 막혀 있었다. 러시아 땅과 북한 땅 사이로 동쪽 하늘 아래 저 멀리 가물가물 동해가 바라보였고, 그쪽으로 뻗친 두만강 하구에 열차가 왕래하는 철교가 뚜렷이 보였다.

한순간 나는 숨이 멎는 듯했다. 뱃속 저 깊은 곳으로부터 용암이 솟아오르는 듯한 뜨거운 열기를 느꼈다. 소리 없는 울음과 함께 눈물이 왈칵 쏟아졌다. '발해의 꿈'이 서려 있는 곳, 이순신 장군의 근무지였던 녹둔도가 자리 잡고 있는 곳, 남북으로 갈라져 있어서 중국을 거쳐야만 찾아올 수 있는 곳… 민족주의적 감흥이 드세게 느껴지는 것을 참을 길이 없었다. 나는 그렇게 두만강을 만났고, 두만강 유역을 끼고 3국이 함께 접경하고 있는 특수지역 전경을 난생 처음으로 구경했다.

그 후 그 지역을 탐방한 횟수는 15회가 넘었고, 전망대 아래쪽으로 넓게 펼쳐져 있는 두만강 삼각주 일대를 여러 차례 망원경으로 관찰하기도 했다. 갈 때마다 계절에 따라 주변 풍경이 사뭇 달랐지만, 두만강의 주류가 유유히 흐르는 주변으로 부챗살처럼 펼쳐진 삼각주 일대에는 마치 사막지대 모래 언덕(砂丘)처럼 모래톱이 형성되어 있다. 그 사이사이로 실개천 물길이 수도 없이 흩어져 흐르고 있었다. 거기에 이름 모를 키 작은 수변 식물군과 풀들이 물가에 여기저기 듬성듬성 자라나 있으며, 그 물가 수초 밑에는 여러 가지 작은 어류들과 파충류가 서식하고 있을 것 같았다. (필자는 지금도 두만강 유역 삼각주 일대를 UNDP 산하 국제자연생태공원으로 지정, 관리해야 한다고 주장하고 있다.) 이렇게 해서 나는 두만강과 30년 인연을 쌓아왔고, 1992년 유엔개발계획(UNDP)에 의거하여 두만강유역개발계획(TRADP)이 시작되었을 때, 연변과기대 일원으로 국제회의 및 세미나에 참여하는 기회를 얻게 되었다.

그 후 지금까지 추구해 왔던 비전이 바로 두만강 유역을 중심으로 하는 '동북아 자연경제권 국제협력 개발사업'이다. 그리고 이를 기초로 하여 남북한 경제공동체 및 통일시대를 준비하는 지식인 연대 싱크탱크를 설립(2007년, 통일부 등록), 연구 활동을 해온 단체가 바로 동북아공동체문화재단이다. 김진경 총장의 요청에 이끌려 대학 설립에 동참했던 연변과기대(1992년 개교)와 그 후 2001년 남북 합작 교육사업으로 시작했던 평양과기대(개교 2009년, 개학 2010년) 사역이, 중국과 북한을 관통하는 상승작용을 일으키면서 굳건한 디딤돌 역할을 해주었다.

초국경 지역공동체를 향하여

상기에서 명기한 '동북아 자연경제권' 이론은 버클리대학 스칼라피노(Robert Scalapino) 교수가 1980년대 말 중국의 개혁개방과 함께 중국의 동북 3성, 북한, 극동 러시아의 접경지역 발전 가능성을 논의할 당시에 동북아 소지역(sub-region) 개발에 대한 개념적 틀로서 제시한 것이다. '자연경제권(Natural Economic Territory)'의 개념은 국가 간 인접한 소지역 경제권들이 정치적 국경선 때문에 서로 분리되어 있지만, 자원의 부존도, 발전 격차, 체제의 다양성을 활용하여 SOC 인프라와 물류로 상호 연결되면, 초국경 지역공동체로 발전할 수 있다는 점을 강조한 것이다. 이를 본받아 필자도 연변과기대 사역을 시작하면서부터 지금까지 변함없이 지켜온 비전의 실천적 목표가 두만강 유역을 중심으로 하는 동북아 초국경 지역공동체 건설이며, 이는 곧 남북한 통일의 첩경이 될 것을 믿어 단 한 번도 의심해본 적이 없다.

주지하다시피 1992년 유엔개발계획(UNDP)에 의거, 두만강유역개발계획(TRADP)을 수립하여 소삼각지대(훈춘—포시에트—나진, 선봉)와 대삼각지대(연길—블라디보스토크—청진—한국의 속초에서 부산까지의 동해안)로 단계별 개발을 추진했으나, 지정학적으로 각국의 이해관계와 안보문제가 첨예하게 걸려 있는 지역이라 답보상태를 거듭하게 되었다. 그러자 이를 극복하기 위한 대책으로 2005년 광역두만강개발사업(GTI)으로 전환했다. GTI 사업 범위는 중국, 러시아, 북한, 한국뿐만 아니라 몽골까지 확대하여 의욕적으로 출범했다. 그러나 이마저도 2009년 북한이 탈퇴함으로써 4개국 회원으로 위축되었고, 이후 남북한 대립 및 북핵 문제로 한·미·일 대(對) 북·중·러 신냉전 기류가 겹치면서, 동북아 지역의 국제거버넌스로 자리 잡았던 GTI 사업은 유명무실하게 형식적인 명맥만 유지한 상태로 남아 있게 되었다.

그동안 접경국가들의 이해관계가 대립했던, GTI 사업에 대한 주요 국가 간의 민감한 입장을 간추려보면 이와 같다. 첫째, 러시아는 처음부터 나진항을 중심으로 두만강 개발사업에 대하여 적극적이었으나, 이 지역에서 중국의 영향력(북한 나선특구 진출 및 경협)이 커지는 것에 대해 강한 우려와 함께 경계를 취해 왔다. 둘째, 북한은 중국이 요구하는 두만강 통행권 문제를 주권에 관련된 문제로 인식하고 반대하고 있으나, 자체적인 개발 역량이 없으므로 중국으로부터의 지원 및 협력을 마다할 수 없는 모호한 태도를 보여 왔다. 셋째, 역대 정권으로부터 한국은 남북한 교류와 협력을 증진하는 두만강 개발사업에 주도적인 역할을 하기 위해 노력해 왔으나, 북핵 및 유엔제재와 미국의 대(對)북한 강경책 등으로 접점을 이루지 못한 가운데 문재인 정권에 이르러 신북방 정책으로 새 길을 모색하려고 노력하는 중이다.

이외에도 여러 가지 복잡한 지정학적, 지경학적 이해관계가 얽혀 있는 가운데 최근 미·중 관계가 최악의 경우(G2 간 디커플링 시대)로 치닫고 있으며, 코로나19 사태로 국경 봉쇄 및 통제가 강화됨으로써 동북아 지역에서의 국제협력을 더욱 어렵게 만들고 있다.

1991년 처음으로 두만강 유역 방천 일대를 답사하고 동북아 역사의 비상을 꿈꾸며 달려온 지 30년이 지난 세월을 돌이켜 볼 때, 가장 아쉬운 부분이 바로 이런저런 이유 등으로 중단된 '동북아 소지역 국제협력 개발사업'이다. 무슨 좋은 방안이 없을까? 무슨 새로운 창의적 대안이 없을까? 잠을 자면서도 늘 꿈꾸듯 생각해온 과제가 이 일이다.

접경국가들은 저마다 3국 협력의 필요성을 외치면서도 자국 중심의 한계를 뛰어넘지 못하고 있다. 중이 제 머리 못 깎으며, 남 탓만 하는 이런 여건을 뒤집고, 한국이 '게임 체인저'로 파고들어 모두를 행복하게 할 수 있는 새롭고도 강력한 출구 대책은 없을까? 아! 두만강은 저렇게 유유히 흐르고 있는데, 저 두만강의 출구인 동해는 우리를 오라고 손짓하며 저렇게 푸르게 넓게 열려 있는데…

환동해경제권 국제협력 플랫폼 구축을 위한 첫걸음

드디어 일을 벌였다. '일은 벌여야 일이 된다.'라는 말이 있다. 얼마 전 본 재단에서 출간한 연구총서 『린치핀 코리아』의 실질적인 후속 작업의 하나로 러시아 연해주를 신북방 경제협력의 전초기지로 구축하는 일을 올해의 가장 중요한 과제로 채택했다. 지난주 목요일(6. 11) 저녁에 12명의 전문가들이 모여 '환동해경제권 국제협력 플랫폼 구축'이라는 주제를 걸고 기획 회의(1차)를 시작했다. 본 재단 산하 북방경제정책연구원 김재효 원장의 주제발표에 이어, 참여진이 돌아가며 질문과 함께 자신의 의견을 개진하는 방법으로 회의를 진행했다.

김 원장은 코트라 부사장 출신으로 세계 각지를 다니며 30여 년 이상 무역 일선에서 근무한 베테랑일 뿐 아니라 모스크바 책임자로 오랜 기간 근무했다. 특히 나중에 코트라 퇴임 후 북한 나선특별시 및 함경북도까지 포함하는 동북아 6개국 80여 개 광역 지방자치 단체를 포괄하는 '동북아시아지역자치단체연합(NEAR)'의 사무총장을 역임하면서 GTI 업무에도 직접 참여해온 터라, 이분을 간사장으로 하여 '환동해경제권 소지역(sub-region) 국제협력 개발사업'에 대한 기획업무를 진행할 예정이다. 지난주 첫 기획 회의를 시작하면서 김 원장은 그동안 있었던 두만강유역개발계획(TRADP)과 광역두만강개발사업(GTI)의 과정을 평가하면서, 본 재단에서 추진하려고 하는 러시아 하산 포시에트만 개발 협력 플랫폼 구축에 대한 목적과 추진 전략 및 이를 위한 국제 컨퍼런스 계획(안)을 소상히 발표했다.

이전 GTI 사업과 맥을 같이하면서도 기존계획을 뛰어넘는 새로운 접근 방안으로 두 가지 중점적 항목을 제시했다.

첫째, 기존계획은 UN이 리드하는 다자외교, 다자협상 방식으로 시작하다 보니, 처음에는 협의가 잘 진행되는 것 같다가 결국 끝에 가서 국가별 견해의 차이로 틀어지는 경우가 대부분이었다. 그래서 우리는 민간 베이스(기업 및 경제단체)를 기초로 하여 일정 수준의 공감대가 형성된 연후에 광역 지방자치 단체, 국가 순으로 협상이 진전될 수 있도록 의견을 모았다. 국가별 외교전략도 먼저 한·러 간 양자 협상부터 성사시킨 후, 러시아의 입장을 최대한 존중하는 범위에서 중국과 몽골 및 북한을 차례대로 협상 테이블로 끌어내 그들의 리스크를 최소화하고 상호이익을 다각화할 수 있는 방향으로 개발사업을 추진할 예정이다.

둘째, 구체적인 개발계획으로 GTI 사업의 소삼각 지대 중 러시아 포시에트만 일대를 일차적으로 선제 개발한 후, 그 여파를 훈춘과 나선 쪽으로 파급시켜 단계별로 지역 특성에 맞게 연쇄 개발하는 방식으로 추진할 계획이다. 그리고 포시에트만 일대 개발계획도 기존 계획안(GTI)

을 뛰어넘는 스마트형 신산업 도시개발 계획으로 추진할 예정이다.

① 크라스키노 : 스마트신도시개발지구(훈춘—하산역—블라디보스토크로 갈라지는 교통 요충지, 안중근 의사 단지동맹 유적지, 최재형 선생 독립군양성훈련장 소재지) ② 포시에트항 : 주변 해안 국제 관광위락 리조트 개발지구(발해 5경 중 동경 용원부가 있었던 곳, 일본 및 신라와 무역) ③ 자루비노항 : 국제물류 산업개발 지구(컨테이너 부두 확장 및 자동화 설비 물류단지 조성, 배후에 보세가공 산업단지 확충)를 하나의 신산업 벨트로 연결하는 구상이다.

즉 3개 개발지구를 포시에트만의 반달형 지형을 따라 벨트형으로 연계하면서 20만 명 인구를 수용하는 스마트형 신산업 도시로 개발할 계획이며, 이 지역을 연해주 선도 개발구역 가운데 국제 관광물류 중심 경제특구형 변경도시로 발전시켜, 푸틴 대통령이 국가전략 차원에서 추진하고 있는 극동개발 정책에 새로운 효시적 개발사업의 하나로 관심을 두도록 만들 생각이다. 다만 여기에 필수적으로 요건을 갖추어야 할 항목이 있으니, 곧 트라이 포트(Tri-Port) 개념으로서의 항만, 철도, 공항이 동시에 연결되는 복합 터미널형 플랫폼 구축이다.

동북아공동체문화재단의 비전

여기서 지금까지 한 번도 제안하거나 구상해보지 않았던 접경지 3국 간 공용 국제공항(가칭 '극동공항, Far East International Airport') 건설 계획을 키 플랜(Key Plan)으로 제안코자 한다. 공항 위치는 하산역이 있는 녹둔도(이순신 장군의 임지) 일대다. 활주 공간이 충분한 개활지

이며, 주변에 호수들과 동해안 백사장이 연결된 천혜의 경관 지역이다. 그동안 UN에서 추진해온 두만강 유역 소삼각 지대(Golden Triangle)의 중간 지점인 하산에 국제공항이 들어서게 함으로써, 동북아 3국이 접경해 있는 두만강 유역 일대 교통 및 국제 경협 여건을 획기적으로 일신시킬 수 있는 계획을 세우고자 한다.

그리고 이런 구상을 가능케 하는 성공적 사례를 한 곳 제시하겠다. 즉 프랑스, 스위스, 독일 3국이 접경하는 곳에 세워져 연간 4백만 명이 이용하는 명소가 있으니, 곧 바젤국제공항(EuroAirport Basel-Mulhouse -Freiburg)이다. 위치는 프랑스 땅에 있지만, 공항 이름은 스위스 말이다. 그리고 독일인들이 가장 많이 이용하는 공항이다. 그리고 그 공항은 비행기에서 내리자마자 승객들이 공항 터미널에서 세관은 물론, 가고자 하는 목적지(프, 독, 스위스)로 바로 연결되는 교통편(철도, 버스 등 육로)이 있어서 상대방 국가에 안보상으로 어떤 위해나 부담을 주지 않고 이용할 수 있게 되어 있다. 3국이 함께 공동 관리하는 국제공항으로서 자국민과 함께 상대 국민뿐만 아니라, 외국 관광객들에 이르기까지 모두 안전하고 편리하게 보호 관리할 수 있는 이런 국제공항은, 교통 여건이 매우 불편한 두만강 유역 접경지 같은 데 적용하기 딱 좋은 성공사례라 하지 않을 수 없다.

여기에 또 한 가지 옵션 프로젝트로 연결하고자 하는 게 두만강 유역 해양관광개발사업이다. GTI에서 그동안 여러 가지 사업안을 기획, 추진해 왔으나 모든 길이 막히자, 4~5년 전부터 집중적으로 주력해온 사업이 두만강 하구 및 동해, 포시에트만을 연결하는 3국 접경지 노비자 유람선 관광지 개발 사업이다. 이는 GTI 훈춘 사무실에서 요청하여 연변과기대 건축부(팀장 박세영 교수)가 2년간 용역 실무를 맡았던 프로젝트이다. 나도 연변과기대 건축부 자문위원으로서 이 프로젝트에 간접적으로 참여해 왔다.

지금까지 두만강 유역 관광은 중국 측 육로(방천전망대 진입로)로만 개방되어 있었다. 하지만 이와 별도로 경신진―방천―두만강시(북한) ―두만강 철교―동해―포시에트항―경신진으로 순환하는 유람선 관광지 개발 계획안을 입안하였다. 이는 두만강 유역관광을 입체적으로 공간 확장할 수 있도록 만드는 계획이었다. 이 안을 기획하고 협의할 때 박 교수를 적극적으로 지지, 격려했던 일이 지금도 큰 보람으로 남아 있다.

불행하게도 이 계획안은 러시아의 비협조와 북한에 대한 UN 제재로 인해 햇빛을 보지 못하고 있는 실정이다. 나는 여기에 굴하지 않고 이 계획안을 하산국제공항(가칭) 건설안과 포시에트만 신도시 개발사업, 그리고 두만강 삼각주 국제 생태공원 조성계획과 함께 패키지 사업으로 묶어, 두만강 유역 및 포시에트만 일대가 명실공히 세계적인 국제 관광물류 산업지대로 개발될 수 있도록 노력을 집중할 것이다. 특히 이 지역이 가진 지리적 효능 가치와 개발 가능성을 러시아 당국에 새로운 각도에서 제안(정부 간 대화보다 지자체와 민간 베이스 1.5 트랙으로 운용)하고 설득함으로써 한·러 간 양자 협상의 틀을 실용주의적 판세로 공고히 하고자 한다.

이처럼 러시아 당국의 공감과 협조를 끌어낼 수 있는 합리적이고 창의적인 개발 조건을 연구하는 게 우리 동북아공동체문화재단의 실력이고 임무라 여겨진다. 러시아 당국의 입장을 우선적으로 채택하고, 이를 골간으로 하여 협상해가는 과정에 주변 접경국들의 상대적 이익을 최대한 도모해주는 게 우리들의 Win-Win 전략 패턴이 되어야 한다.

다시 말해 한·러 간 선도 프로젝트로 추진하게 될 '연해주 하산지역의 국제 개발협력 사업'이 러시아에 어떤 이득을 주게 될 것인지에 대한 분석 틀을 만들어야 한다. 그리고 또한 중국과 북한에도 어떤 이득을 줄 수 있는가에 대한 설명이 필요하고, 궁극적으로 우리 정부에도 사업 전반에 관해 납득할 수 있는 대안을 제시해줄 수 있어야 한다. 그래야 장차 각 국가 정부 간 프로젝트로 업그레이드하여 추진할 동력을 얻게 될 것이 분명하다.

이런 과정에 단계별로 진척되는 사항을 사후 보고 형태로 UNDP와 GTI 사업부에 보고하여도 그들은 절대 싫어하지 않을 것이다. 더 이상 다른 방도가 없다고 방치해 놓고 있는 상태이기 때문에 우리의 이러한 제안은 그들의 관심을 끌기에 충분하리라 본다.

▌ 동북아 시대의 새날을 위해

이것이 지금까지 30년을 두고 지켜봐 왔던, 두만강 유역을 중심으로 '환동해권 국제협력 플랫폼 구축'을 위한 다단계 전략의 일환이고 북방 경제 영토 확장을 위한 새로운 희망 사항이다. 희망이 희망으로만 그치면 망상에 불과하겠지만, 그 희망이 조그만 구름이 되어 큰비를 몰고 올 징표로 존중받을 수 있다면, 그 희망은 이미 하나의 위대한 현실이 되어 우리 앞에 '일'로 작용할 수 있을 것이다. 이런 비전을

동북아공동체문화재단(이사장　이승율)은 송영길 국회외교통일위원장과 함께 2020년 10월 28일 국회의원회관에서 '평화·통일의 교두보-북중러접경(하산) 국제공항 건설'이라는 제목의 정책 토론회를 갖고, 북·중·러 접경지대 국제공항 건설의 타당성에 대해 검토한 바 있다.

갖고 전문가 동지들과 함께 그런 '일'을 한번 벌여 보려고 한다.

우선 일차적으로 올해 후반기에 일정 계획을 잡고 국회 외교통상위원회와 같이 '북·중·러 접경(하산) 국제공항 건설정책 토론회'를 가질 예정이다. 그리고 내년 봄에 블라디보스토크를 경유하여 국제공항이 들어설 하산지역을 현장 답사할 계획을 세워놓고 있다. 참고로 3년 전에 본 재단에서는 신북방 정책을 위한 연구총서 『북방에서 길을 찾다』(NEO Nordpolitik)를 출간하기 직전에, 이런 주제와 추진방안을 미리 러시아 당국과 협의하기 위해 블라디보스토크에서 국제 컨퍼런스를 열고 현장까지 답사하여 나데진스키 공단부지와 하산지역(슬라뱐카, 자루비노항, 포시에트항, 크라스키노 등)을 탐방하고 돌아온 바가 있다.

최근에 한 가지 좋은 소식을 들었다. 3년 전(2017년 4월) 본 재단이 주관하여 25명의 산학관 전문가들을 모시고 블라디보스토크에 가서 국제 컨퍼런스를 개최했을 때, 그때 러시아 당국자들에게 나데진스키 선도 개발구역 공단부지에 한국기업 전용 공단조성을 제안하고 협의한 적이 있었다. 이 일이 잘 풀려 그때 함께 갔던 LH(변창흠 사장)가 후속 업무를 진행한 결과, 올 9월에 제6차 동방경제포럼 일정 중에 28개 입주 의향서를 제출한 기업들과 함께 VIP를 모시고 기공식을 할 예정인 것으로 알려졌다. 우리는 길잡이 역할에 불과했지만, 시대적 흐름을 분별하고 그 길목에서 나라와 민족을 위해 최선을 다해온 이들에 겐 하늘이 반드시 새날의 기회를 열어 주신다는 걸 다시 한 번 깨닫게 된 귀한 일이다.

연해주는 북한을 우회하여 북한에 진출할 수 있는 첩경 지대라고 해도 과언이 아니다. 연해주 일대를 동북아 공동번영을 위한 신경제 발판으로 삼고 장차 남북경제공동체의 전초기지로 전략화 함으로써, 대한민국의 발전과 한반도 통일에 이바지할 수 있기를 바라는 우리의 꿈이 하나씩 이루어져가고 있는 듯 감동을 느낀다. 그렇다. 결국 '두만강은 흐른다.' 그리고 두만강 유역 개발사업도 언젠가 반드시 다시 추진될 것이다.

그날 우리 함께 하산국제공항에 도착하여 유람선을 타고 두만강과 동해와 포시에트만을 유유히 유람하며 동북아 시대의 새날을 맞이해 보자. '발해의 꿈'이 열리는 서막의 현장—'동북아 자연경제권'의 길목에서 한반도의 새 지평을 열어가는 놀라운 꿈이 생생한 현실로 다가오는 그 날을 위하여 우리 함께 수고하며 힘껏 뛰어나가자.

RESTORING POWER IN MY LIFE

'울돌목 리더십'으로 난국을 돌파하자

조류의 흐름을 읽어라. 길목을 지켜라. 실전 도구를 갖추라.
전력투구하라. 이웃과 상(賞)을 나누라.

장마로 날씨가 습하고

우울해지기 쉬운 주말(7. 19) 오후, 이리저리 유튜브 서핑을 하다가
차마 그냥 넘길 수 없는 방송을 들었다. '김정봉의 안보 Focus'에 "이순신
장군이 관노(官奴)와 성관계 했다고?"라는 선정적인 제목이 떴다. 도대
체 무슨 일인가 싶어서 방송을 자세히 들어보다가 치밀어 오르는 분노를
삭일 수가 없어 눈물이 찔끔 날 뻔했다. 내용인즉, 7월 11일 고(故)
박원순 지지자가 온라인 커뮤니티 게시물에 이런 글을 올렸다고 한다.
"난중일기에서 관노와 수차례 잠자리에 들었다는 구절 때문에 이순신이
존경받지 말아야 할 인물인가요?"라는 유도성 질문을 한 후, "사람의
업적을 평가할 때 공이 많으면 일부 흠결은 문제가 없다."라는 식으로
박원순 전 시장의 성추행 건을 옹호하고 나섰다는 것이다.

다시 말해 이순신 장군이 백의종군하던 중에 여산에 있는 관노의

집에서 며칠 묵게 됐는데, 이를 의도적으로 왜곡하여 관노와 잠자리를 같이 했다는 식으로 설명을 하고, 이순신 장군 같이 업적이 큰 사람도 이런 실수가 있었으니 박원순 전 시장의 여비서 성추행은 그가 세운 수많은 업적에 비하면 큰 문제가 아니니 이 정도 선에서 넘어가자는 주장을 폈다고 한다. 이를 두고 충무공 고향인 아산지역의 이명수 국회의원이 7월 14일 긴급 기자회견을 열어 이순신 장군을 폄훼한 이런 악의적이고 정치 편향적인 주장을 신속히 사과하고 정정토록 요청했다는 것이다.

진영논리의 폐해

아무리 가짜뉴스와 왜곡 보도가 범람하는 시대에 살고 있다고는 하지만, 이런 거짓 선동은 그 도를 지나쳤을 뿐만 아니라, 이 나라 국토와 명운를 지켜준 충절의인을 모독하고 유린한 극도의 패륜이라고 하지 않을 수 없다.

막강한 전력으로 밀어닥친 왜군(수군)을 막아낸 후 후방지역을 더 안전하게 지키려고 애썼던 이순신 장군을 모함하여, 한양으로 불러와 온갖 고문을 가한 다음, 겨우 그 목숨을 살려주고 백의종군케 했던 사람들—선조왕의 치졸하고 시기심 많은 지도력도 문제지만 나라의 존망이 극히 위태로운 시점에도 진영논리에 빠져 정치 패권에만 골몰했던 조정 백관들—의 그 추악한 당파싸움을 생각해 보라!

그런 사람들의 틈바구니에서 겨우 목숨을 구한 이순신 장군이 백의종 군하여 전장으로 가던 도중에 여산에서 관노의 집에 며칠 묵었다는 기록을 '난중일기'에 남겼는데, 그 말을 비틀어 관노와 성관계를 했다고 엽기적인 거짓말을 퍼부어댄 네티즌은 도대체 누구인가!

그도 결국은 이 시대 대한민국의 최대 현안인 패권적 '진영논리'에 매몰된 정치 모리배 중의 한 사람이 아닌가! 내 편을 위해서라면 온갖 모략으로 대중을 기만해도 상관없으며, 그렇게 해서 세가 커지면 그 세도를 등에 업고 백주에 보란 듯이 노골적으로 '정치적 횡포'를 부려도 아무도 말릴 수 없게 되어버린 대한민국의 현실이, 마치 이순신 장군을 실컷 두들겨 패놓고 '백의종군'으로 내닫게 한 것과 똑같이 느껴져서 너무나 참담한 심경이 든다.

아! 충무공 이순신 장군의 영정 앞에 머리를 조아리고 나 혼자라도 나라와 민족을 대신하여 석고대죄하고 싶은 마음이 불같이 일어난다. 내가 왜 이다지 심할 정도로 분노하느냐 하면, 충무공이 장수로서 전략과 실전 능력의 뛰어남도 있지만, 백의종군 이후 복직이 되었을 때 겨우 13척의 배(판옥선)만 남아 있는 것을 탓하지 않고 오직 신명을 다해 승전에 이르기까지 선봉에 서서 헌신적으로 군사를 이끌었기 때문이다. 대의를 위해 자신의 모든 것을 내려놓은 그분의 위대한 인격은 지금도 내 마음속 깊이 자리 잡고 있다.

그리고 국민들의 마음에도 한결같은 생각으로 자리 잡아 있다고 믿기에, 그를 폄훼하는 어떤 엉터리 수작도 더 이상 방관할 수가 없다는 각성이 들었다. 더욱이 나는 이순신 장군의 리더십('울돌목 리더십')을 대학생들에게 여러 차례 강의하고 가르쳐온 바가 있기에, 그분의 리더십을 통해 무너지고 있는 나라의 안전과 국운을 다시 바로 세울 수 있으면 좋겠다는 절박한 사명감을 늘 가져왔다.

울돌목 리더십의 수칙

한국인으로서 충무공 이순신 장군에 대해 모르는 사람이 있을까? 누구나 다 어릴 적부터 수없이 듣고 교육을 받아왔다. TV나 영화를 통해서도 누누이 익힌 바다. 이순신 장군의 리더십에 대해서도 여러 관계기관이나 전문가들의 강의를 통해 충분히 보급되어 왔다. 그럼에도 불구하고 내가 새삼스레 이순신 장군의 행적을 두고 '울돌목 리더십'이라는 제목을 달고 청년들을 지도하는 이유는, 남다른 체험을 통해 깨닫고 결단한 특별한 '의미 깊은 사연'이 있기 때문이다.

우리 회사(반도환경개발주식회사)가 해남군과 진도군을 연결하는 '진도연육교'(현재는 '진도대교'로 부른다.) 공사에 참여한 기간은 1984년 3월부터 약 8개월 정도였다. 현대건설이 수주한 공사에 준공 대비공사 하도급(공원 조성 및 부대시설 공사) 업체로 참여했는데, 당시 이 연육교는 울돌목 해협을 잇는 한국 최초의 사장교로 길이 484미터, 너비 11.7미터에 이르며, 1980년 12월에 착공, 1984년 10월에 완공된 공사였다. 회사 대표인 나는 매월 기성금 수령 및 현장 독려를 위해 한 차례씩 고정적으로 현장을 방문하곤 했다. 직원들은 현장 부근에 있는 우수영 마을에서 민박했고, 나는 출장을 갈 때마다 직원들과 같이 며칠씩 지내다가 광주를 거쳐 서울로 돌아오곤 했다.

그때 새벽마다 공사 현장이 있는 울돌목 해협을 남보다 일찍 찾아가는 게 큰 낙이었다. 왜냐하면 거기에 가면 명량해전을 진두지휘했던 이순신 장군을 만날 것 같은 환상과 감동이 있었기 때문이다. 그 울돌목 해협 언덕 위에 올라서서, 좁은 해로를 따라 '우르릉' 소리(썰물 때 물결이 해벽에 부딪혀 요란한 울음소리같이 들리므로 명량(鳴梁)이라 불렸다.)를 내며 빠르게 흘러가는 물살을 보고 있노라면, 내 온 전신이 큰 경련을 일으키듯 떨려온다. 가슴이 뛰고 피가 뇌리 속으로 뜨겁게 역류하며 어떤 강하고 역동적인 힘이 느껴진다. '역사의 혼'이 심령을 관통하며 하늘로 높이 솟구치는 듯한 환상이 새벽을 깨우며 눈앞에 다가온다.

　나는 자지러지게 놀라며 무릎을 꿇고 땅에 주저앉을 때도 있었고,

울돌목 물살을 내려다보며 고뇌하는 이순신. 저 멀리 진도대교가 보인다. (사진 조선일보)

때로는 두 팔을 위로 뻗은 채 목이 터져라 짐승이 우는 듯한 소리를 내며 고함을 친 적도 한두 번이 아니다. 왜 그랬을까? 평소에 하지 않던 행동을 그 자리('울돌목 해협')에 가기만 하면 그렇게 미친 사람처럼 변하게 되는 연유는 어디에 있었을까? 그 답은, 충무공 이순신 장군의 혼령이 여전히 그 자리에 지금도 살아 있다고 믿어졌기 때문이다. 나는 그렇게 믿었던 것이다.

　거기 '진도연육교' 건설 현장

에서 깨닫고 마음에 새겨진 바를 그 후 수십 번 곱씹고 되새겨 정리한 것이 '울돌목 리더십'이다. 이순신 장군이 치른 모든 해전에 공통되게 나타나는 원칙적인 행동수칙이라고 할 수 있는데, 그것이 가장 극명하게 잘 드러난 전장이 명량해전의 울돌목이다. 나는 감히 충무공의 명량해전을 회고하면서, 이런 다섯 가지 행동수칙으로 '위대한 승전의 이치'를 정리해 보았다. **"조류의 흐름을 읽어라, 길목을 지켜라, 실전 도구를 갖추라, 전력투구하라, 이웃과 상(賞)을 나누라."**는 수칙이다.

▶ 이순신 장군과 그의 휘하 장졸들은 울돌목 해협이 지형적으로 폭이 좁고 수심이 얕은 데다 조수 간만의 차이로 하루에 네 번 흐름을 바꾸며 급물살을 이룬다는 사실을 평소에 잘 알고 있었다. 이 조류의 흐름을 최대한 이용한 전술이 승전의 최적 요건이 된다.

▶ 그런 조류의 길목에 포진하고 있다가 몰려오는 적선을 유도해 학익진을 펼치며 역습을 가함으로써, 우왕좌왕하는 적을 일거에 맹공격하는 전술은 명량해전의 백미라고 하지 않을 수 없다.

▶ 그리고 전쟁은 작전과 투지만으로는 승리할 수 없다. 반드시 우량한 실전 무기와 장비들이 필요하다. 평상시 충무공은 적선이 아군에 가까이 접근하지 못하도록 먼저 화포 공격으로 선제공격한 후, 적이 교란되면 거북선을 앞세워 적진을 파고드는 전술을 많이 사용했다. 이런 전술에 필요한 화포와 장비를 평소에 많이 비축하고 훈련시켜온 게 승전에 불가결한 요소가 되었다. (* 이순신 장군이 파직당한 후 뒤를 이어 수군통제사가 된 원균이 칠천량 해전에서 왜군의 교란작전에 말려 대패했을 때, 판옥선 100여 척과 거북선 3척까지 침몰되는 피해를

입었기 때문에 명량해전에서는 거북선을 앞세울 수 없었다.)

▶ 그런 다음 본인이 직접 선봉에 서서 대장선을 앞세우고 적진을 향해 돌진해 나아감으로써, 아군의 편대가 일사분란하게 움직이도록 이끌었으며, 군사들의 사기를 드높이고 그들로 하여금 사생결단으로 전력투구하도록 만든 게 또한 승전의 가장 큰 동력이 되었다. (* '必死卽生 必生卽死'는 충무공 정신의 요체다.)

이상 정리한 것과 같이, 만일 이렇게만 싸우면 패할 전쟁이 어디 있겠는가! 결과적으로 이순신 장군은 임진왜란 해전을 통하여 단 한 번의 패전도 없이 전승을 기록했다. 세계 해전사상 두 번 다시 찾아볼 수 없는 위대한 승전의 기록을 민족의 유업으로 남겼다. 그러나 충무공의 위대한 승전은 여기서 그치지 않는다.

▶ 전투를 승리로 이끈 다음 충무공은 명량해전의 전과와 업적을 자기의 몫으로 하지 않고 명나라 장수 진린(陳璘) 제독에게 대거 양도했으며, 장궤를 올릴 때도 승전의 대부분을 선조(宣祖)의 위업으로 삼도록 했다. 그리고 휘하의 장졸들과 지역 농민에 이르기까지 이번 전투에 참여한 모든 백성에게 그 공을 돌리고 치하했다. 위로는 왕으로부터 아래로는 만백성에 이르기까지, 그리고 조선을 돕기 위해 파병 온 명나라 군사에 이르기까지 때를 놓치지 않고 보상함으로써, 군신관계와 동맹 의지를 돈보이게 하였다. 이러한 충무공의 충직한 의리와 배려의 정(情)은 일개 장수로서의 위상을 뛰어넘어, 정치 지도자로서의 품격과 역량을 드러낸 일이라 하지 않을 수 없다.

나는 위에 열거한 다섯 가지 덕목을 한데 묶어 이순신 장군의 '울돌목 리더십'이라 명명하고, 청년 대학생들을 만날 때마다 그 옛날 '진도연육교' 건설 현장에서 가졌던 특별한 체험을 상기하며, 이순신 장군과 함께 명량해전에 참전했던 사람이라도 된 것처럼 의기양양하게 무용담을 늘어놓는 것을 평생의 큰 영광으로 삼아왔다.

『누가 이 시대를 이끌 것인가』

이순신 장군이 나의 후반전 인생에 미친 영향은 참으로 크다. 1990년 우연한 기회에 중국 연변과학기술대 설립에 동참한 이후, UNDP 프로젝트(두만강유역개발사업)에 관심을 갖게 되면서부터 나의 모든 사고와 행로는 거의 이순신 장군의 '울돌목 리더십'을 핵심으로 전개되어 왔다고 해도 과언이 아니다. 더군다나 두만강 유역의 녹둔도(현재는 러시아 연해주 하산군에 속함)는 김종서 장군의 6진 개척 이후에 자리 잡은 최전선 국방 경비지역이며, 이순신 장군이 조산보 만호(造山堡 萬戶 : 종4품)로 근무했던 장소가 아닌가!

연변과기대 사역을 기반으로 길림성과 연변조선족자치주가 공동 주최하는 '두만강개발국제포럼'에 학교 대표로 참여하고 또한 수시로 두만강 유역에 있는 3국 접경지를 답사하는 과정에 차츰 한반도 및 동북아 지역의 정세 변화와 이를 둘러싼 환태평양 국제관계의 큰 흐름을 이해하는 눈이 뜨인 셈이다.

그 후 '아세안+3'의 후속 과제로 추진된 한·중·일 산학관협력프로젝트인 '환황해경제기술교류회의'에 매년 한국 대표의 일원(비즈니스포럼)으로 참석했고, 이런 경험들이 쌓여 평양과기대 설립을 계기로

'동북아공동체문화재단'이라는 싱크탱크를 결성(2007년)하게 됐을 뿐만 아니라, 나중에 한·중·일 3국 협력사무국(TCS)이 성립되는 과정에 민간 협력기관의 하나로 유대관계를 맺게 된 것은, 동아시아 지역의 국제정세 변화의 흐름을 익히는 데 결정적 기회를 제공해 주었다.

한마디로 말해, 20세기 후반부터 중국의 부상과 함께 일어난 세기사적 지각변동, 즉 2천 년에 걸쳐 지중해—로마—유럽—대서양—미국—태평양을 거쳐 마침내 동북아 지역(한·중·일 중심)에 이르기까지 세계경제 및 안보의 큰 틀이 변화되어 온 역사를 공부하는 과정에 내 나름대로 동북아 경제공동체(한·중·일 FTA 중심) 비전과 함께 한반도 중심축 국가론에 대한 기본구상을 갖추게 되었다.

그 역사 발전의 변곡점을 지켜보면서 길목에 서서 남북한 통일 문제와 유라시아 광역 교통망 및 자원개발 협력사업을 논의하고, 마침내 북극항로에 대비하는 환동해경제권을 위한 플랫폼 구축사업(하산 국제공항 및 포시에트만 일대 신도시 건설사업)을 기획하는 단계로까지 발전해왔다. 그리고 이 모든 동북아공동체 사역의 이면에는 이순신 장군의 '울돌목 리더십'이 뿌리 깊은 나무처럼 깊이 내재되어 있다.

이러한 연구개발 및 국제포럼을 선도하는 데 가장 강력한 실전 무기가 되어준 툴(tool)은 다름 아닌 연변과기대(YUST)와 평양과기대(PUST)라고 고백하지 않을 수 없다. 중국과 북한이라는 양대 공산사회주의 국가에 세운 대학—동북아 연합과 남북한 통일의 고지를 향해 달려가는 '수레의 양바퀴'와 같은 개념으로 작동해온 국제 교육기관—의 설립 및 운영 경험이 더없이 소중한 기초체력이 되었다. 이 두 대학교를 매체로 하여 파생하거나 접속된 각종 연구기관의 협력과 후원기업의 지원 및 첨단기술 교류와 지식재산 육성 프로젝트는, 동북아공동체문화재단을 통해 생산적이고 미래지향적인 '신(新)아시아' 구상을 발전시켜온 근간이 되었다. 그리고 더 나아가 국제협력의 폭을 확장하는 데 결정적 역할을 제공해 주었다.

그와 동시에 오랜 세월 동안 나와 함께 동역해 준 수많은 전문 인력들과 후원자들의 '우정과 격려의 힘'은 그 어떤 어려운 상황이 와도 헤쳐나갈 사명감을 불태우게 해주었다. 집단지성으로 결속된 지혜와 식견을 통해 국제정세의 흐름을 분석하고 대안을 창출하는 데 더할 나위 없는 큰 힘이 되어주었다. 부족한 사람이지만, 그 선두에 서서 비전과 열정의 기치를 앞세우고 전력투구해온 지난 30년 세월을 돌아보면, 참으로 눈물겹도록 고맙고 감사한 분들이다. 그래서 나는 감히 그들을 '평생동지'라고 부른다. 그들과 함께 공저로 지은 전문서적도 여러 권 된다. 『제3의 지평』(2012), 『동아시아 영토 분쟁과 국제협력』(2014), 『북방에서 길을 찾다』(2017), 『린치핀 코리아』(2020) 등이다.

그런 과정에 나도 개인적으로 8권의 책을 썼다. 그중 3권(共生時代, 東北亞時代的朝鮮族社會, 走向大同)을 중국사회과학원에서 감수하여 외교부 소속 '세계지식출판사'에서 번역, 출판을 해주었다. 일본 동경 '論創社'에서도 졸저 『누가 이 시대를 이끌 것인가』를 "韓人が見た東アジア共同体 : 新巨大戰略"이라는 제목으로 번역, 출판을 해주었다.

동북아 연합의 꿈을 제시한 비전 전략서 : 『누가 이 시대를 이끌 것인가』(물푸레, 2009), 중국어판 『走向大同』(세계지식출판사, 2010), 일본어판 『韓国人の見た東アジア共同体』(論創社, 2011)

이 모든 공은 나의 것이 아니라 오랜 세월을 함께 동고동락하며 토론하고 협의해온 연구재단 동료들과 연변·평양과기대 교수들의 도움으로 가꾸어진 '지적 자산'이며, 나아가 개인적으로는 (기업인으로서) 평생 잊을 수 없는 학문적 위업이 되었다. 그래서 나는 늘 이렇게 말한다. "나의 나 된 것은, 첫째는 하나님의 덕분이요, 그 나머지는 모두 여러분들이 만들어 주신 작품이다."라고 치하하기를 주저하지 않는다. 진실로 진실로 감사한 일이다.

울돌목 리더십으로 난국을 돌파하자

이순신 장군의 '울돌목 리더십'을 현대 한국사회에 적용해 보면 어떤 대안이 나올 수 있을까? 급변하는 국제정세의 흐름을 재빨리 간파하고, 거기서 우리 대한민국이 취할 수 있는 가장 유리한 길목을 지키며, 적 또는 공략해야 할 (또는 협상해야 할) 상대를 일시에 제압할 수 있는 대안은 무엇일까? 지속가능한 신기술 발전 및 제도적 장치와 인재집단 등을 집중 개발하여, 국민들로 하여금 전력투구케 함으로써 소기의 목표를 달성하도록 하고, 마침내 이 모든 성과를 주변 국가 및 협력 기관들과 함께 공히 나눔으로써, 더 큰 결속력을 다지는 방략이 이 시대 국제 경쟁사회에서는 무엇보다 중요하고 유용한 전략·전술이 되지 않겠는가!

이와 같은 대안을 국가전략적 차원에서 개발하고 체계화할 필요가 있을 것인데, 나는 능력이 부족하고 아둔해서 이런 일에 나설 만한 자격이 없다. 다만 작금의 정치적 상황을 바라보면서 다시 한 번 내 마음에 가다듬어지는 생각은, 우리가 더 늦기 전에 집권 정치 지도자들에게 국민청원을 통해서라도 미래지향적이고 거국적인 관점에서 제3의 '선진화 국가전략'을 세워 달라고 강력히 요청해야겠다는 것이다. 이 생각은 헤겔의 변증법적 논리를 기본으로 하여 그 체계적 토대를 만들 수 있다고 보는데, 그 이유는 '正(긍정: 산업화), 反(부정: 민주화), 合(부정의 부정: 선진화)으로의 역사 발전'이 문재인 정부가 꾀할 수 있는 가장 진보적이고 명예로운 길이 아닐까 하는 판단이 들었기 때문이다.

어느 사회든 또한 어느 시대든 절대 독재는 절대적으로 부패했고, 독선적 이념은 결국 '독약과 같은 선물'이 되어 자신과 자신을 둘러싼 모든 사람에게 부메랑으로 돌아와 역습하는 것을 많이 보아왔다. 현 정부가 이러한 악순환과 독선적 이념을 되풀이하는 패권적 '진영논리의 덫'에 빠지지 않고, 문재인 대통령이 말한 대로 '이전에 일찍이 경험해보지 않은 새로운 대한민국'의 역사 발전을 희구한다면, 모름지기 우리 사회 모든 구성원이 공감하고 동의해 줄 수 있는 그런 진정한 통합적 윤리사회, 즉 사회적 가치와 개인의 자유가 공존하며 발전하는 나라로 이끌어주어야 마땅할 것이다.

진보 성향의 원로 정치학자인 최장집 고려대 명예교수가 「조선일보」 와의 인터뷰(7월 20일자)에서 현 정부에 대한 소신을 밝힌 것을 의미 깊게 읽었다. 그가 지적한 것처럼, 학생 운동권 세대의 엘리트들이 '자기들끼리 나누어 먹는 승자독식의 판'이 되어서는 안 된다. 진보와 보수의 양극화를 극복하고 진정한 민주주의를 회복하기 위해선 정부 지도층과 각 사회공익 단체의 수장들이 일반국민 대중들과 허심탄회하게 소통하고 대화하는 가운데 '상대방을 최대한 용인하고 배려하는 정치판도'를 현격하게 확대해 나갈 때, 이 목표가 영예롭게 달성될 수 있을 것이라고 본다.

내가 이렇게 말하는 이유는, 내가 보수주의적 견해를 갖고 있다 하더라도 진보주의 세력을 무조건 적으로 돌릴 게 아니라, 그들이 정-반-합의 과정을 거쳐 마침내 대한민국을 선진화 사회로 이끌어주기만 하면, 그들의 주장도 나라와 민족을 구하는 또 하나의 '제3의 길'이 될 수 있지 않을까라는 생각이 들었기 때문이다.

다시 말해 헤겔이 말한 변증법적 역사 발전의 한 과정으로 그들의 존재 이유를 공히 인정해 주는 것이 보수층에도 '그다음의 기회'를 준비하는 '새롭고도 현명한 대책'이 될 것이라는 점을 강조하고 싶다. 만일 그렇지 않고 사회 각 분야에서 여야가 계속 적대적 관계로만 서로 항전을 계속한다면, 결과적으로 망하고 끝장나는 것은 누구인가? 우리 자신과 우리의 후대들이 아닌가! 우리 대한민국이 망하는 것 아닌가!

도대체 우리가 계속 상대방만 비방하며 진영논리에 빠져 있다면, 장차 이 나라의 경제는 누가 살리며, 더군다나 남북한 통일 문제며 해외 7백만 디아스포라 한민족의 미래는 도대체 어디로 흘러갈 것인가! 지금 우리가 이대로 가면 다 같이 공멸할 수밖에 없다는 절박한 위기감을 갖고, 처음에는 다소 오해가 있고 어색한 구석이 있더라도 소통 능력이 뛰어난 보수주의 선수와 진보주의 선수를 내세워 서로 만나고 대화하게 해야 한다. 그리하여 제3의 길(선진화 국가전략)을 모색할 수 있도록 '기회의 창'을 만들어 주는 것이, 국가 지도자들이 해야 할 일이요 국가 원로들이 취할 수 있는 행보가 아니겠는가!

이런 뜻에서 문재인 정부와 집권 정치 지도자들이 비상한 결단과 창의적인 대안을 갖고 선진화 사회를 위한 '선량하고 공의로운 국민 캠페인'을 제3섹타 시민사회 단체(민·관·학 합동기구)가 앞장서 추진할 수 있도록 허용하고 격려하는 특단의 조치를 만들어주면 좋겠다는 생각이 든다. 이러한 국민적 대안이 이순신 장군의 '울돌목 리더십'과 함께 대한민국의 '신사회 윤리운동'으로 널리 확산되기를 희망한다. 그래서 G2 및 신흥국과 선진국 간의 갈등이 격화되고 있는 국제정세에 능동적으로 대처할 뿐만 아니라, 남북한 대결구도 및 코로나19 사태로 인한 사회적 부작용을 극복하고, 우리 내부에 독버섯처럼 퍼져 있는 포퓰리즘에 영합하는 각종 비리 행위 등을 우리 스스로 이겨낼 수 있는 자정(自淨) 능력을 빨리 회복하기를 바란다. 이런 희망과 능력이 합목적으로 결속되면, 이는 진정한 의미에서 선진국을 향한 국민의 내적 역량을 강화하고 고양하는 방안이 될 것이며, 나아가 보수주의를 수용하는 진보적 정치 발전의 큰 기회가 되리라 믿어 의심치 않는다.

이런 전향적 대안을 갖고 우리들 앞에 총체적 위기로 몰려온 난국을 돌파해 가는 일이 현 정부에 남겨진 가장 중요하고 시급한 과제라 여겨진다. 이를 위해 특별히 전하고 싶은 어록이 하나 있다.

"새는 양 날개로 난다. 결코 한쪽 날개로는 날아오를 수 없다."

그렇다. 좌우 양 날개를 퍼득이며 드높은 푸른 창공으로 비상하는 대한민국의 미래가 되기를 전심으로 바라며, 오늘도 이순신 장군의 혼령이 살아 숨 쉬고 있는 명량해전의 현장으로 날아가 그와 함께 나라와 민족을 위한 특단의 결의를 다짐하는 꿈을 꾼다.

RESTORING POWER IN MY LIFE
대한민국 국력 강화법

21세기 초일류 국가의 고지를 향해 힘차게 전진하는
청년들의 행군을 속히 보고 싶다.

75주년 광복절을 맞으며

많은 생각이 꼬리에 꼬리를 문다. 얼마 전 미국에서 대학교수로
있는 여동생이 일시 귀국하였는데, 지방에서 2주간의 자가격리를 마친
후 광복절 전날 상경했다가 광복절 당일에 다시 지방으로 내려간다고
했다. 초청받은 광복절 행사도 있지만 동생을 먼저 만나 보는 게 도리라
는 생각이 들었다. 그날 밤 우리 집에서 치과 원장 동생 내외와 함께
모처럼 형제자매들이 정다운 얘기꽃을 피웠다. 정치 얘기는 한 마디도
나누지 않았다. 다들 하고 싶은 얘기가 많았지만 서로 함구했다. 그렇다
면 나는 국내정치에 이토록 소극적이고 무책임한 존재였던가?

아니다. 나도 국민의 한 사람으로 최소한 갖추어야 할 정치적 소신은
갖고 살아가고 있다. 그래서 그랬나? 실은 광복절 한밤중에 일어나

이 글을 쓴다. 도저히 잠이 오지 않아서 뒤척이다 결국 일어나고 말았다. 내가 애국자라서 이러는 게 아니다. 명색이 일제 치하로부터 해방을 맞은 날인데, 나라와 민족을 위해 잠시라도 하나님께 마음을 터놓고 간구하는 시간을 가져야 하지 않겠는가 하는 절박한 심정이 들었기 때문이다.

무엇을 어떻게 기도해야 하나? 이런 생각 저런 생각 끝에 지난해 출판했던 졸저 『길목에 서면 길이 보인다』를 꺼내 들고 몇 장을 뒤적이며 읽다가 '대한민국 근현대사의 두 기둥—한·미동맹과 한국기독교'란 글에 시선이 꽂혔다. 아! 그렇다. 우리가 가야 할 길은, 누가 뭐라고 해도 이 두 기둥을 붙들고 가는 길이 되어야 하겠구나 하는 생각이 다시 한 번 솟구쳐 올랐다. 거기에 더하여 이젠 그 두 기둥 위에 '린치핀 코리아'란 지붕(한반도 중심축 국가론)을 올려 세우는 일이 앞으로 내가 해야 할 일이 아닐까 하는 사명감이 솟구쳤다. 비로소 조금 안심이 되고 안도감이 생겼다. 그렇다. 사람이 한 시대를 살아간다는 건 결국 그 시대의 정치사회적 책임을 떠안고 살아간다는 의미이기도 하다. 나도 이젠 더는 외면할 수 없는 대한민국의 현실을 떠안고 그 짐을 함께 지고 가는 게 국민 된 도리를 다하는 일이라는 생각이 들었다.

▌한·미동맹이 걸어온 길

IT 기술산업의 3대 요소는 기본적으로 하드웨어, 소프트웨어, 콘텐츠로 구성된다. 이런 구조적 요소를 대한민국의 근현대사에 적용해 본다면, 하드웨어 역할은 단연코 한·미동맹이 근간을 이루어 왔다고 해도 과언이 아니다. 한국은 1882년 고종이 미국과 수교를 맺었지만, 열강의 세력 판도에 휘둘리다 마침내 일제 강점기를 맞았고, 그 후 해방된 지 불과 몇 년도 안 되어 소련의 사주를 받은 북한으로부터 무력 침공을 받아 절체절명의 위기에 놓였다가, 미군을 중심으로 한 유엔 연합군의 참전으로 가까스로 나라를 지키게 되었다. 그런 과정에 1953년 이승만 대통령은 중공군과 북한군, 유엔군 간에 정전협정(7. 27)이 맺어지자 그 다음 달, 미국을 몰아 세워 마침내 1953년 8월 8일 한·미상호방위조약을 체결(가조인)했고, 그해 10월 1일 공식 조인을 했다.

6.25 전쟁 직후, 대한민국과 미국 사이에 체결된 군사동맹 조약은 그 후 한·미동맹의 상징이자 기반으로서 오늘날까지 대한민국의 정치, 외교, 경제, 사회, 교육, 문화, 과학기술 등 온갖 영역에 지대한 영향을 끼치며 국가 발전의 토대가 되어 주었다. 예컨대 굳건한 안보태세 아래 자유 민주주의와 시장경제 체제를 구축하는 데 견인차 역할을 하였다. 나아가 이를 통해 현대적인 국가 발전과 번영을 꾀하는 동시에, 유학 및 기업의 해외 진출 등 글로벌 지평을 열어 가는 데 획기적인 도우미 역할을 해주었다.

그러나 한·미상호방위조약을 이끌어 내기까지 당시 이승만 대통령이 겪어야 했던 수모와 굴욕은 말할 수 없이 컸다. 한국군 단독의 북진통일을 주장하고, "미국은 한반도를 갈라놓은 배신자, 자유 통일은 미국의 의무"라고 외치며 마침내 반공포로 석방을 단행하여 판문점 휴전회담을 중단시키려 하자, "이승만을 죽이라"라는 처칠과 아이젠하워와 맞서 목숨을 걸고 싸운 일화는 유명하다. 결과적으로 그토록 동맹을 기피하던 미국을 굴복시키고 상호방위조약을 맺었을 뿐만 아니라 대규모 원조까지 받아낸 이승만 대통령의 외교적 역량과 전략은, 그 후 한국을 부강의 길로 이끄는 위대한 길잡이가 되어 주었다. 그렇게 어렵사리 이룬 한·미상호방위조약이 지금 이 시대에 이르러서는 미국 스스로 한·미관계를 '린치핀 동맹'이라고까지 치켜세우며 협력을 구하고 있으니, 실로 감개무량하다. 소련 해체 후 급부상한 중국이 G2 신냉전을 벌이며 미국을 공격적으로 밀어붙이고 있다. 미국이 이런 중화주의(中華主義)의 팽창을 저지하고 남중국해 자유항로를 지키기 위해 '인도-태평양전략(Indo-Pacific Strategy)'으로 미국과 일본의 안보영역을 수호하는 최전선 보루로 한국을 이용하겠다는 전략을 펴고 있으니, 이 또한 역사의 아이러니가 아닌가?

그런 도중에 문재인 정부가 들어선 이후, 반일감정이 국내 여론에 영향을 끼쳐 정치적 이변이 속출하면서 한·미동맹에도 금이 가기 시작한 것은, 또 하나의 국가적 위기가 아닐 수 없다. 일본 아베 정부가 '백색국가' 리스트에서 한국을 제외했고, 또 한국의 '지소미아(GSOMIA, 한일군사정보보호협정)' 종료 결정 및 일본군 위안부와 강제동원 피해자에 대한 배상 문제 등 악화 일로를 걸어온 한·일관계의 여파는 한·미동맹에도 심각한 적신호를 보내고 있다. 무엇보다도 3차에 걸친 북미정상회담이 있었음에도 북한 비핵화 및 남북 교류협력 문제를 다루는 입장에서 여전히 많은 이견과 불협화음을 노정하고 있는 것은, 상호신뢰가 생명인 한·미동맹의 진로에 어떤 악재를 몰고 올지 자못 염려가 크다.

한국기독교의 성장과 근황

구한말 한·미수교가 있은 지 3년 후인 1885년 4월 5일 부활절 아침, 해외 선교사로선 처음으로 언더우드(미국 장로회)와 아펜젤러(미국 감리교)가 인천 제물포에 도착했다. 이후 미국, 캐나다, 영국을 위시한 많은 서구 선교사들이 이 땅에 들어와 일제 강점기 및 해방과 6.25 전쟁을 거치면서 동고동락하는 가운데 대한민국의 성립과 발전에 지대한 영향을 끼쳤다. 사회 각 분야에 필요한 소프트웨어 기능을 발휘하며 한국사회 전반에 걸쳐 신사회 기풍과 희망을 진작시켰다고 해도 과언이 아니다. 여기서 특별히 강조하고 싶은 사항은, "한국은 참으로 복을 많이 받은 나라다."라는 점이다.

중국의 '아편전쟁'을 한번 비교해 보라! 대부분의 나라에서 선교사들이 제국주의의 앞잡이 노릇을 하면서 상대국을 파탄에 빠뜨린 경우가 적지 않았다. 반면에 한국(조선)에 들어온 선교사들은 낡은 관습과 탐관오리의 만행에 신음하고 있는 민중을 계몽하고 구제하기 위해 교육(학교 설립)과 의료지원(병원 설립) 및 빈민층 구제(보육원, 사회복지관 설립) 활동에 치중하는 한편, 공개적으로 일제의 폭정과 비리에 저항하며 조선의 독립을 위해 헌신한 공이 너무나 컸다. 또한 이후 한국전쟁의 참상을 겪는 가운데 자신의 안전을 불사하고 피난민을 돌보면서 온 세계를 대상으로 구호와 원조의 손길을 끌어오는 등, 눈물겨운 첨병 역할을 했다. 한마디로 한국과 한국인의 입장에서, 기독교적 본분에 충실한 복음주의 선교 활동을 실천한 것이다.

이것이 해방 및 6.25 전쟁 이후 한국을 급성장시키는 기폭제가 되어 주었다. 즉 이들의 협력에 힘을 입은 한국 각 계층의 리더들(특히 정치, 교육, 경제, 의료, 문화, 기술 분야 지도급 인사들)이 열린 마음으로 기독교계가 추진하는 각종 사회봉사 및 구제 활동에 참여했으며, 또한 신앙인으로 기독교에 입문하는 등 한국사회 전반에서 기독교를 적극적으로 수용하는 분위기를 이룸으로써, 급기야 세계에 유례없는 교회 성장과 기독교 부흥을 가져온 것이다. 물론 여기에는 선교사들로부터 제자 훈련을 받거나 국제 선교단의 지원을 받은 한국 교역자 및 기독 단체들의 수고와 헌신은 말할 것 없이 컸고, 또한 국가 행정적 차원에서도 많은 혜택과 지원이 있었음도 사실이다.

아무튼 구한말 한·미수교와 함께 전래해온 기독교의 선교 활동을 통해 서구식 신교육과 의료 및 빈민층 구제사업에 힘입은 바는 세계선교 역사상 가장 성공한 업적으로 평가받고 있다. 이런 과정의 연장선상에서 한국기독교는 그 후 시대사적 변천, 즉 산업화와 민주화의 흐름을 타고 대한민국 역사 발전에 때로는 저항하면서, 때로는 선도적으로 참여하면서 함께 성장해 왔다.

그런데 이제 그 성장이 '기득권의 덫'에 걸려 한 치 앞을 내다볼 수 없는 한계에 부닥쳐 있다. 교회의 대형화, 조직화, 세속화 및 난립 분파 현상에 따른 부작용으로 점차 그 본질적인 복음주의 정신이 쇠퇴하고, 물질만능주의와 정치사회적 권력에 편승하는 경향에 빠져들면서 한국기독교 전체가 무기력해지거나 불량해지고 있다. 한마디로 영적 타락과 퇴보를 거듭하고 있다고 진단할 수밖에 없다.

한국기독교의 위기는 오늘날 현 정국에서도 여실히 나타나고 있다.

며칠 전부터 광복절 광화문 집회에 보수 측(우파) 기독교인들이 많이 참석할 것이라는 정보가 여러 군데서 들려왔다. 그리고 각 교회의 목회자와 중진들 가운데는 진보 측(좌파) 인사들도 많이 포진해 있다는 게 또한 각 교단 당국자들의 분석이다. 이것은 무엇을 의미하는가? 신앙적 본질, 즉 예수 그리스도의 복음을 중심으로 한마음의 신앙공동체로 뭉쳐 있어야 할 교회가 정치적 이념편향과 진영논리로 좌우 대립양상을 보이며 혼재해 있다고 밖엔 설명할 길이 없다. 결국 지금의 한국교회는 한마디로 말해, 종교적 예배를 제도화해 놓은 사회단체의 하나로 전락해 버리고 말았다고 해도 틀리지 않을 것 같다.

한반도 중심축 국가론('린치핀 코리아')

'린치핀(Linchpin)'은 수레나 자동차 바퀴가 빠지지 않도록 축에 고정하는 핀으로, 오바마 정부 때부터 한국을 지칭하는 외교 용어로 사용해 왔다. 그리고 '린치핀 코리아'는 대한민국이 동북아의 평화와 안정은 물론, 공동번영의 중심축 국가로 우뚝 서는 것을 의미한다. 우리 동북아공동체문화재단에서 동일 제목의 책(공저)을 출간한 지 이제 약 5개월이 지나고 있다. 그동안 몇 차례의 세미나와 포럼을 거치면서 많은 지식인과 대학 및 관련 (연구)기관으로부터 큰 반향을 불러일으키고 있다.

총 14명의 전문가가 6개 분야(여섯 개의 축)에 집필진으로 참여하여 1년여 동안 심층 토의와 치열한 논쟁을 거쳐 배태한 국가전략서다. 집필진 가운데는, 소위 말하는 진보 측 인사도 있고 또한 보수 측

인사도 있으며, 이 두 진영을 소통시키며 합목적적인 대의를 이끌어 내고자 애쓴 중도적 인사도 함께 참여해 있다. 나는 재단의 대표자로서 늘 제3의 중도적 입장에서 좌우를 아우르는 미래지향적 국가전략을 이끌어 내고자 애를 써온 셈이다.

한반도 중심축국가 건설을 위한 로드맵
(동북아공동체문화재단 연구총서, 2020)

이 책의 구성은 서문과 6대 추진 전략, 정책 제안과 한반도 중심축 추진 로드맵으로 이루어져 있다. 그 가운데 핵심 부분인 6대 추진 전략은, '한·미동맹과 다자안보 병행', '북한 비핵화', '남북경제공동체 건설', '한반도 물류중심축 구축', '평화협정 체결 및 법체계 정비', '갈등구조 해소와 통일 교육' 등으로 짜여 있다.

이를 한 문장으로 요약하면, 대한민국이 동북아 주변국 간의 국제협력(한·미동맹과 다자안보협의체)을 기본 틀로 삼아 이 기초 위에 북핵 동결 및 폐기에 상응하는 뉴딜(New Deal) 정책을 도입하여 남북경제공동체와 같은 융합형 신경제 물류체계(New Normal Economic System)를 만들고, 이를 기반으로 한반도가 갖고 있는 지정학적, 지경학적 강점을 최대한 발휘하고 구현함으로써, 명실공히 한반도가 북극항로의 확장과 더불어 동북아 지역의 평화 및 변영에 중심축 역할을 하도록 이끄는 콘텐츠의 집적체—

'한반도 중심축 통일국가 전략서'—라고 할 수 있다.

말이 너무 거창해졌는가? 그러나 나는 이 국가전략적 대안을 기꺼이 수용하고 신뢰한다. 우리가 아무리 좌-진보, 우-보수로 나뉘어 싸운다고 해도, 결국 한국과 한반도를 떠나지 못하고 한 솥에서 밥을 먹고 살아가야 할 운명공동체적 한 가족일 수밖에 없기 때문이다. 그렇기에 우리는 설사 정권이 바뀌고 이념적으로 각 진영 간에 논리의 차이가 있다고 하더라도, 그것은 과정(process)상에 서로 양해하고 용납할 수 있는 수월성의 문제일 뿐, 우리의 최종적이고 궁극적인 국가목표가 될 수는 없다고 생각한다.

그렇다면 차제에 서로 각자의 한계('이념과 진영의 덫')를 한번 뛰어넘어 보자. 그래서 토론의 큰 마당을 열어 놓고 진보, 보수 양 진영의 선수들이 나와서 1년이 걸리든지 아니면 그 이상 시간이 걸려도 좋으니 치열한 논쟁과 심층 토의를 거치면서, 무엇을 어떻게 하는 것이 우리 앞에 도래한 이 동북아 시대를 선용하여 한국과 한반도가 중심축 역할을 해낼 수 있겠는지, 과연 무엇을 어떻게 하는 것이 남북한이 진정한 평화와 통일을 이루며 한민족 천년대계를 준비하는 길이 되겠는지, 공개적으로 페어플레이하면서 치열하게 논쟁해 보자.

그리고 마침내 국민과 양 진영이 공유할 수 있는 어떤 결론이 도출되면 뒤돌아보지 말고 그 결론을 부여잡고 한마음으로 새 시대를 맞이해보자. 청와대에 문이 열려 있고 대통령의 집무실에 창이 열려 있다면, 이 건의를 한번 진중히 받아들여 주기를 부탁한다. 그것이 또한 청와대의 직무와 대통령의 장래를 위해 국민에게 칭찬받고 추앙받는 길이 될 것임에 틀림없다. 시대는 지나가고 인걸은 사라지지만, 그들이 남긴 족적은 결코 후대의 평가를 벗어나지 못할 것이기 때문이다.

▎삼위일체형 국력 강화법(K-Power)

한밤중에 일어나 곰곰이 묵상하고 기도하며 내린 결론은 이렇다. 성경에 두 기둥에 관한 이야기가 나온다. 솔로몬 왕이 예루살렘 성전을 건축할 때, 성전 입구에 '야긴과 보아스'라는 두 개의 놋 기둥을 세운 사건이다. '그가 세울 것이다'라는 뜻의 '야긴'과 '그에게 능력이 있다'라는 뜻의 '보아스'라는 두 기둥을 성전 입구에 세워 힘(국력)을 다해 성전을 지키고 떠받들도록 만든 것이다.

지금 우리 대한민국의 국가 안보적 근간을 이루고 있는 한·미동맹을 생각하면, 이는 국가의 뼈대를 세우고 체제를 안정화하는 데 필요한 하드웨어로서 '야긴'의 의미로 해석된다. 그리고 사회 각 분야에 피가 통하고 삶에 활력을 불어넣는 영적, 정신적 능력으로서 한국기독교가 미친 소프트웨어 기능은 '보아스'로 이해해도 무방할 것 같다. 이 두 기둥이 신생 대한민국이라는 국민의 집(國家)을 지금까지 지켜오고 떠받들어 온 실체였다고 나는 감히 주장한다. 다만 여기서 우리가 새롭게 거듭나는 심령으로 결단해야 할 조건이 있다.

첫째, 앞으로 한·미동맹이 한국과 한반도를 동북아의 중심축으로 세우고 지켜주려면, 유럽 안보를 지켜온 나토(NATO) 형의 다자외교 안보 시스템을 도입하여 북한의 비핵화를 유도하고, 이를 시금석으로 삼아 남북한 경제공동체 기반을 조성하면서, 장차 한반도 전체가 동북아

경제협력체(동북아 FTA)의 중간 물류 거점지역으로 전환될 수 있도록 이끌어주는 것이 관건이 되리라 본다.

이런 'Big Thinking'이 앞으로 동북아의 평화는 물론, 이 지역에서 전체주의적인 패권 추구를 제어하고, 자유 문명사회를 구축해나가는 바탕이 될 것이다. 이 점에서 미국은 '아시아를 향한 더 큰 포괄적 구상'을 제시해야 할 것이고, 현 정부는 친중 성향의 한계를 벗어나 한·미 간, 한·일 간에 보다 진취적인 '전략적 동맹 관계'를 확립하는 노력을 아끼지 말아야 할 것이다.

둘째, 한국기독교(한국교회)는 그동안의 독선과 '기득권의 덫'에서 벗어나기 위한 노력을 하나님과 사람들 앞에서 '죽으면 죽으리라'라는 심령으로 결행해야 한다. 제도화되고 도식화된 옷을 찢고, 영적으로 나태해진 마음을 찢어 복음의 생명수 샘이 터져 나오도록 모든 세속적, 이념적인 울타리를 걷어내야 한다. 초대교회의 순박하고 순전한 믿음의 공동체로 돌아가 거기서 주어지는 말씀의 능력으로 약한 자를 돌보고 소외된 자를 위로하며, 하나님이 주시는 성령의 감화로 정치사회적 균형을 지키는 '신뢰받는 균형자'가 되어야 한다. 결코 좌로나 우로나 치우침이 없는 신실한 종이 되어 이 나라의 국운을 지켜야 한다. 두 번 다시 이념편향과 진영논리에 부화뇌동하는 일이 없도록 항상 깨어 일어나 '만민을 위하여 기치를 들고 나가는 예수 그리스도의 군사'가 되어야 한다.

이상의 두 가지 조건이 충족되기를 전심으로 기원한다. 그리하여 마침내 대한민국의 하드웨어 기둥 위에 '한·미동맹'을 기반으로 하는 다자외교 안보의 깃발이 휘날리고, 한국사회를 새롭게 혁신하기 위한 소프트웨어 기둥 아래로 '한국기독교(한국교회)'의 진정어린 참회와 갱신의 혈류가 하수같이 흐를 때, 그때 비로소 우리는 새날의 여명을 맞이하게 될 것이다. 그때 우리 다 함께 모여 '더 큰 대한민국'의 미래 발전(선진국)을 위해 이 두 개의 기둥 위에 '린치핀 코리아'라는 새롭고도 웅대한 비전, 즉 21세기 신한국시대를 이끌고 갈 미래지향적인 콘텐츠 지붕(한반도 중심축 국가론)을 올려 세워 보자. 그래서 낮에는 구름 기둥으로, 밤에는 불기둥으로 이 땅을 통치하며 이끄시는 하나님의 복음의 빛이 삼천리 강토 위에 정오의 태양처럼 임하는 그날이 하루 속히 오도록 기도하자.

'삼위일체형 국력 강화법'이란 이런 믿음과 희망 위에 피어나는, '합력하여 이루는 선(善)'으로서의 결과물에 다름 아니다. 아! 이런 '합력의 힘(K-Power)'으로 무장한 대한민국 다음 세대들이 21세기 신아시아 시대를 이끌며 달려가는 모습을 빨리 보고 싶다. 제2의 광복, 그 찬란한 통일과 번영의 그날을 향해 나아가는, 21세기 초일류 국가의 고지를 향해 힘차게 전진하는 그 위대한 청년들의 행군을 어서 속히 보고 싶다.

RESTORING POWER IN MY LIFE

고려인 유학생의 아버지가 되다

한민족 교육선교의 활로를 열어 보려고 만났던
고려인 유학생들의 얼굴이 주마등처럼 떠오른다.

토요일(8. 22) 오후에 집에서

쉬고 있는데, 애터미(주) 대표 윤영성 박사로부터 전화가 왔다. 몽골에
나가 있는 고재형 선교사(울란바토르 후레대 교수)가 저녁 8시(현지
시간 7시)에 줌(ZOOM)으로 회의를 하고 싶어 한다는 연락이었다.
그렇게 하자고 해놓고 소파에 몸을 눕혀 이런저런 생각을 하다가 5년
전에 돌아가신 고재형 박사의 어머니 백사라 목사님을 회고하며 깊은
'회상의 못'에 빠져 버렸다.

나의 영적 어머니, 백사라 님

1990년 신년 초, 나는 가족들의 손에 이끌려 오산리금식기도원에

갔다가 극적인 변화(Transformation)를 받아 그 다음 주에 바로 여의도 순복음교회 예배에 참석했었다. 그리고 주일 오후에는 아내가 봉사하던 순복음실업인선교회 본부에 가서 세계 각지에 나가 있는 선교사들로부터 보고해 온 근황을 듣고 지원대책을 협의하는 자리에도 같이 동참하게 됐다. 거기서 본부 소속의 한 파트로 조용기 목사께서 해외 성회를 나갈 때마다 함께 동행하는 찬양팀 '뿔라성가대'의 지휘자 겸 총책인 백사라 전도사(당시)님을 만나게 되었다.

나이가 18년 정도 앞선 분이라서 그때부터 나는 그분을 나의 '영적 대모'라 부르며 성경 말씀도 배우고 기도도 받으며 가깝게 지냈다. 실은 어머니(올해 92세, 청도 대남병원에서 요양)가 16살에 결혼하신 후 열아홉에 나를 낳으셨기 때문에, 나이도 비슷하고 초신자인 내게 온갖 정성을 기울여 주셨기에 그분을 영적인 어머니로 모시고 존중했다. 앞서 말한 고재형 박사가 바로 이분의 아들이다. 그리고 어머니의 뜻을 이어 몽골 선교사로 나간 지 벌써 18년째에 이르고 있다.

그는 카이스트(KAIST)에서 박사 학위를 하면서 대덕연구단지 크리스천 교수들이 중심이 되어 활동했던 '창조과학회'의 일원으로도 동역했다. 그러다 보니 학위를 마친 후 2002년 몽골국제대학(MIU) 개교에 발맞춰 선교의 길을 떠났다. 그가 그렇게 홀연히 몽골 선교사로 떠나게 된 데는 또 한 사람의 영적 지도자인 원동연 총장(MIU)의 영향력이 컸다. 그런데 그 원동연 총장이 또한 몽골 사역을 하게 된 데는 내가 결정적 역할을 하게 된 '일화'가 있으니, 세상일이란 참 알 수 없을 뿐만 아니라 또 세상이 좁다면 이만큼 좁은 것이다.

사역의 확장에는 제한이 없다—원동연 박사

원동연 박사는 서울대 재료공학과 출신으로, 나중에 한국원자력연구원(대덕연구단지 소재) 연구실장으로 재임 시에 '창조과학회'를 조직했으며, 부회장을 맡고 있을 당시 대전에서 열린 창조과학세미나에 참석했을 때 처음 만난 분이다. 나는 1990년 교회에 입문했던 그해 10월부터 연변과기대 건립후원회 임원으로 활동하게 됐는데, 그러다 보니 그 후 대덕에 있는 크리스천 교수들과의 교류가 잦았고, 그런 과정에 창조과학회 사역에도 많은 관심을 두게 되었다. 그가 서울에 오게 되면 한 번씩 만나서 밥도 같이 먹고 학교(연변과기대) 운영 소식도 전하면서 친하게 지냈다. 그런 중에 1995년 3월경으로 기억된다.

하루는 긴히 의논할 게 있다고 하면서 삼성동 우리 집에까지 찾아왔다. 자신의 진로 결정에 대해 자문을 얻고자 한 것이었다. "김영길 총장께서는 한동대 부총장으로 오라 하시고, 김진경 총장께서는 연변과기대 부총장으로 오라고 하시니 내가 어디로 가면 좋겠습니까?"라는 게 그의 고민이자 질문이었다. (참고로 말하면, 연변과기대는 1992년 9월에 개교했고, 그 후 중국 교육선교의 요람으로 자리 잡는 과정에 한국과 해외에 있는 많은 크리스천 리더들과 지식인들의 협조와 지원을 받았다. 그 과정에 원동연 박사도 연변과기대 사역을 잘 알고 있었다. 또한 한동대 설립을 주도하고 있던 김영길 총장께서도 재정 조달 및 교수인력 리쿠르트를 위한 대책 협의를 위해, 동병상련의 관계가 되어 김진경 총장을 자주 만나서 교류하던 때였다.)

나는 즉석에서 질문형 답변을 했다. "스티븐 코비의 책에 보면 항아리에 돌 담는 이야기가 나와요. 내가 묻겠소. 항아리에 돌을 채우는 순서로 먼저 큰 돌을 담고 그다음에 중간 돌, 작은 돌을 담는 게 꽉 채우는 방법이겠소, 아니면 작은 돌부터 담고 그다음에 중간 돌, 큰 돌 순으로 담는 게 꽉 채우는 방법이 될까요?" 그러자 그는 즉시 대답을 했다. "그야 물론 큰 돌, 중간 돌, 작은 돌 순서로 담아야지요." 그 대답을 듣자마자 나도 즉각적으로, 공격적으로 질문했다. "그럼 중국이 큽니까? 아니면 한국이 큽니까?" 그가 또 즉시 답변했다. "그야 물론 중국이 크지요." 내 대답은 명쾌했다. "그럼 중국으로 가야지요, 중국 연변과기대로 가시는 게 좋겠소."

그래서 원동연 박사는 한동대 초대 부총장의 길을 접고 연변과기대를 사역지로 택했다. 그리고 부총장으로 재임하는 기간에 그의 필생의 업적인 '5차원 전면교육 학습법'을 조선족학교에서 임상교육을 통해 조정 보완한 후, 이를 한국뿐만 아니라 전 세계 한인사회에 전파하는 등 글로벌 사역의 대로를 열어나갔다. 연변과기대에서 5년 근무 후 한국으로 귀환하지 않고 마침내 몽골 울란바토르로 건너가 몽골국제대학(MIU)을 설립하여 총장을 역임했다.

그러나 그는 '여기가 좋소이다.'라며 그 자리에 그냥 머물러 있지 않고, 더 넓은 세상으로 나아가 아프리카 탄자니아에 연립대학을 세우고 현지 국가교육 기관을 통하여 신교육(5차원 학습법)을 보급했다. 이런 그의 행적을 뒤돌아보면, 하나님 사역의 확장은 제한이 없고, 그 길에 쓰임 받는 일꾼들의 행보와 진로는 그때마다 하나님이 주시는 영감 어린 계시에 의해 결정된다는 것을 새삼스레 깨닫게 해 준다.

연변과기대, 한민족 공동체 대학으로 성장하기까지

고재형 선교사는 몽골국제대학(MIU) 교수로 10년 가까운 세월을 사역한 다음, 연변과기대(YUST) 교환 교수로 1년간 와 있었다. 그 후 다시 몽골로 돌아가 한국에서 세운 또 다른 미션스쿨인 후레대학교에 부임하여 교학처장을 맡는 등, 몽골 교육선교를 위해 18년째 헌신하고 있다. 그런 중에 8년 전부터 부인 허성혜 교장과 함께 '몽골밝은미래국제학교'라는 초·중·고학교를 별도로 설립, 운영해 오고 있다.

방학 시즌에 한국에 나오면 우리 내외뿐만 아니라 '밝은미래학교'를 지원하는 큰아들 이동엽 원장(참포도나무병원) 식구들도 함께 자리하여 식사를 하는 등 가족 간에 깊은 우정과 선교의 동지애를 나누어 왔다. 그럴 때마다 가끔 (몸이 불편하지 않으실 때면) 나의 '영적 대모' 되시는 백사라 목사님도 함께 자리해 주셔서 얼마나 행복하고 뜻깊은 해후의 시간을 가졌는지 모른다. 그런 백 목사님이 돌아가신 지가 벌써 5년이 지났다.

이런저런 생각으로 '회상의 못'에 빠져 있던 나를 더 깊은 심연으로 이끌어간 또 하나의 잊지 못할 기억이 있다. 연변과기대 사역을 하는 과정에 나는 중국 CBMC(기독실업회) 사역의 확장을 위해서도 힘껏 노력했다. 1994년 8월에 중국 최초로 연길 한인 CBMC를 창립한 이후 연이어 청도, 북경, 천진, 심양, 상해, 심천에도 CBMC 창립을 주도했다. 그 후 자체적으로 가지가 뻗어 나가 10년 가까운 세월 동안 중국 각지에 세운 한인 CBMC를 기반으로 마침내 중국 전역에 한인 CBMC, 조선족 CBMC, 중국 한족 CBMC를 합쳐 90개 이상의 지회가 창립되었으니,

그 선두에 서서 박차를 가해 온 본인의 감격과 보람은 말할 수 없이 컸다.

그런데 여기에만 머물러 있지 않고 마침내 2000년 여름 톈산산맥을 넘어 카자흐스탄 알마티, 우즈베키스탄 타슈켄트에 이르기까지 CBMC 사역의 길을 확장할 수 있는 기회가 왔다. 이 또한 연변과기대라는 사역 기반이 있었기 때문에 가능했던 일이다. 연변과기대는 연변 조선족 자치주 연길 시에 있는 대학으로서 기본적으로 조선족 사회를 기반으로 하고 있다.

나는 매번 출장을 갈 때마다 이 대학이 자리 잡고 있는 연길시 북산가 언덕을 올라가면서, 이 대학은 장차 조선족 대학으로만 그칠 게 아니라 미국을 위시한 서구지역 해외동포 학생, 중앙아시아 및 러시아에 있는 고려인 학생, 일본의 재일동포 출신 학생, 한국 학생, 심지어는 북한 학생까지도 참여하는 한민족 공동체 대학이 되었으면 좋겠다는 비전과 기도의 제목을 갖고 올라가곤 했다. 그 후 이런 꿈은 학생들의 숫자가 약소하지만 거의 다 이루어졌다고 할 수 있는데, 그중 가장 성공적인 케이스가 지금까지도 꾸준히 이어지고 있는 고려인 유학생 사역이다. 특히 중앙아시아 고려인 학생들을 연변과기대에 유치하는 데 나는 최대한의 정성을 기울였다. 거기에는 특별한 사연이 있었다.

고려인 역사의 '비극적 행로'

나와 아내에게는 잊지 못할 고려인 역사의 '비극적 행로'에 연루된 사건이 하나 있다. 처가 할아버지(처 장조)께서는 두 아들이 있었다.

그중 동생 되는 분이 나의 장인이시다. 그런데 고루한 집안 풍토(순천 박씨 대종가 종손 집)에다 서양문물을 배척하고 한학만을 가르치려고 하신 할아버지(안동 도산서원 원장 역임)의 엄한 훈육을 견디다 못해 백부 되시는 분(박정순)이 독립운동을 하겠다면서 집을 뛰쳐나간 게 1937년이었다. 그는 인천으로 가서 배를 타고 상해임시정부로 가려고 했으나, 마침 그해 중·일전쟁이 일어나 뱃길이 끊기자 할 수 없이 북쪽으로 올라가 중국 동북지역을 거쳐 상해로 가려고 했다. 압록강은 물이 깊어서 못 가고 두만강 쪽으로 건너가 연해주 땅에 이르렀는데, 거기서 그만 소련군대(로스케)에 붙잡혀 일본 첩자라는 죄목으로 구금 되어 있다가 나중에 연해주 지역 선인(鮮人)들이 중앙아시아로 소개될 당시에 휩쓸려 중앙아시아 키르기스스탄으로 가게 되었다.

본가에서는 독립운동 하러 간다고 나간 사람이 오 년, 십 년째 돌아오지 않으니 다 죽은 걸로 알고 지냈다. 그런데 무려 60년 만에 키르기스스탄에서 고택(경북 성주군 수륜면 수륜동)으로 편지가 날아왔다. 소련 해체 후 한·러 간 수교와 더불어 중앙아시아 독립국들(CIS)의 문호도 열리면서 고려인 가운데 희망자들에 한하여 귀국의 기회를 주게 된 것이다. 정말 기적 같은 일이 일어난 것이다. 그때 내가 결혼한 지 얼마 안 되었을 때다. 그 후 국제적십자사에 신고하고 도움을 받아 편지가 온 지 8개월 만에 한국으로 모시고 오게 되었다. 그때 처 백부의 연세가 83세이셨는데, 고약한 일이 벌어졌다.

실은 처 백부가 귀국할 때 중앙아시아에서 결혼한 고려인 부인을 대동하고 오셨다. 고향 성주에는 남편보다 두 살 더 많으신 처 백모가

고려인 강제이주 열차. 화장실도 없는 화물열차에 짐승들처럼 실려 갔다. 1937년 가을께 출발한 열차는 겨울이 다 되어서야 중앙아시아에 도착했다.

살아 계셨다. 그런데 그 처 백모가 남편이 살아온 것은 고맙지만, 고려인 부인을 데리고 온 것은 도저히 참을 수 없으셨던가 보다. 처 백모의 질투가 도를 넘치자 할 수 없이 처 백부와 고려인 부인께서 귀국한 지 석 달 후부터는 (고려인 부인이 중앙아시아로 다시 돌아갈 때까지) 반년 넘게 서울 삼성동 우리 집에 와 계셨다. 그랬다가 김포공항을 통해 중앙아시아로 출국하는 날의 '출국장' 장면이다.

나는 아직도 그 장면을 잊지 못한다. 당시 김포공항 청사 출국장에는 스테인리스 봉으로 만든 ㄷ자 형태의 칸막이로 통제되고 있었는데, 그 고려인 부인이 출국장 안으로 들어갔다가 울면서 뛰쳐나와 칸막이 바깥에 있는 처 백부를 끌어안고 피를 토하듯 울부짖던 모습이 지금도 기억에 생생하다. 세 번이나 뛰쳐나온 부인을 공항 직원이 억지로 끌고 들어간 후, 텅 빈 청사 콘크리트 바닥에 엎드려 두 주먹을 탕탕 내리치며 통곡하던 처 백부의 모습을 나는 아직도 생생히 기억하고 있다. 아!

이 고려인 역사의 '비극의 행로'를 과연 누가 보상해줄 것인가!

그때 비로소 민족이 무엇인지, 한겨레의 핏줄이 무엇인지 실감이
났다. 내가 한민족네트워크(Korean Diaspora Network)를 국가발전의
한 중요한 자원이란 점에서 새롭게 이해하려고 노력하게 된 계기가
그때부터라고 해도 과언이 아니다. 그 후 연변과기대 사역에 동참한
이후 이와 같은 한민족 역사의 비극—고려인, 조선족, 재일동포에 이르
기까지 동북아 지역에서 일어난 한민족의 역사적 비극—을 두 번 다시
되풀이하지 않기 위해 우리는 무엇을 어떻게 해야 할지를 깊이 숙고하고
동료들과 함께 늘 기도하며 공부하기를 게을리하지 않았다. 어쩌면
동북아공동체문화재단을 설립하고 사역의 지평을 넓혀 온 데는 개인적
으로 이런 민족주의적 정서가 그 기초가 되었는지도 모르겠다.

연변과기대의 고려인 유학생들

드디어 중앙아시아 고려인 학생들을 연변과기대에 유학 오도록
조치할 만한 기회가 왔다. 앞서 밝힌 바와 같이 중국에서의 CBMC(기독
실업인회) 사역이 확장되면서 마침내(2000년도) 톈산산맥을 넘어 카자
흐스탄과 우즈베키스탄에도 CBMC를 전할 수 있게 되었다. 당시 타슈켄
트에서 골프장(18홀)을 운영하고 있던 서건이 회장(전 우즈베키스탄
대사)을 알게 되면서 이분의 도움으로 CBMC 사역을 전개할 수 있었다.
그리고 그뿐 아니라 타슈켄트 인근의 뽈리따젤 고려인 마을(우즈베키스
탄에서 생산성이 가장 뛰어난 영농마을로 선정된 곳)에 있는 만민교회
(워싱턴 중앙장로교회 SEED 선교회 지원으로 세워진 교회)의 관계자들

을 소개받게 되어 그 교회에서 양육된 고려인 기독학생들(10명)을 면담할 기회를 갖게 된 것이다.

내가 김진경 총장께 부탁하여, 이제는 외연을 넓혀 중앙아시아 고려인 학생들을 데려와 가르칠 필요가 있다고 건의했더니, 김 총장께서도 동의하시면서 우선 다섯 명만 받아 보자고 하셨다. 대외부총장이었던 나는 바로 그 길로 타슈켄트로 날아가서 만민교회 담임목사의 추천으로 10명의 학생을 면담했다. 면담 결과를 의도적으로 비슷하게 만들었다. 나중에 이 결과보고서를 읽어보시던 김 총장님이 "모두 다 똑같네, 다 데려와."라고 말씀하셨다. 그래서 마침내 2001년도에 10명의 고려인 유학생들이 중국 연길에 유학을 와서 1기생으로 터를 닦은 이후, 매년 7~8명의 학생이 지금까지 꾸준히 유학을 왔다.

그런 과정에 러시아에 있는 고려인(혼혈) 학생들도 소문을 듣고 유학 대열에 참여했고, 희한하게 몽골 학생도 간혹 한두 명씩 몽골 선교사(한인) 편에 소식을 듣고 중국 유학의 길에 올랐다. 아마도 고려인 유학생들이 대부분 러시아어 권에서 유학을 오다 보니 몽골(구소련의 동맹국으로 러시아권 영향을 많이 받았음) 학생도 자연스럽게 어울리며 동료의식을 갖고 참여한 경우라 보면 틀림이 없겠다.

이런 과정에 연변과기대에 유학(2002년 입학)을 왔던 몽골 출신 볼로르(Bolor)라는 여학생이 있었다. 당시에 나는 분기마다 한 번씩 연길 학교에 들러 대학 운영에 필요한 현안들을 의논하는 한편, 재학생들을 만나서 격려하는 프로그램을 가졌다. 그 가운데 특히 고려인 유학생들은 따로 시간을 내어 밥을 같이 먹고 그들의 근황과 애로사항을 듣는 시간을 많이 가졌다. 고려인 유학생 특별장학금도 지원했고, 겨울 방학에는 학생들이 연해주 탐방을 다녀오도록 조치하는 일도 가끔 해줘서 그런지 고려인 유학생들은 나를 만나면 자연스럽게 '아버지'라고 불렀다. 그만큼 정이 들고 친밀했다. 그들을 각별하게 대한 데는, 내 마음 한구석에 돌아가신 처 백부를 위시한 고려인 역사의 '비극적 행로'에 대한 연민의 정과 민족애가 깊은 상처처럼 새겨져 있었기 때문이리라.

'줌'을 통해 실감하게 된 '한줌'의 세상

거의 잊어버리고 있었던 얼굴이다. 몽골 출신 볼로르를 학교 졸업(2006년)한 지 거의 15년 만에 다시 보는 것 같았다. 그것도 줌(ZOOM)을 통해서다. 작년 연말 방학 시즌에 서울에 온 고재형 선교사 내외와 저녁식사를 같이 하는 자리에 애터미㈜ 사업자 대표로 계시는 윤영성 박사도 함께 초청했다. 몽골에서 미션스쿨 '밝은미래초중고학교'를 운영하는 선교사 내외의 형편이 좋을 리가 없다. 학교 운영도 힘들지만, 생활 자체도 각박하다. 그래서 내가 그들 내외의 사역을 돕고 또한 그들과 같이 교제하며 신앙심을 갖게 된 몽골 청년들을 위해 애터미 비즈니스 마케팅 요원으로 창업의 기회를 줄 수 있는 방편을 의논하기 위해서 자리를 마련했다.

그때 협의가 잘되어 사모 허성혜 교장 선생이 애터미 몽골센터를 준비하는 책임자가 되어 애터미 쇼핑몰 상품을 갖고 유통업을 하려는 청년들을 모아서 교육도 하고 또 이들을 크리스천 기업인(CBMC 요원)

으로 육성하는 일을 관리토록 의사 결정을 했다.

그 후 몇 차례 전화와 이메일로 그쪽 소식을 듣던 중에 어제저녁 8시에 줌(ZOOM)으로 회의를 하자는 특별 제안을 받고 윤영성 대표와 함께 고재형 선교사 내외를 영상회의에서 만나게 된 것이다. 영상회의를 하던 중간쯤에 고재형 선교사가 그들 내외뿐만 아니라, 몽골 청년들 몇 명이 이 회의에 같이 들어오고 싶어 한다고 하면서 먼저 두 명의 여성들을 소개했다. 30대 중반으로 보이는 몰로마(Molorma)란 여성과 볼로르(Bolor)란 여성이 화면에 떴는데, 그중 볼로르라고 자기를 소개한 여성이 왠지 눈에 익고 어디선가 많이 봤던 얼굴 같았다.

간단히 인사를 하고 업무적인 대화를 나누려고 하는데, 볼로르라는 여성이 나를 안다고 하는 게 아닌가? 그래서 "어디서 만났지요?"라고 묻자, 연변과기대 출신이고 고려인 유학생들과 같이 공부했다고 하지 않는가! 소름이 끼치듯 전율을 느꼈다. 아! 그렇구나! 그러고 보니 오래 전 일이지만 연변과기대 고려인 유학생 모임을 할 때 그를 봤던 기억이 났다. 어찌 이런 일이! 아니 이럴 수가 있나 싶어서 그때부터 애터미 사업 얘기는 뒤로 미루고 학교 졸업 후에 있었던 얘기를 자세히 들었다.

2006년 영문학과를 졸업한 후 UN기관에서 일했고, 그 후 2010년에 결혼해서 아이 셋을 낳아 기르고 있다고 했다. 남편은 공무원이고 지금 지방 출장 중이라 인사를 못한다고 양해를 구했다. 최근에 고재형 선교사 편에 애터미 이야기를 듣고 유통업을 해보려고 한다고 했다. 영어도 잘하지만 한국어도 손색없이 잘했다. 우리가 한국어로 대화를 했더니 다른 방에 있던 몰로마라는 여성이 궁금해서 자꾸 끼어들자

볼로르가 대신 친절하게 통역해 주었다. 몰로마는 고재형 선교사가 사역을 시작했던 몽골국제대학(MIU)의 1기 입학생으로 현재 긴급재난 구호재단(NGO)에 근무 중이며 비즈니스 마케팅을 전공했다고 한다.

아무튼 세상 참 많이 좁다 싶었다. 줌(ZOOM)이란 도구가 신기할 정도로 고맙고 기특하게 여겨진다. 줌을 통해 지구촌 곳곳에 있는 수십 명의 인원이 동시다발로 대화할 수 있는 세상이 되었으니 문자 그대로 지구촌 세계가 '한줌'의 세상이 된 듯한 느낌이다. 줌을 통해, 그동안 30년 가까운 세월의 여러 모퉁이에서 '인연의 망'을 통해 만났던 분들과 잊을 수 없는 사연이 줄줄이 이어져 떠오른다.

백사라 목사님과 그의 아들 고재형 선교사 내외, 고 선교사를 몽골 사역지(MIU)로 초청한 원동연 총장과 그 원 박사를 한동대가 아닌 연변과기대로 가도록 이끌었던 일, 그리고 연변과기대 사역을 기반으로 중국 넓은 땅에 CBMC의 밭을 일구고 마침내 서건이 전 우즈베키스탄 대사의 도움으로 고려인 유학생 사역을 시작하기까지 가슴 한편에 깊은 상처처럼 묻어두었던 처 백부와 고려인 부인의 그 애절한 이별의 '비극적 행로', 그로 인하여 한민족네트워크의 인적 자원에 대한 새로운 비전을 갖고 연변과기대를 통해 한민족 공동체 교육선교의 활로를 열어 보려고 노력하면서 만났던 고려인 유학생들의 얼굴이 주마등처럼 떠올랐다.

그리고 그 얼굴들 속에서 잊어버렸던 볼로르의 얼굴을 마치 '기적의 창'으로 본 듯 줌을 통해 발견하게 되었으니, 이 모든 기억을 '한줌의 세상'으로 집약하여 눈앞에 펼쳐준 줌이야말로 이 시대에 참으로 필요한 소통기술이 아닐 수 없다. 더구나 오늘날 코로나 감염병 팬데믹 현상이 세상을 먹구름처럼 덮고 있는 이 시기에 더할 나위 없이 소중하고 고마운 툴(tool)이 아닐 수 없다. '인간은 도구를 사용하는 존재다(Homo faber).'

국적을 불문하고 연변과기대(YUST)를 졸업한 학생들이 이 줌을 통해서 한마당의 신앙공동체 사역을 펼쳐 나가는 영적 '호모 파베르(Homo faber)' 집단이 되었으면 좋겠다는 생각이 든다. 나를 '아버지'로 불러주는 고려인 유학생들이 한량없이 고맙지만, 그들뿐만 아니라 연변과기대 출신 모든 학생들이 한 솥의 밥을 먹고 자란 자식들 같이 느껴지는 건 나만의 감상일까? 연변과기대 캠퍼스는 이런 면에서 한민족 공동체 사회의 영적 모본이 되기에 부족함이 없다고 여겨진다. 작지만 큰, 살아 있는 모본인 셈이다.

RESTORING POWER
IN MY LIFE
중국 소수민족의 애환과 출구전략

조선족 사회의 미래 발전은 향후 남북한 통일시대와 더불어 동북아시
아 지평에 새 역사의 길을 열어가는 참으로 중요한 관건이다.

아침 일찍 서천식 회장께서

전화를 걸어 오셨다. CBMC서울영동지회 명예회장이시다. 박정희 정부
에서 경주보문단지 조성계획을 입안할 때, 건축부문에 참여하신 분이며
크리스천으로서 교회건축 설계에 명망이 높으신 분이다. 서울영동지회
에서 고려인 CBMC지회를 중앙아시아 카자흐스탄 알마티에 창립(2000
년)하고, 10년이 지난 시점에 현지 회원들을 격려하고 재충전하기
위해 다녀오는 길에 톈산산맥을 넘어 중국 위구르 지역에 갔을 때의
일이다.

'서유기'에 보면 삼장법사가 인도 천축국을 가는 도중에 화염산이
있는 열사의 땅 '투루판'을 지나는 대목이 나온다. 우리 CBMC 일행들이
우루무치에 도착한 그다음 날 1박 2일 코스로 그곳을 관광했었다.

그때 느낀 바가 크셨는가 보다. 회고록을 쓰시려니까 그때 일이 잘 기억이 안 난다고 물어 오신 것이다.

실은 지난해에도 나는 아내와 같이 우루무치와 투루판을 다녀왔다. 북경 중앙민족대학에서 박사학위를 한 소수민족 출신 교수들(2006년 졸업자)과 함께 모임을 결성하고 지금껏 같이 활동해온 '민박회(민족대학 박사학위 동학회)'의 회장 자격으로 참여한 여행이다. 나는 연변대학에서 석사 과정(국제정치학)을 마쳤고, 2003년부터 3년간 매월 북경을 오가며 박사 과정(민족학계 법학)을 거쳤다. 그때 한국인으로서는 유일하게 민박회 회원으로 가입했으며 연장자라는 구실로 본의 아니게 회장직을 맡게 되었다. 그러다 보니 1~2년 간격으로 한 번씩 중국 소수민족 지식인들과 교류하는 이 프로그램에 늘 동행해 왔다. 그런 가운데 소수민족 지역 탐방 여행을 거듭하면서 중국에 사는 소수민족들의 애환을 깊이 이해하고 우정을 나누는 소중한 기회를 갖게 되었다.

최근에 시진핑 정부가 중국 소수민족의 문화를 박해하며 '중국몽'을 앞세운 중화주의 확산을 위해 무리한 통제 정책을 자행하고 있다는 기사(「조선일보」, 9. 14)를 읽었다. "중(中)의 소수민족 문화 말살? 조선족 교과서 '한글 퇴출'"이라는 제목의 기사였다. 연변 조선족 사회에 대학(연변과기대)을 세우고 조선족 후예들뿐만 아니라, 중국의 지식인들과 교류하면서 한·중 간 청년교류와 비즈니스 협력에 매진해온 한 사람으로서 마음에 분노가 일어나고 이를 좌시할 수 없다는 의협심이 일어났다.

이런 참에 서천식 회장께서 위구르족이 집단 거주해 있는 우루무치와 투루판 지역에 관해 물어 오셨기에 느끼는 바가 남달라서 이 글을 쓴다. 중국 공산당 지도부가 획책하고 있는 이런 일련의 정책은 언젠가 제 발등을 찍는 자충수가 될 것이다. 이런 점에서 몇 가지 중국 소수민족 사회를 위한 '출구전략'을 제시해 볼까 한다.

중국 소수민족 집거지역 답사기

그 전에 우선 그동안 민박회 회원들과 같이 다녔던 소수민족 집거지역 중 몇 군데를 짚어보며 옛 추억을 상기해 보고 싶다.

첫째, 몽골족 자치구인 내몽고 지역에는 두 번 다녀왔다. 한 번은 2007년에 내몽고 자치구 수도 후허하오터(呼和浩特)를 거쳐 칭기즈칸 유적지가 있는 어얼둬쓰(鄂爾多斯)에 갔었고, 두 번째는 2012년에 평소 관심이 많았던 홍산문화유적지 적봉(赤峯)을 다녀왔다. 어얼둬쓰는 양모와 캐시미어 전시회로 유명한 곳이다. 특히 산양털로 만드는 캐시미어는 중국에서 전 세계의 30퍼센트를 생산하고, 이 중 70퍼센트가 어얼둬쓰에서 만들어진다. 이곳에서 생산된 고급원단의 품질이 아주 좋아서 유럽 유명 패션기업들이 거의 독점하다시피 했다.

그리고 칭기즈칸 유적 관광지(칭기즈칸 능이 있으나 그의 묘는 없다.)를 방문했을 때는, 그 첫인상이 지금은 비록 한족 중심사회에 편입되어 있지만, 세계 최대의 정복국가였던 몽골제국의 역사성과 몽골인의 강인한 투쟁력과 기개를 잊지 않겠다는 듯한 결기가 느껴지는 분위기였다.

민박회 회원들 가운데는 내몽고 출신들이 많았다. 그 이유가 당시 중앙민족대학 총장이 몽골족이라서 그렇기도 했지만, 중국 소수민족 지역 중에는 세 번째로 면적이 넓고 희귀 광물자원도 풍부하고 또한 섬유산업이 크게 발달하여 소득이 서부내륙에서는 가장 높은 수준이었기 때문이라 짐작된다. 거기에 더하여 한족 사회에 대한 대항심이 잠재되어 있어서 그들이 말하고 행동하는 면면을 찬찬히 살펴보면, 과거 역사에 대한 향수만이 아니라 민족적인 정체성을 지키고 계승하는 데 다른 어떤 민족들보다 자존심이 강한 것을 알 수 있다.

내몽고 탐방 중 두 번째로 갔었던 적봉(赤峯)은 홍산문화유적지로 유명한 곳이다. 특히 우리 한민족으로서는 결코 간과해선 안 될 곳이다. 왜냐하면 그 지역 일대가 한민족의 원류이며 중국 역대 왕조의 시발점이라고 추정하고 있기 때문이다.

필자(固城 李氏)의 20대 선조로 고려 말에 수문하시중(守門下侍中)을 지냈던 이암(李嵒)이 지은 『단군세기』와 그의 현손인 이맥(李陌)이 지은 『태백일사』를 중심으로, 여타의 책(『삼성기』, 『북부여기』)을 묶어 1911년에 만주에서 독립운동가로 활동했던 개연수라는 분이 편찬한 책이 그 유명한 『환단고기』(桓檀古記)이다. 한국상고사를 연구하는 데 있어서 준거할 만한 유일한 문헌 자료이며, 우리 한민족의 원류를 찾아갈 수 있는 유일한 길잡이라 해도 과언이 아니다.

일반적으로 내몽고 동쪽 지역과 요하 유역에서 발굴된 문화를 '홍산문화'라 부르고, 적봉이 그 지역의 중심에 있다. 한마디로 『환단고기』는 이 '홍산문화'를 대변하는 역사서라 할 수 있다. 이 책을 수차례 읽었고 또한 이를 연구하는 재야 사학자들의 세미나에도 여러 번 참석한 바가 있었던 나로서는, 언젠가 현지를 답사해 보려고 소원했는데, 민박회 동료 교수들과 함께 탐방(적봉대학 하스치무거 교수의 초청)할 수 있어서 더욱 좋았다.

이곳저곳을 다니며 보고 듣고 깨달은 바는 여행의 체험적 산물로 남아 있다. 박물관에 진열되어 있는 유물과 전시 자료들은 대부분 후대 중국 공산당 역사연구 기관들이 조정, 왜곡한 내용이 태반이지만, 그나마 그렇게라도 현지를 방문하여 한국상고사를 접할 기회를 갖게 된 것은 순전히 '민박회' 덕분이었다.

둘째, 연변조선족자치주를 방문한 것은 2008북경올림픽이 열린 8월 이었다. 연길시를 거쳐 백두산을 오른 날이 바로 올림픽 개회식이 있던 날이었다. 나는 백두산을 숱하게 오르내렸지만 민박회 일행들은 연변대 전신자(민박회 부회장), 손춘일(민족문화연구소 소장) 부부 교수를 빼놓고는 거의 대부분 초행길이었다. 새벽에 연길에서 출발하여 백두산에 도착하자마자 곧바로 산정으로 올라갔다. 그날 날씨가 너무나 청명하여 천지(天池)를 온전하게, 완벽하게 다 볼 수 있어서 다들 흥분상태에 빠질 정도였다. 더군다나 그날 밤에 올림픽을 시작하면서 펼친 그 웅장하고 화려한 개회식 TV 실황을 백두산 호텔에서 볼 수 있게 된 행운은, 우리에게 환상적인 꿈속에서 노니는 듯한 착각마저 느끼게 했다. 너무나 감동적이고 벅찬 감격에 겨워 온통 밤을 새우다시피 했다.

그날 밤 20명에 가까운 중국 소수민족 출신 교수들은 저마다 춤과 노래 솜씨로 자기 민족의 고유한 멋을 뽐내며 시간 가는 줄 모르고 한마음으로 뭉치고 또 다짐했다. 이 우정을 영원히 변치 말고 지켜 나가자고 결의했다. 그들은 올림픽 개최국 중국 공민으로서의 자부심은 물론이거니와, 이에 더하여 개회식 프로그램의 상당 부분을 소수민족

56개 소수민족의 의상을 입은 어린이들이 중국 국기인 오성홍기를 들고 입장함으로써 2008북경 하계올림픽이 개막되었다.

문화를 소개하는 시간으로 할애함으로써, 중국의 소수민족 우대정책을 재현코자 연출한 극적인 장면들을 보고 자신들의 정체성에 대한 자부심을 한껏 실감하는 것 같았다. 56개 소수민족 행사대원들이 저마다 각 민족의 고유 의상과 문화를 떨치며 행진하는 모습은, 그들에게 중국의 위대함을 다시 한 번 깨닫게 하는 데 부족함이 없었다. 참으로 환상적인 밤이었다.

그 다음날 하산하여 두만강변을 돌아오는 길에, 강 건너로 생생히 바라보이는 북한의 강산에 대해선 조선족 교수들을 제외하고는 다들 무심한 것 같아서 속으로 아주 섭섭했다. 한반도 분단 현실에 대한 정보나 지식도 부족했겠지만, 그들 소수민족 출신들은 남북문제에 대해 언급하기를 꺼려했고, 중국 당국의 공식 틀에 맞춘 의견들만 제시하곤 했다. 이곳이 북한 접경지인 데다 연변조선족 사회가 남북 양국에 낀 세대처럼 놓여 있기에 정치적 이슈나 외교 문제에 대해선 될 수 있으면 대화를 피하려 했다. 이게 그들의 한계였다.

나는 그들의 입장을 충분히 이해했다. 특히 신장 위구르 자치구, 티베트족 자치구, 몽골과 접경을 이루고 있는 내몽고 자치구 및 한반도와 접경하고 있는 조선족 자치주 지역은 국제정치적으로나 지정학적으로 매우 민감한 지역이다. 이 때문에 이 지역 출신들은 동병상련의 관계에 있으면서도 개인의 의견이나 자유의사를 드러내는 일을 금기시하곤 했다.

두만강변을 돌아 다시 연길로 돌아온 다음 호텔로 들어가기 전에 연변과기대(YUST)를 방문했다. 1992년에 개교하여 벌써 24회 졸업생을 내고 있으며 13개국 외국인 교수들이 와서 자비량으로 봉사하고 있다는 사실에 무척 놀라웠다. 또한 그곳이 연길시 공동묘지 터를 헐고 건립한 캠퍼스인 데다 그 모든 재원을 한국 및 미국 크리스천들이 헌금하여 세운 대학이란 걸 알고 나서는 다들 얼마나 감동하고 신기해하는지! 연변과기대의 정체성과 대학 이념을 이해하는 데 참으로 좋은 기회가 되었다.

셋째, 작년 여름에 민박회 회원 15명과 함께 위구르족 거주 지역인 신장 자치구를 다녀왔다. 몇 년간 모임을 하지 못했다가 이번에는 무조건 신장으로 가기로 의견을 모았다. 북경 우전대학에서 위구르족 언어를 가르치고 있던 장궈원 박사의 남편이 우루무치에서 변호사로 활동하고 있었는데, 그들 부부가 벌써 몇 년 전부터 우리를 초청했으나 갈 수가 없었다. 그 사이에 여러 번 테러 사건이 일어났고 또 우루무치에 있는 위구르족을 지방으로 소개한 후 한족을 대거 입주시킨 시책으로 말미암아 위구르족 사회 분위기가 매우 흉흉했기 때문이다. 몇 년째 간다고 했다가 못가고 미루다가 지난해에는 무조건 강행을 한 것이다.

나는 그동안 두 차례나 우루무치와 투루판을 다녀왔기 때문에 위구르 지역의 상황을 어느 정도는 인지하고 있었다. 사태를 고려하여 우리는 여행 중에 매우 신중하게 처신을 했다. 그런데도 중국인들조차 분노를 느끼게 한 일이 여러 번 일어났다. 중국 공안의 과도한 감시체제 때문이었다. 우루무치 시내 호텔, 식당뿐만 아니라 시장에서도 출입구를 통제하고 일일이 보안 검색을 했다. 심지어 우리 내외는 외국인이라서 그런지 별도로 여권을 검사하고 가방까지 뒤졌다. 동료들은 미안해하는 표정을 짓다가 나중에는 자기들이 먼저 화를 내곤 했다. 더 가관인 것은, 우루무치를 떠나 톈산산맥에 있는 천지(天地) 관광지로 올라가는 도중에 세 차례나 검문을 당했으며, 심지어는 버스에서 내리게 하여 줄까지 세우는 일이 있었다. 분노하기 이전에 중국 당국이 위구르 지역에 대해 얼마나 엄중한 보안을 유지하고 있는지 실감이 갔고, 그만큼 이쪽 지역이 중국의 아킬레스건이란 사실을 다시 한 번 깨닫게 되었다.

신장 지역 관광에서 빼놓을 수 없는 곳이 투루판 고성(古城)과 톈산산맥에서 흘러내린 지하수를 퍼 올려 고대 촌락을 이루었던 지역 일대, 손오공을 캐릭터로 하여 테마공원을 만들어 놓은 화염산 관광지, 그리고 사막(쿠부치 사막)에 가서 지프를 타고 모래밭 능선을 달리는 일이다. 투루판에는 고대 유적지가 많이 있다. 북서쪽의 우루무치와 남서쪽의 카슈가르, 남동쪽의 감소성으로 연결되는 교통의 요지이다. 카슈가르를 지나 인도로 가는 길목에 있어서 불경을 얻기 위해 인도 천축국으로 떠났던 당나라 삼장법사가 화염산을 지나면서 머물렀던 곳이기도 하다.

평균기온 40도를 웃돌며 동서로 길게 뻗은 분지형 저지대라 매우 건조하고 고온이라서 사람 살기에 어려울 것 같아도 그늘에 들어가면 시원했다. 특히 이 지역에서 자연 상태로 말린 건포도는 세계에서 당도가 가장 높다고 일컬어지며 그 맛 또한 뛰어나다.

위구르 소녀와의 인연

나는 이곳 투루판과는 특별한 인연이 있다. 앞서 서두에서 소개했던 CBMC서울영동지회 팀들과 함께 카자흐스탄 알마티 여행을 마치고 서울로 돌아가는 길에 들른 곳이 이곳이었다. 그때 2010년 가을 투루판에 갔을 때, 고창고성을 구경한 후 매점에 들려 관광 상품을 사러 갔다가 거기서 15세 난 위구르 소녀 한 명을 극적으로 만나게 되었다. 당시 아내가 상가 마당에서 그 소녀가 파는 풍물 한 점을 사려고 돈을 꺼냈더니 선물로 드린다고 하면서 그냥 공짜로 주는 게 아닌가! 할 수 없이 고맙다고 말하고 버스로 돌아왔는데, 얼마 있지 않아 그 소녀가 버스로 찾아와 아내에게 쪽지를 건넸다. 자기 이름과 주소가 적혀 있었다. 그때부터 그 소녀와 우리 내외간에는 특별한 인연이 맺어졌다. 그녀를 영적인 자녀로 입양하게 된 것이다.

위구르 지역 여행을 마치고 서울로 귀환한 이후 며칠 동안 계속 묵상을 하는데 그 소녀를 잊을 수가 없었다. 왜 그는 지나가는 행인에게 자기 이름과 주소를 알려주려고 했을까? 우리 내외는 그 소녀의 희망이 '한계로부터의 탈출'이란 걸 깨닫게 되었다. 마음이 아프고 갑갑해서 그냥 있을 수가 없었다. 우루무치에서 유치원 사역을 하는, 고창고성

투어를 함께 했던 대구 출신 40대 K선교사에게 연락하여 두 가지를 주문했다. 일단 투루판으로 다시 가서 그 소녀를 찾아보고 부모를 만나 집안 형편을 살펴보라, 그리고 소녀의 희망 사항이 무엇인지, 또 그것을 도와주려면 무엇을 어떻게 하는 게 좋을지 대책을 세워서 알려 달라고 했다.

얼마 있지 않아 회답이 왔다. 소녀는 집안이 가난하고 어머니가 병들어 있어서 중학교에 다니다가 학업을 중단한 채 고창고성 관광객을 대상으로 풍물 장사를 해서 집안을 돌보고 있으며, 희망 사항은 공부를 계속하고 싶어 한다는 것이었다. 우리는 K선교사와 의논한 후, 그에게 전적으로 위임하여 학비와 생활비를 지원해서 학교를 다시 다닐 수 있도록 조치를 했다. 그리고 그해 12월 중순경, 소녀를 우루무치로 나오게 하여 크리스마스 선물을 잔뜩 사 들고 그를 만나러 재차 우루무치를 다녀왔다. 우리 내외는 그 소녀를 '한나'라는 이름으로 불렀다. 그리고 K선교사에게 가족들의 전도를 위해 힘쓰게 했다. 위구르족은 거의 대부분 이슬람교를 믿기 때문에 결코 쉬운 일이 아니었으나, K선교사가 매월 투루판을 방문하여 한나와 그 가족들을 돌보며 헌신한 결과, 한나와 그의 할머니가 예수님을 영접하는 열매를 맺었다.

거기에는 숨은 일화가 있다. 한나가 다시 공부하게 된 것에 대해선 그 부모들이 무척 고마워했으나 성경 말씀을 전하는 일에 대해선 완강히 거절했다. 그러다가 할머니가 손이 말리고 사지가 일부 마비되는 병이 와서 고통받고 있는 것을 보고 K선교사가 매주 심방을 하여 기도하고 마사지해 준 결과 한 달이 채 안 되어 회복되었다고 한다. 그로부터 할머니가 나서서 한나에게 성경을 가르칠 수 있도록 허용했고, 본인도 함께 기도하며 따랐다.

　이런 과정을 지켜보면서 우리 내외는 한나가 중학교를 마치는 대로 우루무치에서 고등학교에 다니도록 종용했고, 그리고 나중에 할 수만 있으면 연변과기대로 진학(특례 입학)한 다음 한국 유학까지 갈 수 있도록 해보자고 꿈을 심어 주었다. 물론 그 뒷바라지는 우리가 책임지고 하겠다는 뜻을 그의 부모들께 여러 번 전달했다. 그러나 그 꿈은 깨지고 말았다. 한나를 만난 지 2년 반 후, 이젠 고등학교에 진학해야 할 단계인데, 그의 부모들이 아이 혼자 우루무치에 나가는 걸 허용하지 않았다. 그리고 집안 형편이 더 힘들어지자 다시 장사를 시켜 가족을 부양토록 했다. 그리고 서둘러 결혼시키려 한다는 소식까지 들렸다.

　당시 한나는 열일곱 살이었다. 위구르족은 일반적으로 조혼을 하는 경향이 있고, 신부를 데려갈 때는 신랑 집에서 신부 값을 지급하고 데려가는 풍속이 있다. 계모인 한나의 어머니가 남편을 설득하여 한나를 일찌감치 결혼시킨 다음, 그 돈으로 자기가 낳은 딸을 키우는 데 보태 쓰려고 하는 것 같다는 K 선교사의 전언이었다. 결국 반년 후 한나는 결혼했다. 그 후 우리는 소식이 두절되었다. K 선교사도 임기를 마치고 한국으로 귀환했다. 더는 한나를 돌보거나 접할 기회가 사라지고 말았다. 위구르족 소녀의 '한계로부터의 탈출'을 돕고 지원했던 그 아름답고 슬픈 사연은 이렇게 끝났다.

　K 선교사가 인천공항에 도착하여 대구로 내려가기 전, 음식 대접을 하려고 만난 자리에서 그는 이렇게 말했다. "한나가 장로님 내외를 무척 보고 싶어 했어요. 사랑한다는 말을 꼭 전해 달라고 했습니다."

우리 내외는 그 말을 듣고 많이 울었다. 지금도 바람이 심히 부는 날이면, 언뜻언뜻 투루판 고창고성의 먼지 풀풀 나는 길에서 그 여리고 어두운 표정으로 우리를 말없이 쳐다보고 있던 첫 만남의 기억을 잊을 수가 없다.

중국 소수민족이 나아갈 길은 어디인가

민박회 회원들과 동행하며 중국 내 소수민족 주거지역을 둘러보거나 관광을 다닌 사례는 여럿 더 있다. 북경 인근에서 학술캠프(중앙민족대 기진옥 교수 주관)를 열 때도 있었고, 해남도 싼샤 호텔에 머물며 묘족과 여족 출신 전통문화 공연단을 만나 춤과 노래를 배우기도 했다. 그보다 더 추억에 남는 일은 2010년 겨울방학 시즌에 16명의 인원이 한국에 와서 제주도와 경주를 집중적으로 관광하면서 우애를 나눈 일이다. 그때 그들은 각자 기행문을 써서 그 소중한 체험과 느낀 바를 기록(모임 주제: '한·중문화교류와 다원문화사회의 형세')으로 남겨 페이스북에 올려놓았는데, 10년이 다 되어가는 지금까지도 그때를 생생히 기억하며 서로 정담을 나누곤 한다. 그래서 작년에 우리 내외가 우루무치에 민박회 여행을 갔을 때, 올해 다시 한 번 한국으로 초청하겠다고 제안을 했고 다들 너무나 좋아했는데, 결국 코로나19 사태로 무산되고 말았다.

이 모든 것을 돌이켜 보면, 뜻밖에 중국에서 학위를 하고 연변과기대 사역과 CBMC 실크로드 사역뿐만 아니라, '민박회' 교수들과 함께 그들의 고향이나 연고 지역을 둘러보며, 거기서 그동안 연구하고 발표했던 학술자료와 집필한 책을 나누며 포럼 방식으로 '지적 공동체'를 조성한 일은 내게 더할 나위 없이 소중한 학문적 자산이 되었다. 지금 '동북아공동체문화재단'을 운영하는 배경에는 이들 중국 소수민족 지식인들과의 교류가 큰 산을 이루고 있다고 해도 과언이 아니다.

이런 과정에 매번 만날 때마다 느끼는 것이지만, 그들이 아무리 뛰어난 자질과 사고능력을 갖추고 있다고 하더라도 그것을 자유롭게 표출하거나 실행하는 데는 눈에 보이지 않는 큰 장벽이 존재하고, 그 장벽에 부닥쳐 정신적으로 상당한 압박을 받고 있음을 감지하곤 했다. 그 근본적인 원인은 한족 중심의 중화주의로 채색된 공산당 일당 정치체제의 경직성과 전체주의적 경향이 대종을 이룬다.

최근에 불거진 중국어 수업 확대에 따른 소수민족의 반발이 단적인 예라고 할 수 있다. 그동안 중국에서는 소수민족 우대정책(＊인구는 총인구의 8~9퍼센트에 불과하지만, 이들이 차지하는 면적은 중국 전체 영토의 60퍼센트에 달함)에 따라 소수민족 학교에 다니는 학생은 자기 민족 언어로 공부했고 대학에 진학했다. 그런데 앞으로는 초등학교에서부터 한족과 같은 중국 표준교재를 쓰고 대입도 이런 방식으로 통일시키면 결국 초·중·고에서 각 소수민족 교육이 크게 위축될 전망이다.

이는 다름 아니라 시진핑 집권 2기가 시작된 2017년 19차 당 대회부터 국가 통일과 사회 안정을 위해 '교육'에서 민족 단결을 강조하고 있기 때문이다. '중국몽'이라는 기치를 앞세워 "중화민족은 한 가정이며, 중화주의로 대동단결해야 한다."라는 것이 그들의 국정 이념이고 정책의 요체다. 중국 지식인들이 갖는 불안감은, 이와 같은 공산당 국정

이념의 경직성이 자신들의 학문과 개인적 자유의사를 침해할 수 있다는 데 대한 반응이라고 할 수 있다.

새 학기가 시작된 9월 1일부터 시행된 중국어 교육 강화조치에 몽골족 학생과 학부모들의 저항이 거세지고 있다는 뉴스(「에포크타임스」, 9. 8)를 읽었다. 후허하오터 내몽고국립대학에 있는 우런 교수('민박회')와 그의 남편 걸투 박사(동경대 박사, 생명공학, 2008북경올림픽 성화봉송 주자)를 위시한 그 외 몇 분 교수님들의 안부가 염려된다. 그들에게 어떤 신체적 물리적 피해는 없겠지만, 남달리 몽골족의 전통문화와 정체성을 중시하며 개인의 인격적 자유의지를 존중해 왔던 그들이, 이런 한족 중심의 중화주의의 표방에 정신적으로 얼마나 많은 곤혹감과 위축을 느끼고 있을지 모르겠다. 연변조선족 사회도 예외가 아니다.

중국 공산당이 주도하는 '민족 통합 교육'의 여파가 코로나 팬데믹에 편승하여 전체주의적 감시체제의 통제를 강화하면서 초·중·고뿐만 아니라 대학교육과 지성사회 전반에 악영향을 미침으로써 소수민족 문화 말살이라는 위기를 맞게 된다면, 이는 중국 소수민족의 불행뿐만 아니라 중국의 국가 발전과 국민 수준의 향상과 성장에 재난적 부작용을 초래하게 될 것이다. 이런저런 생각을 하며 중국 소수민족 사회의 한계와 애환을 묵상하다 보니 왠지 이번 기회에 이들을 위해 무엇인가 위로와 격려의 말을 남기고 싶어진다.

중국 소수민족의 미래를 위한 비전

연변과기대 사역을 시작한 지 올해로 만 30년을 넘긴다. 며칠 전

9월 16일이 연변과기대 개교 28주년 기념일이다. 2학기 수업을 위해 한국에서 24명의 교수가 며칠 전에 전세기를 타고 연길로 떠났다. 외국인 교수들은 여전히 코로나 사태로 통제를 받고 있어서 들어가지 못하고 한국인 교수들과 조선족 교수들이 수업을 이끌어 가야 한다.

그동안 오랜 기간 조선족 사회 교육선교와 창업 컨설팅에 주력해 온 나로서는, 점점 더 노골화되는 중국 정부의 소수민족 문화 말살정책('민족 통합 교육')을 지켜보면서, 소수민족이 살아나가고 발전할 수 있는 길이 무엇일까를 골똘히 생각하게 된다. 조선족 사회의 미래 발전은 향후 남북한 통일시대와 더불어 동북아시아 지평에 새 역사의 길을 열어가는 참으로 중요한 관건이요 추동력이 된다고 믿기 때문이다. 이런 뜻에서 평소에 주장하고 격려해 왔던 몇 가지 조언을 정리해 보면 다음과 같다.

첫째, 전통문화와 정체성을 지켜라.
둘째, 교육대계(教育大系)를 바로 세우라.
셋째, 1인 1기 1사업을 장려하라.
넷째, 국제화(글로벌 네트워크)의 길로 나아가라.

이상 네 가지 조언은 조선족을 위시한 중국 내 모든 소수 민족에게 공통된 '출구전략'이 될 만하다.

그동안 역대 중국 정부가 소수민족 사회를 우대하여 과거로부터 면면히 이어온 전통문화를 계승하며 정체성을 지키도록 한 일은, 소수민족 정책 분야에서 가장 돋보이는 국정 기조이며 중국을 하나 되게 한 지름길이었다. 그러나 그 '하나 됨'을 시진핑 집권 2기에 들어와 정치적 목적으로 획일화하고 수단화함으로써, 오히려 후진적인 역기능 현상을 노정하고 있다. 이는 차후 중국 국가 발전을 역행시키는 일이 될 것이다.

인류 역사 발전의 보편적인 정의는 결코 일당독재식 강압 정책으로 달성되는 게 아니라, 인민의 자발적이고 자유로운 개혁 · 개방 정신이 존중될 때 비로소 얻어지는, '살아 있는 유기체의 리듬'과 같은 생명력이 본질이기 때문이다. 등소평 집권 이후 '중국의 부상'을 가능케 한 원동력이 이로부터 태동했다고 본다.

그런 전통문화와 정체성 위에 교육 백년대계를 세우고 전인적 교육과 평생학습 체계를 갖추는 일이, 집 건축으로 치면 기초석을 놓고 그 위에 기둥을 세우는 일과 다름없으리라. 그리고 각 개인의 재능과 역량을 계발하여 각자 최소한 한 가지 이상의 기술적인 툴(tool)을 연마하고 활용함으로써, 사회 전반에 걸쳐 각종 사업적 영역을 확장해 나가는 생산성을 유발할 때, 그 사회는 성장과 발전의 대로를 걷게 될 것이다.

이러한 모든 여건과 요소를 국제적인 교류협력을 통해 강화하고 쇄신해 나갈 때라야 더 큰 민족으로, 소수민족이지만 자생력을 갖고 중국뿐만 아니라 세계 속에서 더 위대한 민족으로 거듭나는 기회를 맞게 될 것이다. 이것이 30년 사역을 통해 한시도 잊지 않고 염원하며 가르쳐 온, 중국 소수민족을 위한 나의 사랑과 희망의 철학이다.

RESTORING POWER
IN MY LIFE

실향민 정주영과 '현대가'의 통일 비전 I
—서산간척지와 국제옥수수재단에 얽힌 이야기

나는 소 떼를 몰고 갔지만, 자네는 사람들을 몰고 가게. 그들도
사람이야. 소통하고 협력하면 언젠가 새날이 올 거야!

추석 연휴가 시작됐다.

수요일(9. 30)부터 주말까지 5일간이다. 원래는 청도 동생 집(이승무,
화가)에 내려가서 지방(대구, 청도, 울산, 포항 등)에 있는 형제 식구들과
같이 명절 추도예배를 드린 후, 선산에 가서 성묘한 다음 대남요양병원
에 계시는 어머니를 찾아 뵙고 문안 인사를 드리는 게 상례였다. 그러
나 올해는 이것저것 아무것도 하지 못하고 말았다. 코로나 방역 2단계
연장 조치로 입원자 면회가 여전히 통제를 받는 상태라 어머니를 뵙지도
못할 뿐더러 당국에서도 귀성 자제를 요청하고 있다. 굳이 고향 방문을
강행하는 것만이 능사가 아니다 싶어서 올해는 지방에 있는 형제들만
성묘를 다녀오도록 의논했다. 우리 내외는 서울에 있는 치과 동생(이승

건 원장)과 세종시 고려대학교 분교에 초빙교수로 와 있는 여동생(이승현 박사) 그리고 2남 1녀 자식들을 토요일 저녁에 우리 집에 모이게 해서 함께 추도예배를 드리기로 했다. 그 외 연휴 기간 동안의 일정은 각자 알아서 하기로 했다.

나는 이 연휴를 어떻게 지내면 좋을까 고심해 봤다. 처음에는 바깥에 나돌아 다니지 않을 작정을 하고 연휴 이틀 전에 무좀 걸린 발톱(왼발 엄지발가락)을 뺐다. 그러나 막상 5일간 계속 '집콕'으로만 있다고 생각하니 좀이 쑤셔 견딜 수가 없었다. 그래서 목요일부터 토요일까지 3일간 점심시간을 활용해서 그동안 만나지 못했던 분들 가운데 특별히 추석 연휴 중에 가장 외롭게 지내실 것 같은 분들 세 가족을 택해서 식사 대접을 하기로 마음먹고 연락을 취했다.

첫째 추석날 점심은 순복음교회 실업인선교연합회 봉사 시절 지도 목사로 계셨던 전응원 목사님 내외분을 모시기로 했다. 그는 나보다 한 살 위지만 늘 동년배 친구처럼 대해주신 데다 지금까지 30년 가까이 우리 집 자녀들을 위해 기도해 주신 분이시다. 더구나 그분은 월남전 고엽제 피해자로 후유증을 앓다가 결국 육종암과 전립선암 수술까지 받은 상이용사 2급 환자이시다.

둘째 날에는 함경북도 청진 출신으로 15년 전 중국에 공무 출장을 나왔다가 친척(조선족)들의 만류로 복귀하지 못하고 탈북 상태로 있게 되자, 하나뿐인 딸 아이(남편은 일찍 사별)를 중국으로 데려와 초등학교(조선족 학교)를 마치게 한 후, 한국으로 건너온 탈북민 차서연, 송미향 두 모녀를 만나기로 했다. 두 모녀 모두 사회복지학을 전공했으

며, 어머니 차 선생은 그동안 동북아공동체문화재단에 통일교육 강사로
적을 두고 통일부 지원사업의 일환으로 초등학교 통일교육에 참여했던
분이시다. 불행하게도 작년에 폐암 수술을 받고 사회활동을 거의 하지
못하고 있는 형편이다.

끝으로 셋째 날 토요일 점심시간에는 연변과기대 김기현 교수를
만나기로 했다. 지난 3월 코로나 발발 직후 중국에서 한국으로 나온
후 발이 묶여 지금까지 7개월간 머물고 있는 분이시다. 그는 우리
내외가 특별히 지원하는 중앙아시아 고려인 유학생들의 지도교수로
그동안 다년간 수고를 해주셨다. 이렇게 세 분 가족을 대접하는 것으로
2020 추석 연휴 친교프로그램을 잡았다. 이렇게라도 '이웃을 돌아보는
일'을 실천해야 청도 대남요양병원에 계시는 어머니를 찾아보지 못하는
불효를 조금이나마 보상하는 길이 될 것 같은 심정이 들었기 때문이
다. 이게 맞는 생각인지는 모르겠으나 하여튼 나는 이렇게라도 해서
슬프고 허전한 마음을 달랠 수 있었다.

그런데 이런 마음으로 며칠을 계속 지내다보니 문재인 정부가 최근
친북 정책을 열심히 펴고 있음에도 불구하고 '남북 이산가족 상봉'
같은 인도주의적 프로그램조차 하나 제대로 성사시키지 못하고 있는
현실이 참으로 안타까웠다. 착잡한 기분으로 이산가족에 관한 생각을
계속하다 갑자기 그 옛날 소 떼를 몰고 북한에 쳐들어가듯 가서, 남북한
의 막힌 담을 헐고 금강산 관광과 개성공단의 위업을 끌어낸 실향민
정주영 회장에 대한 추억이 자꾸만 상기되어 떠올랐다. 그래서 연휴기간
을 활용하여 그분에 대한 몇 가지 특별한 행적을 정리해 보리라 생각을
굳혔다.

정주영 회장과의 만남

내가 정주영 회장을 처음 만난 것은 (아내는 성북동 현대영빈관 조경공사 직후 인사를 했지만) 30여 년 전 전두환 대통령 시절, 현대그룹이 보유하고 있던 양수리 별장을 대통령 여름 휴가용으로 쓰기 위해 긴급공사 형태로 발주한 '시설 정비 및 조경공사'를 우리 회사가 맡아서 한 달간 '돌관작업'을 했을 때의 현장에서다. 1986년 7월경이다.

대통령을 모시는 현장이었기에 정 회장께서 무척 신경이 쓰였는지 그 바쁘신 분이 일주일에 한 번꼴로 현장을 다녀가셨다. 건축부에서 주택 보수공사를 해야 할 일도 있었지만, 대부분 옥외 운동 시설(풀장을 메꾸고 테니스 코트를 만드는 일) 및 보안 경비를 위한 시설물 설치와 조경 작업이 태반인 공사였다. 밤낮을 가리지 않고 한 달간 열심히 일했다. 그때 우리를 보고 '현대보다 한발 앞서 일을 챙기는 별동대'라는 인식이 주어질 만큼 돌관작업을 통해 현대건설 수뇌부에 어필했던 현장이기도 하다.

그때 정 회장께서 우리 내외를 유심히 관찰할 기회를 가진 셈이다. 자연히 작업반 총책인 내가 가까이에서 인사를 드릴 기회가 많았다. 하루는 정 회장께서 오셨다가 떠나는 길인데, 별장의 진입로에 덤프가 들어오다가 길이 좁아서 거의 막히다시피 했다. 현대 직원 한 사람이 오토바이를 타고 덤프 옆으로 빠져나가려다가 멈춰 있는 것을 보시고는 대뜸 오토바이 뒤를 밀면서 "길이 막혔다고 안 나가고 있으면 어떡하나! 이것 봐! 이렇게 밀어주니까 나가잖나!" 하시면서 오토바이를 밀치고 나가는 모습을 목격했다. 그때 보고 느꼈던 정주영 회장님의 모습이 지금까지도 뇌리에 각인되어 있다. 그 이후 나의 건설 인생뿐만 아니라 중국이나 북한에서 건축 및 교육사업을 밀치고 나가는 데 특효약과 같은 교훈이 되어 주었다.

그 2년 전인 1984년에 현대건설에서 서산간척지 B 지구 최종 물막이 공사를 할 때, 조수 간만의 차이가 심해 방조제 마지막 구간을 메우는 작업이 큰 난관에 부닥쳤던 일이 있었다. 그때 정 회장께서 25만 톤 규모의 폐 유조선을 끌고 와서 급류를 막아 놓은 다음, 물막이 공사를 마무리한 일은 세계적으로 유명한 사건이 되었다. 이름하여 '정주영 유조선 공법'이다. 양수리 별장에서 정주영 회장의 '장애물 밀쳐나가기' 리더십을 목격한 다음, 그동안 뉴스로만 들었던 경부고속도로 건설, 울산 현대조선소 설립 경위, 중동 건설 수주 등 여러 분야에서 발휘한, '무'에서 '유'를 창출하는 '창조적 예지'와 '강인한 추진력'에 대한 탁월성을 다시 한 번 마음 깊이 체감하게 되었다. 그 후 나는 그를 사표로 삼아 '정주영 리더십'을 익히고 본받는 데 여념이 없었다. 그러다가 근 8년이 지난 후 두 번째로 만나 뵌 현장이 앞서 얘기한 서산간척지다.

우리 회사가 현대건설로부터 서산 간척사업 준공을 위한 산림 훼손 복구작업을 맡아서 2년 차로 일했던 1994년 9월경이다. 그때도 추석이 곧 다가오던 시점이었다. 서산간척지 A, B 지구 물막이 공사를 끝낸 후, 간척지 내부 개답을 마치고 시험 영농을 개시한 지 7~8년이 지나간 때였다. 간척지 전면적은 여의도 33배 규모에 달하는 3천2백만 평이었으며, 서산시 부석면 창리 일대에 7십만 평 규모의 서산농장을 조성하여 소(한우)를 방목하는 등, 농업과 목축을 겸한 시범 영농단지를 준비하고 있을 때다.

공사비 절감과 공기단축 방안을 강구하던 정주영 회장은 대형 유조선으로 조수를 막을 수 있을 것이라는 기상천외한 아이디어를 내놓았다. 일명 '정주영 공법'으로 여의도 면적의 33배를 푸른 들판으로 바꾸어 놓은 그는 이렇게 말했다. "책 속에서만 답을 찾고 권위에만 의존한다면 창의력은 죽고 만다. 창의력이 없으면 획기적인 변화도 없어."

하루는 정 회장께서 서산농장 벼농사 작황을 둘러보러 오신다는 연락을 받았다. 현장소장이 급히 소집한 회의에 참석하기 위해 현장으로 내려갔다. 현장에는 현대건설 토목팀 일부 인원만 남아 있고 대부분 농장관리 요원들과 간척사업 준공 및 결산을 위한 공무 팀뿐이었다. 정 회장께서 직원들을 치하하신 다음에 회식이 벌어졌다. 간척지 내 호수에서 잡아온 꽃게로 만든 꽃게탕이 일품이었다. 정 회장님과 길게 대화하지는 못했지만 오래전에 일했던 양수리 현장을 기억하시고 인사를 받아 주셨다. 그때만 해도 70대 말 연세에 비해 매우 정정해 보이셨다.

그날 나는 정 회장께서 현대건설 직원들에게 훈시하면서, 인간적인 희망사항 즉 실향민으로서 고향에 대한 애착과 소명을 하소연하듯이 토로하던 것을 지금도 기억하고 있다. "아버지께서 얼마나 일을 많이 하셨는지 밭을 개간한다고 손톱이 닳아 없어질 정도로 열심히 하셨어. 돌밭을 일궈 한 뼘 한 뼘 농토를 만드신 거야. 솔직히 말해 아버지께 이 농장을 바치고 싶다." 나는 그의 이러한 소망과 다짐이 훗날 서산농장에서 키운 소 떼를 몰고 북한으로 가서 남북관계에 새 길을 열어젖힌 통렬한 비전과 열정의 근본적인 힘이 되었다고 믿는다.

내가 세 번째로 정 회장님을 만난 일시와 장소를 얘기하려고 지금까지 너무 긴 얘기를 끌고 온 것 같다. 세 번째로 그분을 만난 날은 1998년 3월 13일, 광화문 프레스센터였다. '국제옥수수재단' 창립식이 있던 날이다.

김순권 옥수수박사와의 인연

여기서 잠시 말문을 돌려 국제옥수수재단을 창립한 김순권 박사에 관한 얘기부터 나누어 보자. 내가 한국일보 등 신문에 난 김순권 박사의 칼럼을 읽고, 대구 불노동에 있는 그의 집을 찾아간 것이 1996년 추석 하루 전날이었다. (나는 구정과 추석 명절에 부모님이 계시는 대구에 빠짐없이 내려갔었는데, 그해 추석에도 대구에 도착하여 본가에 가기 전에 먼저 김 박사의 집을 전격 방문했다.) 그는 당시 나이지리아에서 '슈퍼옥수수' 개발로 이름을 떨친 다음, 1995년 말에 귀국하여 이듬해 신학기부터 경북대 농대 교수로 자리 잡은, 세계적인 육종학자로 알려진 인물이었다.

울산 농고 · 경북대 · 고려대 · 하와이대 학위를 거쳐 아프리카 검은 대륙에서 17년간 옥수수 품종 개량에 매진하다가 금의환향한 케이스 다. 그의 특장인 '슈퍼옥수수' 개발 품종은 흔히 수원 19, 20, 21호라고 부르는데, 이 품종은 아시아 최초로 생산량이 3배가 되고 병충해에 강한 '하이브리드'형 개발 품종이다.

김순권 박사의 집 현관문을 열고 거실에 들어갔을 때 제일 먼저 눈에 띈 것이 벽에 걸려 있는 십자가였다. 그는 대구순복음교회 신자였 다. 처음 만났지만, 그 사실을 알고는 나도 여의도순복음교회에 다닌다 고 터놓고 얘기하자 무척 반가워했다. 그 후 우리들의 대화는 일사천리로 이어졌다. 나는 연변과기대 사역을 소개한 후 단도직입적으로 요청했다.

"김 박사께서 북한에 슈퍼옥수수를 보급하여 북한의 식량 자급뿐만 아니라 장차 해외 수출까지 가능하다고 쓰신 칼럼을 읽고 무척 감동했습니다. 그런데 지금 남북한의 길이 모두 막혀 있어요. 이를 우회하는 방법으로, 연길 저희 대학에 농업연구소를 만들어 거기서 먼저 임상을 하면서 북한 옥수수 전문가들을 불러내 같이 연구하고 교류하다가 때를 봐서 그들의 도움을 받아 북한에 들어가는 방법을 강구해 봅시다. 이런 방안은 충분히 현실성이 있고, 그걸 제가 도와드릴 수 있습니다."

그는 흔쾌히 승낙했다. 그해 12월 초, 연변과기대를 방문하여 MOU를 한 다음, 이듬해(1997년) 3월에 공식적으로 연변과기대 산하 '동북아 농업개발연구소'를 개소하고 소장(겸임 교수)으로 취임했다.

김순권 박사는 연변과기대 교정에 조그만 텃밭을 일구고 몇 가지 신품종을 파종하는 한편, 연변조선족자치주의 협력으로 연길 근교 농장에도 시험 재배를 시작했다. 그는 연길에 자주 출장을 왔지만, 오랜 시간을 머물 수 없었기에 연변과기대 교수와 학생들을 보조 요원으로 지원하여 연구의 편의를 최대한 보장해 주려고 애썼다. 가을 추수기에 얻은 결실을 갖고 학교에서 품평회도 했다. 첫걸음이라 만족할 만한 결과는 아니지만, 수확량이 아시아 지역 일반 수확량과 비교하면 1.5배 정도는 된 것 같았다. 다만 아쉬운 점은, 북한 육종학자를 불러내 연변과 기대에서 함께 연구하고 임상토록 추진했으나, 우리 뜻대로 되지 못해 김 박사가 무척 아쉬워했다.

나는 김진경 총장께 특별히 당부하여 그 일을 성사시키려고 최선을 다했으나 성사를 이루지 못했다. 왜냐하면 김 총장께서 김일성 주석 사망(1994. 7. 8) 후 삼년상이 끝나자마자 나진과학기술대 설립을 재개하려고 북한에 들어갔다가 국가전복음모죄로 42일간 구속되어 고초를 겪은 후, 중국으로 추방 형태로 풀려난 지 얼마 안 되던 시점이라 북측의 협조를 구하기가 매우 어려웠기 때문이다. (*이 내용은 졸필 "유언을 통해 배우는 교훈"에 자세히 기록되어 있음) 그런 상황 가운데 예상치 않은 돌발 변수가 생겼다.

15대 대통령 선거(1997. 12. 18)를 2주 정도 앞둔 시점이다. 평소 정치에 관심이 많았던 김순권 박사가 새정치국민회의 김대중 후보 진영에 참여했다. 입당할 때 김대중 후보로부터 직접 인준서를 받는 장면을 실황 중계해 주어야 입당한다는 조건으로 참여했다는 뒷소문이 있을 정도로 정치 감각과 협상력이 뛰어났다. 입당 후 그는 대구에서 추미애 의원과 함께 유세현장을 돌아다니면서 나름대로 이름을 알렸다. 이후 김대중 후보가 당선되자 반사적으로 삽시간에 일약 유명 인사가 되었다.

그런 일이 있고 난 다음에 나는 그를 만나기가 대통령을 만나는 것만큼이나 어려워졌다. 해가 바뀐 후 북한 진출에 특임을 자처하면서 내왕을 시작한 이후, 그는 우리(연변과기대)와의 관계를 완전히 단절하고 말았다. 더는 우리를 필요로 하지 않았고 우리를 무시하기까지 했다. 그런 과정에 그는 방북 직전에 정주영 회장의 부탁을 받고 정 회장의 고향인 통천으로 가서 숙모를 만나서 영상 촬영해 정 회장께 전달했다는 일화를 언론 인터뷰에서 공개적으로 자랑하기도 했다.

나는 소 떼를 몰고 갔지만 자네는 사람들을 몰고 가게

김순권 박사는 15대 김대중 대통령 취임식(1998. 2. 25)이 있은 지 한 달도 안 된 3월 13일, 드디어 국제옥수수재단을 창립하고 이사장으로 취임했다. 그 창립기념식 자리에서 정주영 회장님을 서산간척지에서 뵌 후 거의 4년 만에 다시 만나게 되었다. 가까이 가서 인사드리려 했지만, 중간에 사람들이 너무 많이 모여 있어서 행사가 끝나고 아들 정몽구 회장의 부축을 받아 퇴장하실 때 잠시 목례로 인사를 드릴 수밖에 없었다. 그러나 그는 나를 알아보신 것 같았다. 특유의 소박한 미소를 지으며 머리를 약간 끄덕여 보이셨다. 그것이 정주영 회장님과의 마지막 상면이 될 줄이야!

김순권 박사의 뒷얘기(언론 인터뷰)를 들어보면, 김 박사가 김대중 정권 출범과 함께 북한 진출 및 협상의 창구역이 될 것이란 소문이 돌자, 정 회장께서 그를 불러 여러 가지 일을 부탁했다고 한다. 그 가운데 금강산 관광사업, 서해 석유 시추사업, 고향 통천에 있는 친척 방문 등이 가장 큰 관심사였다고 한다. 그 대가로 정 회장께서 국제옥수수재단 창립에 5억 원을 지원했다. 이 사실은 창립식 때 김 박사가 당사자가 있는 자리에서 직접 사의를 표한 말이니 틀림없는 일이겠다.

그리고 마지막으로 (네 번째로) 정 회장님을 만나 뵌 자리는 2001년 3월 21일 현대건설 본사에 마련된 빈소였다. 그 제단 위에 걸려 있던 영정 사진이 지금도 내게 이렇게 말씀을 걸어오시는 듯한 느낌이 든다. "이 사장, 하면 된다고 내가 말했지? 나는 떠나지만, 자네는 남아서 평양과기대를 통해서 내가 못다 한 일을 마저 해줘! 나는 소 떼를 몰고 갔지만, 자네는 사람들을 몰고 가서 그들을 이겨내야 해! 그들도 사람이야. 소통하고 협력하면 언젠가 새날이 올 거야! 난 그걸 믿어! 잘 부탁해!"

내가 왜 이렇게 말하느냐 하면, 그해 2001년 3월에 북한 교육성 이름으로 평양과기대 설립허가서가 나왔고, 이를 근거로 한국 통일부에서 6월에 남북합작 교육 특구로 평양과기대 설립을 승인했기 때문이다. 그 프로젝트를 총괄 기획하고 대외부총장과 건축위원장을 역임했던 입장에서 그때 일을 생각해보면, 2001년 3월에 떠나신 그분이 내게 이 소임을 맡기셨다고 믿어질 정도의 확신이 파문처럼 밀려 왔었다. 내가 그를 존경하고 귀감으로 삼았던 만큼, 그 생각은 결코 흔들림 없이 통일의 그 날까지 나를 이끌어가는 엄청난 위력이 되어줄 것이다. 그것은 곧 '현대정신'으로 무장한 통일 비전이다.

RESTORING POWER IN MY LIFE

실향민 정주영과 '현대가'의 통일 비전 II

—소 떼 방북 사건은 20세기 최후의 전위예술

소 1,001마리가 분단의 벽을 넘어 휴전선을 통과한 것은
한반도의 이정표를 바꾼 '대박 사업'이나 다름없었다.

김진경 총장께서 황해남도

용연군에 있는 김정일 목장에 소(한우)를 입식하기 위해 '일'을 벌인
것은 1993년 초부터였다. 그때 협력을 해 주신 분이 신의주와 평양
중간쯤에 있는 정주 출신으로, 한국을 거쳐 호주에 이민 가서 오랜
기간 축산업에 종사했던 K사장이셨다. 당시 60세가 넘었던 이분은,
김 총장께서 북한 축산업에 대한 비전을 제시하고 이 '일'을 수행하면서
고향 땅에도 자주 드나들 수 있다고 하신 말씀에 매료되어, 호주에서
운영하고 있던 목장을 현지인에게 넘겨주고 단신으로 단둥에 와서
소(한우) 감별 작업을 시작했다. 연변지역과 심양시 부근에 있는 조선
족 마을을 일일이 찾아다니며 우량종을 감별하여 단둥에 있는 임시
사육장으로 모아서 일차적으로 300두를 입식하려는 계획을 세우고

추진했다. 대부분의 소는 코뚜레를 한 어미 소로 잘 훈련되고 튼튼한 '일 소'들이었다.

나도 김 총장님을 따라 두 번이나 단둥에 다녀오기도 했다. 드디어 그해 5월에 한우 300두를 20대 넘는 트럭에 분승시켜 압록강 철교를 줄지어 넘어가던 모습은 가관이었다. 김진경 총장은 그 후에도 2년간 두 차례에 걸쳐 150두가량을 더 입식해 주었다. 이런 '일'로 인해 김정일 위원장으로부터 많은 신뢰를 받은 것도 사실이다. 그러나 나선 자유무역 경제특구를 주관했던 김정우 위원장이 뇌물수수 사건으로 숙청당했을 때(1997년), 그 사건에 연루되어 42일간 구속되었다가 중국으로 추방된 사건이 발생했다.

그 후 3년간 북한 출입을 금지 당했던 김진경 총장의 심경을 누가 다 헤아려 줄까? 북한 사역은 이래서 참으로 힘들고 우여곡절이 많은 법이다. 아무튼 이런 정황에 있을 때 1998년 초 현대그룹 비서실로부터 용연군 목장 소(한우) 입식 건에 대한 자료를 협조해 달라는 연락이 왔다. 김 총장께서 '대외비'로 갖고 있던 사진과 통계자료를 복사하여 보고서 형태로 정주영 회장실에 제출해 주었던 게 기억난다. 누가 이런 자료를 참고용으로 받아보도록 건의했을까? 내 생각에는 김순권 박사가 그랬을 가능성이 크다고 본다. 물론 현대서산농장에서 키우고 있던 소 떼를 몰고 방북하겠다는 아이디어는 오래전부터 정주영 회장 개인이 꿈꾸며 구상해 왔던 일이다. 충분히 그러고도 남을 분이시다.

소 떼 방북사건 전모

정주영 회장의 소 떼 방북 사건에 관한 관련 기사 및 자료는 아주 많다. 그중에서 가장 명료하게 정리된 자료로 추천하고 싶은 글이 '한국학중앙연구원'에서 나온 아티클이다. 이를 요약하고 첨삭해서 옮기면 다음과 같다.

개설

1998년 6월과 10월 2차례에 걸쳐 정주영 현대그룹 명예회장이 소 떼 1,001마리를 이끌고 판문점을 넘어 북한을 방문하였다. 1998년 6월 16일 83세의 정주영 회장은 트럭 50대에 500마리의 소 떼를 싣고 판문점을 넘었다. 이날 오전 임진각에서 정주영 회장은 "이번 방문이 남북 간의 화해와 평화를 이루는 초석이 되기를 진심으로 기대한다."라고 그 소회를 밝힌 바 있다. 가족으로 동생 정세영 현대자동차 회장과 아들 정몽구 회장이 대동했다. 정주영 회장의 소 떼 방북은 향후 10여 년간 비약적으로 발전하게 될 남북 민간교류의 물꼬를 트는 기념비적 사건으로서 의미가 있다.

역사적 배경

정주영 현대그룹 명예회장은 실향민으로 대한민국을 대표하는 최고 경영자가 되었다. 그는 17세 때 현재 북한지역인 강원도 통천군 아산리의 고향 집에서 부친의 소 판 돈 70원을 몰래 들고 가출한 후 쌀집 배달원, 자동차 수리공장과 건설회사 사장을 거쳐 글로벌 기업가가

1998년 정주영 현대그룹 명예회장이 500마리 소떼를 싣고 판문점을 넘어간 '소 떼 방북사건'은 세계를 놀라게 하기에 충분했다. 당시 소 떼 방북 장면은 미국의 뉴스 전문 채널인 CNN에 생중계되었으며, 외신들도 분단국가인 남북한의 휴전선이 개방되었다고 보도하였다. 영국 「인디펜던트」지는 "미국과 중국 사이에 '핑퐁 외교'가 있었다면, 남한과 북한 사이엔 '황소 외교'가 있다."라고 평가했다. 미래학자인 기소르 망은 이를 두고 '20세기 마지막 전위 예술'이라고 표현한 바 있다.

되었다. 그뿐 아니라 언젠가 고향을 찾아가겠다는 집념을 버리지 않고 노력한 결과, 그의 나이 83세가 되던 1998년 6월 16일 소 떼 500마리를 몰고 판문점을 넘어 방북하게 된 것이다. 방북 날 오전 정주영 회장은 "1마리의 소가 500마리의 소가 돼 그 빚을 갚으러 꿈에 그리던 고향 산천을 찾아간다."라고 그 감회를 밝힌 바 있다. 정주영 회장이 소 떼 방북을 기획한 것은 1992년부터였다고 한다. 그는 자신의 서산농장 에 소 150마리를 사주면서 언젠가 다가올 방북을 준비하자고 지시했다 고 한다. 소 떼 방북 당시 충남 서산시 부석면 창리 간척지에 조성된 현대서산농장 70만 평의 초원에는 3천 마리의 소들이 방목되고 있었다.

경과

정주영 회장은 1988년 6월 16일 북한에 제공할 소 1차분 500마리를 트럭에 싣고 판문점을 통해 방북했다. 적십자사 마크를 단 흰색 트럭 50대에 실린 소들이 오전 9시 22분 판문점 북측지역을 먼저 넘었고, 정주영 회장은 판문점 중립국 감독위원회 회의실을 지나 도보로 군사분 계선을 넘었다. 4개월 후 2차로 501마리의 소 떼를 몰고 2차 방북이 이루어졌다. 현대그룹은 소 떼 방북을 위해 트럭과 사료를 포함하여 41억7천7백만 원을 부담했다.

1988년 10월 27일 2차 방북 시, 김정일 위원장이 방북 4일째인 10월 30일 밤 10시 25분쯤 정 회장의 숙소인 백화원초대소를 찾아 '깜짝 면담'이 이루어졌다. 김 위원장은 지방에서 올라오는 길이라면서 명예회장 선생께서 연로하시고 거동이 불편하셔서 직접 왔노라고 말했 다고 한다. 김 위원장이 김용순 아태위원장에게 9월 25일로 잡았던 금강산 관광이 기대보다 늦어진다고 말하자, 김 아태위원장은 곧 실현될 것 같다고 대답했다. 금강산 관광 외에도 북한 연안(발해만)에 대한 남북공동 석유시추작업 등 경협사업이 논의되었고, 면담은 45분간 진행되었다. 다음날 정주영 회장 일행은 개성공단이 들어설 6천6백만 제곱미터의 땅을 답사했다.

결과

정주영 회장의 소 떼 방북은 김대중 정부의 출범과 더불어 당시 외환위기 직후 어려운 경제 상황 속에서 남북관계가 풀리고 민간차원의 경제협력과 교류가 증가할 것이라는 희망을 안겨주었다. 1차 방북에서 정 회장은 6월 23일까지 8일간 북한에 머물면서 평양, 원산, 금강산 및 고향인 통천 등을 방문했으며, 북측과 금강산 관광 개발사업, 서해안 공단 사업 및 전자 관련 사업 등을 추진하기로 합의했다. 2차 방북 직후 금강산 관광이 시작되어 1998년 11월 18일 동해항에서 관광유람선 인 '현대금강호'가 첫 출항을 했다. 1999년에는 현대아산주식회사를 설립해 대북사업을 전담토록 했다. 드디어 2000년 6월 15일, 분단 이후 최초의 남북 정상회담이 개최되었으며, 같은 해 8월 남북은 개성공단 건립에 합의했다.

의의와 평가

정주영 소 떼 방북 사건은 분단 이후 민간차원의 합의를 거쳐 군사구역인 판문점을 통해 민간인이 북한에 들어간 첫 사례였다. 김대중 정부의 '햇볕 정책'에 힘입어 향후 10여 년간 비약적으로 성장하게 될 남북 민간교류의 물꼬를 튼 기념비적 사건이었다. 1차 500두, 2차 501두를 합쳐 1,001두로 방북한 이유는 '1,000＋1', 추가된 1마리의 황소는 평화통일을 염원하는 정주영 회장의 통일비전을 상징한다. 당시 소 떼 방북 장면은 미국의 뉴스 전문 채널인 CNN에 생중계되었으며, 외신들도 분단국가인 남북한의 휴전선이 개방되었다고 보도하였다. 영국「인디펜던트」지는 "미국과 중국 사이에 '핑퐁 외교'가 있었다면, 남한과 북한 사이엔 '황소 외교'가 있다."라고 평가했다. 세계적인 미래학자이며 문명비평가인 기소르망은 이를 가리켜 '20세기 마지막 전위 예술'이라고 표현한 바 있다.

정주영 회장의 통일관

정주영 명예회장의 남북한 통일관을 조감해 보면 대체로 다음과 같은 세 가지의 정책적 대안을 가진 것으로 생각된다. 이는 필자의 개인적인 생각이지만 그렇게 많이 틀리지는 않을 것이다.

첫째, 경제통일 우선 정책이다. 그는 평상시 "통일 비용만 부담으로 여기는데 분단 비용은 왜 생각 안 해"라는 말을 자주 했다. 매년 늘려야 하는 국방비 부담과 한창나이에 학업이나 일할 나이에 모든 것을 중단하고 군 복무를 해야 하는 젊은이들의 기회비용도 엄청난 손실금이라는 게 그의 실물 경제적 관점이다. 그리고 북한의 자원 및 노동력에 남한의 기술, 자본, 경험, 세계시장 기반, 경영 능력 및 국제 투자 유치까지 어우러지면 국토개발뿐만 아니라 산업의 고도화와 일자리 창출이 겸하여 확장되는 엄청난 시너지 효과를 얻게 되고, 이러한 남북한 통일경제

발전은 주변국 특히 중국과 일본, 러시아를 위협할 정도의 국력 신장을 일으키게 될 것이라고 주장한다. 이렇게 되면 북한 사람들의 생활수준이 올라가면서 그들이 사는 체제와 정치 현실에 대한 인식에 변화가 생기게 되어, 차츰 민주화에 대한 의식이 고양되고 인간적인 삶의 질을 추구하는 정상국가로 발전할 것이라는 게 정주영 회장의 정치 철학적 지론이다.

둘째, 민간주도 우선 정책이다. 세계적으로 공급망 관계 구조 및 자유 시장경제 질서가 급속히 확대되는 시대이기 때문에 국가 공권력 위주로 경제, 사회, 교육, 문화 등을 이끌어 가기보다 민간베이스의 소통과 협력, 투자 및 기술혁신 등을 존중해 주고 앞세우는 혁신사회 발전형 정책을 채택해야 한다. 우리나라가 선진국이 되기 위해서는 민간 능력을 최대한 배양하고, 도전적이고 개척적인 기업가 정신을 함양하여 세계 속에서 그 기량을 돋보이도록 하는 게 급선무이다. 이런 생산성 있는 창조 사회적인 풍토를 만들어야 나라도 발전하고 기업 이윤과 가계 소득도 향상된다. 또한 국제 사회에서 신인도를 높이는 최선의 능력과 매력을 갖추는 방법이기도 하다. 북한 사회도 결국은 이런 민간주도의 체제로 바뀔 때, 국가 발전뿐만 아니라 민족공동체 사회를 기반으로 하는 통일의 기회를 순조롭게 앞당길 수 있을 것이란 주장이다. 현대그룹이 글로벌 기업군으로 성장한 비결도 여기에 있는 것 같다.

셋째, 유라시아 선도형 통일국가 발전론이다. 정주영 회장의 고향은 북한 강원도 통천이다. 그는 꿈에도 잊지 못할 고향을 그리워하며, 북한을 거쳐 중국으로, 러시아로, 유럽으로 나가는 비전을 품고 늘 그 돌파구를 만들어 가려고 애를 써 왔다. 그러다 보니 북한 경유 자체가 이미 통일을 염두에 둔 사업 전략이요 물류 정책적 기반이 되었다. 그가 대북경협을 강조하는 것도 이 같은 방향성이 내재해 있기 때문이고, 휴전선 분단의 벽을 허무는 일을 무엇보다 중요시한 이유는 곧 그 일 자체가 유라시아 대륙으로 진출하기 위한 첩경이 되기 때문이다. 그가 소 떼를 몰고 휴전선을 넘은 궁극적인 이유도 여기에 있다.

러시아 지도자 고르바초프 같은 인사를 열심히 만나고, 현대건설과 현대중공업의 업역을 극동 연해주 지역으로 확대할 계획을 세우고 블라디보스토크에 현대호텔을 세운 일만 해도, 이미 마음속에 이런 원대한 구상을 하고 있었기 때문이다. 우리 회사가 그 현대호텔 조경 및 부대환경 시설공사에 참여했기 때문에 널리 듣고 보고 인지한 바다. 정 회장은 블라디보스토크 현대호텔을 잃어버린 '발해의 꿈' 곧 대고구려를 회복하는, 한민족 통일국가로 가는 통로요 시금석으로 활용하려 했던 것이다.

소 떼 방북사건 에피소드

여기서 정주영 회장의 소 떼 방북 사건과 관련하여 재미있는 에피소드 하나를 남기고자 한다. 1998년 6월 16일, 트럭 50대에 500마리의 소를 싣고 통일대교를 건너 북한으로 향하던 당시 방북 사진을 유심히 살펴보라. 언론에서 대표적인 홍보용 사진으로 채택한 장면, 즉 정주영 회장께서 목에 화환을 두르고 소에도 장식용 목걸이를 걸어 주려고 동작을 취하고 있는 사진들을 자세히 관찰해 보라. 첫째, 대부분의 소가 코뚜레가 없는 것을 발견할 것이다. 목과 소머리에 밧줄을 느슨하게 묶어 놓았을 뿐이다. 둘째, 대부분의 소가 1~2년 정도밖에 안 되는 어린 소인 것을 알게 될 것이다. 셋째, 암소가 많은 편이고 이 암소들은 대부분 임신 중인 것을 알 수 있을 것이다.

우선 코뚜레가 없는 어린 소는 일을 해 보지 않았다는 것을 뜻한다. 서산농장에서 그냥 방목해서 키웠기 때문에 농사일을 해본 적이 없는 소들이다. 한마디로 '일 소'가 아니라는 점이다. 암소를 많이 싣고 간 것은 정주영 회장의 특별 지시로 깊은 정성이 담긴 조처였다. 즉 한 마리라도 더 북한에 보내주려고 임신한 소를 골라서 실었다는 게 현장 실무자들의 답변이다.

문제는 이 소들이 황해남도 용연군 목장에 도착해서 몇 개월 못 가서 시름시름 앓다가 죽는 경우가 많이 발생했다는 사실이다. 이유가 뭘까? 이유는 간단하다. 소들을 트럭 1대당 10마리씩 분승시켰는데 적재함이 넓어 개체 간 거리에 여유 공간이 있다 보니 겉보기로는 안전해 보이지만, 실제로는 트럭이 울퉁불퉁한 비포장도로 구간을 달릴 때, 서로 부닥치는 횟수와 강도가 커질 수밖에 없었다. 한마디로 소들이 모두 속 골병이 들었다는 얘기다.

암소는 또한 새끼를 배고 있어서 더 고통스러웠을 것이다. 거기에다 대부분 코뚜레가 없고 일을 한 번도 해본 적이 없는 어린 소들이라 농사를 짓는 데 아무런 도움이 되지 않았다. 더구나 입식한 지 얼마 되지 않아 겨울이 닥치자 먹이가 부족해서 어쩔 수 없이 퇴비용 볏단이나 사료를 먹여서 키워야 했으니 불감당이었다. 무엇보다 이 소들은 김정일 위원장에게 바친 소중한 선물이니 애지중지 잘 키워야 하지 않겠는가!

그런데 날이 갈수록 더 중하게 시름시름 앓다가 죽어 자빠지니 이 일을 어떡해! 결과적으로 1년이 지나고 2년이 채 되기도 전에 대부분의 소를 다 잡아먹고 말았다고 한다. 아마도 죽기 전에 인민들의 보양식으로 처리하는 게 더 명분이 서는 일이 되었을지도 모르겠다. 내가 과장해서 하는 말이 아니다. 몇 년 후 평양과기대 건설 현장에 갔을 때 인편으로 전해들은 바가 있어서 하는 말이다.

정주영 회장의 극적인 퍼포먼스 들러리로 방북한 서산농장의 소 떼들은, 시작은 좋았으나 결과적으로 '일 소'로 써먹지 못하고 '식용 소'로 전락하고 말았다. 그러나 배고픈 인민들 처지에서는 화가 아니라 도리어 복이 됐을지도 모르겠다. 아무튼 이런 '20세기 마지막 전위 예술'을 통해 이룬 정주영 회장의 업적은, 개인적으로 세계적인 명예를 획득하고 기업의 위상을 드날리는 기회를 얻게 되었을 뿐 아니라, 꿈에도 잊지 못할 고향 방문의 꿈을 이루는 쾌거가 되었다.

나아가 국가적으로는 이 위험한 사건을 승인한 대가로 김대중 대통령 과 김정일 위원장은 선대(김영삼 대통령, 김일성 주석)들이 이루지 못한 남북정상회담의 큰 꿈을 이룬 한편, 이전에 감히 상상도 하지 못했던, 향후 10여 년간 비약적으로 발전하게 될 남북 민간교류의 물꼬를 트는 기념비적 업적을 쌓게 된 것이다. 달리 말하면, 소 1,001마리 를 내놓고 한반도의 이정표를 바꾼 '대박 사업'을 벌인 것과 다름없다. 남북 간에 이보다 더 큰 정치적 비즈니스의 성과물이 또 어디 있겠는가!

RESTORING POWER
IN MY LIFE

실향민 정주영과 '현대가'의 통일비전 Ⅲ
—'현대가'의 혈류를 타고 흐르는 통일비전

남북협력을 위한 현대그룹의 막대한 투자가 북한에 심어 놓은 투자형
'희망자산'으로 존중받게 될 날이 하루 빨리 앞당겨지기를!

'소 떼 방북'을 통해 남북 분단의

벽을 허물고 새 길을 열어 놓은 정주영 회장은 후속 조치로, 5남 정몽헌(＊
장남 몽필 씨, 4남 몽우 씨가 교통사고 등으로 사망해 몽구, 몽근 회장에
이어 실질적으로는 3남이다.)을 현대그룹의 후계자로 지목했다. 그가
'현대가'의 후계자로 지목된 것은 1998년 '소 떼 방북' 때였다. 그리고
연이어 1999년에 대북사업을 전담할 부서로 현대아산(주)을 세우고
정몽헌을 회장으로 취임시켰다. 정주영 회장으로서는 대북사업과 더불어
한반도 전역뿐만 아니라, 유라시아 대륙으로 진출할 새로운 글로벌 경영
전략을 구상하면서, 이를 후속 사업의 핵심 대안으로 삼고자 했다.

그 리더십으로 정몽헌 회장(서울 보성고, 연세대 문과대 국문과
수석 졸업, 미국 페어레이디킨스대학 경영학 석사, 현대상선 사장을

거쳐 현대전자를 세계 5위권 반도체로 키움, 내성적이고 합리적인 스타일, 외모로 보면 정주영 명예회장과 가장 많이 닮았다.)을 앞세운 것이다. 그러나 이 후계 구도가 순탄하게 이어지진 못했다. 그다음 해 2000년에 들어와 이른바 '왕자의 난'이 일어났다.

현대그룹 정몽구 회장은 공동회장인 동생 정몽헌 회장이 외국에 나가 있는 사이 현대증권의 경영권을 장악하기 위해 이익치 회장을 고려산업개발 회장으로 보내고, 대신 자기 사람인 노정익 현대캐피탈 부사장을 임명하는 인사를 단행하려 했다. 이에 정몽헌 회장 측이 강력하게 반발했고 이익치 회장도 인사에 승복하지 않았다. 오히려 나중에 귀국한 정몽헌 회장이 아버지를 찾아가 이익치 회장의 원직 복귀는 물론 형의 현대그룹 회장 타이틀마저 박탈하는 데 성공했다.

정몽구 회장은 다시 여기에 반발하여 아버지의 사인(sign)을 들먹이며 공동회장에 복귀한다는 선언을 했다. 그러나 결국 정주영 명예회장이 직접 나서서 "현대경영자협의회 대표는 정몽헌 단독으로 한다."라고 선언, 끝이 났다. 하지만 '왕자의 난'이 완전히 끝난 것은 아니었다. 2001년 3월 정 명예회장이 타계하자, 형 정몽구 회장은 자동차그룹을, 동생 정몽준 회장은 중공업 그룹을 이끌고 결국 현대를 떠나고 말았다. 형제들 사이의 반목과 분열로 현대그룹은 창사 이래 가장 큰 위기를 맞았다. (「동아일보」 이영래 기자의 글 참조)

금강산 관광과 그 후폭풍

이런 상황에서도 현대그룹은 대북사업에 주력했다. 대표적인 사업으로 금강산 관광을 들 수 있다. 1989년 1월 남북 분단 후 처음으로 방북한 현대그룹 정주영 회장이 김일성 주석과 만나 금강산 '남북공동개발의정서'를 체결한 데서 논의가 시작된 이 사업은, 그 후 9년만인 1998년 '소 떼 방북'을 통하여 극적인 타결을 보아 김정일 국방위원장과 '금강산 관광합의서 및 부속합의서'를 체결했다. 그리고 그해 11월 18일 관광객, 승무원 등 총 1,365명을 태운 '현대금강호'가 동해항에서 북한 장전항으로 출항한 것이 금강산 관광의 첫걸음이 되었다.

그 후 2002년 9월에는 금강산 관광의 새로운 육로관광을 개시하기도 했다. 그러나 '현대가'에 불어 닥친 '왕자의 난'의 여파는 이미지 면에서 현대그룹에 큰 타격을 입혔을 뿐 아니라, 재정 면에서도 주가 폭락 및 유동성 위기를 맞게 한 주요인이 되었다. 그러나 정몽헌 현대아산 회장에게 이보다 더 크고 결정적인 치욕을 안겨준 사건이 바로 남북회담 및 경협 대가로 지원한 5억 달러(6천억 원으로 현물제공 포함)에 대한 검찰 조사였다.

검찰 조사결과 박지원 전 장관은 2000년 4월 남북 협상 중에 정몽헌 회장에게 정상회담 준비용으로 비자금을 요구한 것으로 알려졌다. 당시는 총선을 전후한 시기여서 이 돈은 대북협상용이 아니라 정치권으로 흘러 들어갔을 가능성이 크다. 또 정 회장은 박지원 전 장관뿐 아니라, 권노갑 전 민주당 고문에게도 총선 전후 비자금을 건넸다는 것이 검찰의 조사결과다. 검찰은 이런 혐의를 잡고 정 회장을 상대로 강도 높은 조사를 한 것이다. 정몽헌 회장으로선 사면초가의 상황이었다.

그가 운명을 걸고 앞장섰던 대북사업도 북핵 위기 등으로 주춤하게 되면서 그의 사업 전반은 총체적인 위기를 맞았다. 금강산 등에 쏟아부은 투자액에 발목이 잡히면서 현대아산, 현대상선의 경영 상태는 극히 악화된 상태였다. 막대한 손해를 감내하면서 대북사업을 진행하고 있는 자신이 부도덕한 기업인으로 치부되면서 검찰 수사까지 받게 되자 심한 스트레스에 시달렸다. 뿐만 아니라 걸핏하면 금강산 관광을 중단하는 등 변덕스러운 태도를 보이는 북한 또한 정 회장을 더욱 곤혹스럽게 만들었던 것으로 보인다. (「동아일보」 이영래 기자의 글 참조)

2003년 8월 4일 새벽 5시 40분경, 현대 계동 사옥 화단에 쓰러져 있는 한 사람을 청소부 직원이 발견했다. 술에 취해 쓰러진 취객인 줄 알았던 사람이 정몽헌 현대아산 회장인 것으로 확인된 것은 몇 시간 후였다. 그는 자신의 집무실에 세 통의 유서를 남겨 놓고 투신했다. 1백여 명의 국내외 취재진이 몰려왔고, 세계 유수 언론들도 정 회장의 죽음을 토픽으로 보도했다. 모든 사람이 한결같이 놀라서 묻는 질문은 '도대체 왜 자살했을까?' 하는 의문이다. 그를 죽음에 이르게 한 원인은 도대체 무엇인가?

김윤규 현대아산 사장은 검찰의 과잉 수사와 짓궂은 가혹행위를 자살 동기로 들었다. 실제로 정 회장은 자살하기 하루 전인 8월 2일에도 12시간이나 조사를 받은 것으로 알려졌다. 정 회장의 한 측근은 "현대를 공중분해 하겠다는 검찰의 협박에 밀려 비자금에 대해 모두 자백했을 것이다. 평소 착실하고 내성적인 성격인지라 그 자괴감에 스스로 극단적인 행동을 취한 것으로 추측된다."라고 말했다. 이 두 사람의 설명을 합치면 가장 정확한 답이 나오리라 본다.

그렇게 그는 떠나갔다. 아버지가 타계한 지 2년 반도 안 되는 시기(노무현 정부 출범 6개월쯤 되던 시기), 아버지가 맡긴 대임과 기대를 잔뜩 남겨 놓은 채 스스로 비운의 길을 택한 것이다.

▌현대가의 통일 비전, 어찌 될꼬

남편의 뒤를 이어 현대그룹의 수장으로 취임한 현정은 회장의 각오와 대책은 남달라야 했다. 남겨진 유가족으로서의 짐도 짊어져야 하지만, 현대그룹의 경영과 현대아산이 풀어가야 할 대북경협의 숙제가 산더미처럼 쌓여 있었다. 현 회장은 현영원 현대상선 회장과 김문희 용문학원 이사장의 4녀 중 차녀로 태어났으며(1955년생) 경기여중·고, 이화여대 사학과, 동대학원 석사, 미국 페어레이디킨슨대학 인성개발 석사를 거친 재원이다. 1976년에 정주영 명예회장으로부터 낙점을 받아 결혼했으며 1남 2녀를 두고 있다.

40대 후반에 현대그룹의 회장으로 취임한 이후 지금까지 보여준 경영 스타일은, 한번 결정을 내린 것은 후회하지 않는 스타일로 '뒤를 돌아보지 않는 성격의 소유자'로 정평이 나 있다. 2002년 12월 토지개발공사와 현대아산이 사업 주체가 되어 북한으로부터 부지를 매입, 공단을 조성한 후, 국내 민간기업에 분양하는 방식으로 진행한 개성공단 부지조성 공사(1단계 100만 평)는 정몽헌 회장의 유고로 난관에 부닥쳤으나, 현정은 회장은 기본 인프라 구축을 위해 상당한 투자를 단행하는 등 뚝심 있게 밀어붙여 2007년 12월, 5년 만에 준공했다. 신원 에벤에셀을 필두로 123개 업체가 입주를 완료했으며, 2006년 말까지 개성공단

내 북한 근로자 1만 명을 확보하는 데 견인차 역할을 했다. 그러나 2008년 금강산 관광객 박왕자 피살 사건이 일어나 금강산 관광이 전면 중단되고 말았다. 그 후 설상가상으로 2010년 3월 천안함 폭침 사건이 발발하자 이명박 정부는 대북 제재안으로 5.24 조치를 발동했으며, 또한 그해 11월 연평도 포격 사건이 터지자 남북관계는 최악의 경색 국면을 맞았다.

제18대 대통령으로 취임한 박근혜 대통령은 이명박 대통령 재임 시 일관했던 대북 제재 및 경색 국면을 완화하고 남북 간에 새 길을 찾아보려고 '한반도 신뢰 프로세스'를 대북정책의 기조로 삼아 '통일 대박론'을 펼치기 시작했다. 이에 고무된 현정은 회장과 현대아산은 대북사업에 새로운 전기가 마련될 것으로 믿고 그 기대에 부풀었다. 그러나 북한 김정은 위원장이 연거푸 핵실험과 미사일 발사를 감행하자, 태도를 바꾸어 극단적인 대북 제재를 가하게 된 것이 2016년 2월에 단행한 개성공단 전면 중단 조치와 일방적 철수 지시였다. 북한도 이에 질세라 그다음 날 '폐쇄 조치'를 취했다.

그 후 박근혜 대통령의 탄핵에 이어 문재인 정부가 들어선 2017년 5월 이래, 약 3년 반 동안에 3차례의 남북정상회담과 북미정상회담이 이루어졌다. 이런 과정에 금강산 관광 및 개성공단 조업 재개 등을 위해 노력하는 동시에 유엔과 미국의 북한 제재를 완화해 보려고 외교력과 국내 여론을 총동원하고 있는 것이 현 정부의 실태다.

문재인 정부의 이러한 친북 정책에 힘입어 2년 전인 2018년 8월 정몽헌 회장 15주기 추모식과 동년 11월 금강산 관광 20주년 남북공동행사를 주관했던 현정은 회장은 평소의 뚝심을 드러내며, "단 한 명의 관광객이라도 있으면 금강산 관광을 계속하겠다."라며 남북 양 지도자들을 향해 7전 8기의 자세를 보여주었다. 그러나 이런 현 회장의 의욕에도 불구하고 유엔 및 미국의 제재 강화와 북미 하노이 정상회담의 결렬, 그리고 이런 와중에 드러난 문재인 정부의 미숙한 중재자 역할에 반발하여 김정은 위원장이 지난 2020년 6월 16일 개성공단 내 남북공동연락사무소를 전격 폭파함으로써 남북 간에 심각한 후유증을 남겨 놓고 있다.

나의 심경도 이리 착잡하고 억울한데 현정은 회장과 현대아산 관계자들의 심정이야 오죽 답답하겠는가! 더구나 온 세계가 코로나 팬데믹으로 패닉 상태에 빠져 있는 현 상황을 고려할 때, 남북한 문제를 포함한 동아시아 지역에서의 신냉전 구도, 즉 미국의 대중국 무역전쟁 및 기술전쟁, 인도-태평양전략과 중국의 일대일로 정책의 충돌을 위시한 미·중 간의 대립 격화는 좀처럼 타협점을 찾기가 어려울 것 같다. 따라서 현대아산의 대북경협 사업도 더 큰 난관에 부닥칠 공산이 커지고 있다. 1998년 '소 떼 방북' 사건 이후 면면히 이어온 '현대가'의 통일비전의 혈류는 장차 어디로 흘러가려 하는가!

희망고문인가, 희망자산인가

현정은 회장을 처음 만난 시기는 전성철 이사장이 창립(2003년 3월)한 세계경영연구원(IGM)의 1기 원우회 회장을 맡았던 2004년 봄이다. 현대그룹 회장으로 취임한 지 반년이 지난 시기였다. 대한전선

(주)의 양귀애 고문, 배우 문희 등과 함께 IGM 2기 원우로 입회했다. 그들을 축하하는 환영식 자리에서다. 그 후 몇 차례 조우하며 연변과기대와 평양과기대 사역에 관한 자료를 전달했고, 그동안 현대그룹이 양교 발전을 위해 도와주었던 사례(취업 및 차량 지원 등)를 몇 가지 보고하면서, '현대가'의 주요 인사(현대그룹 회장)에게 심심한 사의를 표하기도 했다. 특히 정주영 명예회장과 현대건설 지도부의 총애를 받으며 일했던 각종 협력업체 프로젝트(서산간척지 산림훼손 복구사업 포함)와 평양과기대 건설 초기에 '정주영체육관'을 공사했던 현대건설 현장 팀으로부터 기술 자문과 업무 지원을 받았던 일을 자랑삼아 전해주었다.

그런 그를 만 8년 만에 다시 만났던 장소가 중국 길림성 훈춘에서 열린 '포스코·현대국제물류단지' 착공식(2012. 9. 10) 자리였다. 중국 중앙정부가 '창·지·투(창춘, 지린, 투먼) 개발 계획'을 세우고 이를 북·중 나선특구 공동개발 사업과 연계해 그 첫걸음을 떼면서 한국 대기업을 투자 파트너로 참여시킨 착공식 현장이었다. 당시 착공식 주석단에는 중국의 쑨정차이 길림성 당서기, 이규형 주중 한국대사, 정준양 포스코 회장, 현정은 현대그룹 회장, 그리고 김진경 연변과기대 총장이 등단하여 테이프 커팅을 했다. 그날 현 회장을 만나 반갑게 인사를 나누었고, 김진경 총장을 정준양 회장과 현정은 회장 두 분께 별도로 소개하면서 연변과기대가 '포스코·현대국제물류단지' 산학협력 파트너로 참여하게 된 경위를 소상히 설명하고 깊은 감사를 드렸다. 그때 내가 강조해서 했던 말이 지금도 기억에 새롭다.

"여기에 공장과 물류 창고를 짓고 최신 설비를 도입해 놓은들 이를 운영하고 관리할 사람이 없으면 무슨 소용이 있겠습니까? 우리 연변과기대는 비록 사이즈가 작고 학생 수가 적지만 중국어, 영어, 한국어에 능통하고 컴퓨터를 잘 다루는, 국제감각과 인성이 뛰어난 인재로 키우고 있습니다. 포스코·현대국제물류단지에서 우리 학교와 산학협력의 길을 열어주신 것에 대해 다시 한 번 감사드립니다."

이런 취지의 발언에 두 분께서 크게 공감하는 눈치였다. 또한 필자는 산학협력 MOU를 성사시키고 김진경 총장을 이런 중요한 국제협력 프로젝트의 착공식 주석단에 귀빈으로 세울 수 있었던 것에 대해 지금까지도 큰 보람으로 여기고 있다.

중국 지린성 훈춘에서 포스코와 현대그룹의 훈춘국제물류단지 착공식에서 한·중 양국 인사들이 테이프를 자르고 있다. (왼쪽부터 정준양 포스코 회장, 쑨정차이 지린성 당서기, 이규형 주중대사, 현정은 현대그룹 회장, 김진경 연변과기대 총장)

그날 훈춘 시장이 베푼 오찬장에서 나는 현대그룹 관계자들(현대상선, 현대아산 사장단 임원들)과 같이 한 테이블에 앉아 식사하면서 연변과기대 현황은 물론, 평양과기대 개교(2009년 9월) 소식과 학사운영 및 향후 비전에 대해 브리핑할 기회를 가졌다. 나는 의도적으로 이 말을 덧붙였다. "제가 이런 일을 할 수 있도록 이끈 원천적인 힘은 기독교 선교마인드에서 나왔지만, 이와 더불어 기업가 정신으로 가장 크게 영향력을 끼치신 분이 정주영 명예회장님이십니다. 그리고 '하면 된다.'라는 현대그룹의 '현대정신'입니다. 대한민국에 정주영 회장님 같은 분이 두세 사람만 더 계셨더라면 벌써 통일이 됐을 겁니다. 저는 현대에 너무 큰 빚을 져왔습니다."

그날 헤드 테이블에서 VIP들과 함께 오찬을 나눈 김진경 총장께서는 특유의 친화력으로 동북아 국제협력의 비전을 제시하며 좌중을 압도했다고 한다. 낙후지역인 중국 동북 3성이 발전하려면 반드시 두만강 유역 개발사업의 물꼬를 터서 훈춘과 북한 나선지역을 하나의 경제권으로 묶을 때 가능하다, 그렇게 되면 제일 덕 보는 기업이 포스코와 현대그룹이 아니겠는가, 그때를 위해 연변과기대뿐만 아니라 이제 평양에도 대학(평양과기대)을 세워 놓았으니 여러분들이 많이 이용하고 지원해 주시기 바란다는 요지로 기염을 토했다고 한다.

그동안 내가 1년 가까이 훈춘을 내왕하며 포스코·현대국제물류단지와 MOU 업무를 추진하면서 준비해 놓은 자료를 보시고 그대로 말씀하신 거다. 그때 현정은 회장께서 느낀 바가 컸던가 보다. 착공식 오찬을 마치고 떠날 때 현 회장과 나누었던 대화가 기억난다. "남북한 문제를 남북끼리만 풀려고 하지 말고 중국과 러시아로 우회해서 풀어가는 방법이 더 효과적일 수 있습니다. 현대아산의 목표인 통일과업도 이런 방향에서 이루어지면 좋겠습니다." 그때 환하게 웃으며 "네."라고 짧게 답하며 고개를 끄덕이던 모습을 잊을 수가 없다. 그 얼굴 위에 정주영 회장님으로부터 흘러내린 '현대가'의 통일비전이 대를 이어 생생하고도 꿋꿋하게 살아 있음을 느꼈다.

닷새간의 추석 연휴 기간 동안 이 세 편의 글을 쓰면서 가장 마음 아프게 여겨진 것은 현대그룹에 안겨진 '남북경협 희망고문'이라는 용어다. 문재인 대통령이 2019년 1월 '2019 기업인과 대화'에서 "현대그룹은 희망고문을 받고 있다."라고 말한 데서 연유한 용어다. 현정은 회장에게 힘을 실어주기 위한 격려의 발언으로 이해된다.

그러나 나는 오히려 이렇게 말하고 싶다. 북한에 심어 놓은 현대그룹의 그 엄청난 양의 '희망자산'들—'소 떼 방북' 이래 현대그룹이 투자한 금액—을 합쳐보면 얼마나 될까? 5억 불 대북 송금은 차치하고, 그것 때문에 목숨을 버려야 했던 '생명 값'은 또 얼마이런가? 금강산 관광과 개성공단에 쏟아 부은 투자액만 해도 상상을 불허할 판인데, 재계에서는 현대그룹이 2008년 금강산 관광 중단 이후 2017년까지 남북관계 경색에 따른 사업 중단으로 입은 피해가 1조 원이 넘을 것으로 추산하고 있다. 나는 이러한 손실금을 '희망고문'이라고 에둘러서 말할 게 아니라, 미리 북한에 심어 놓은 투자형 '희망자산'으로 인정해서 장차 국가가 '희망매매'로 보상해 주는 방법이 가능한지를 검토해 보자고 건의하고 싶다.

이게 어디 한 개인이나 한 기업의 일인가! "통일! 통일!"을 수백 번

외쳐보라. 정주영 회장으로부터 현정은 회장에 이르기까지 희생적 투자로 흘린 '현대가'의 혈류—그 거룩한 통일 비전의 군자금—는 결코 일개인의 영달을 위한 투자가 아니라, 국가 백년대계와 민족의 항구적인 발전을 위해 바친 통일 대업의 투자였음을 우리는 모두 알고 있지 않은가! 그동안 아무도 이런 말을 못했다 뿐이지 우리 모두 잘 알고 있는 불편한 진실이 아닌가!

사업자가 잘못해서 손실을 본 것이라면 당연히 당사자가 책임을 져야 하겠지만, 그렇지 않고 우리 정부나 북측이 일방적으로 공단을 폐쇄하고 사업을 중단시켰다면, 그 손실을 배상해 주는 게 원칙이라고 본다. 그러니 그동안 현대그룹이 입은 피해를 비즈니스 손실비용(죽은 돈)으로 청산하라 하지 말고 한반도 통일을 위한 인프라 기초공사비로 간주하여 후일 남북한이 통일국가를 이루게 되면 그때 장기 상환 방식으로 지급해주는 방안(이것을 나는 '희망매매'라고 부르고 싶다)을 한번 검토해 보면 어떨까?

그래야 제2, 제3의 정주영과 같은 인물이 나타나서 나라와 민족을 위해 한목숨 바쳐보겠다고 나서지 않겠는가! 이 외침을 나는 '의로운 외침'이라고 믿는다. 이 모든 희망을 위한 이야기를 "실향민 정주영과 '현대가'의 통일 비전"으로 삼가 드린다.

RESTORING
POWER
IN MY LIFE

제4부 # 헌신

'작은 나'를 바쳐 영원한 빛으로 세상을 물들이는 일

"그러므로 형제들아 내가 하나님의 모든 자비하심으로 너희를
권하노니 너희 몸을 하나님이 기뻐하시는 거룩한 산 제물로 드리라
이는 너희가 드릴 영적 예배니라." (로마서 12:1)

RESTORING POWER
IN MY LIFE

자아실현의 승리자들

쪽잠과 반창고 투혼을 이어가고 있는 간호사들이야말로 자신을 이
세상에서 가장 고귀하고 행복한 사람으로 거듭나게 만든 초인들이다.

올해 2020년이 '세계 간호사의 해'이고,
며칠 전 5월 12일이 '국제 간호사의 날'이었다. 이날을 맞아 정세균
국무총리는 자신의 페이스북에서 "지금도 간호사분들은 의료 현장에서
쪽잠과 반창고 투혼을 이어가고 있다."라며 감염의 두려움 앞에서도
물러서지 않는 간호사들의 용기와 헌신에 모든 국민과 더불어 감사와
존경의 마음을 전한다고 적었다.

대한간호협회에서는 '국제 간호사의 날'을 맞아 코로나19 사태를
극복하는 과정에 헌신한 간호사들 가운데 특별히 귀감이 될 만한 분들을
택하여 이달부터 오는 12월까지 매월 '이달의 간호사 영웅'을 선정하기
로 했다고 밝혔다. 이런 기사를 읽으며 더욱 감회가 깊어진 이유는,
어머니가 입원해 계시는 청도 대남요양병원의 간호사분들이 눈에 선하
게 떠올랐기 때문이다.

국내에 등록된 간호사 21만여 명 중 신천지 발(發) 집단감염이 발생했던 대구, 경북지역 등에 지원한 간호사의 수가 3천9백여 명에 이른다. 전문가들은 "전 세계에서 이렇게 많은 간호사가 자원해 헌신한 사례를 찾기 어렵다."라고 말했다. 나는 며칠간 관련 뉴스를 계속 마음에 되새기며 스스로 자문해 봤다. "도대체 그들은 어떤 마음의 경로를 통해 이토록 위험한 지경에서도 기쁨과 보람을 느끼며 자원해서 봉사할 마음이 생긴 것일까?" 직업상 의무감 때문에? 그냥 사람이 착해서? 윗사람이 가라고 하니까? 아니면 남들이 가니까 덩달아 따라나선 것일까?

아니다! 결코 아닐 것이다! 그 3천9백여 명은 스스로 자원해서 전국 각지에서 이 험지로 달려온 분들이 아닌가! 사람들이 사지에 처해 있는 것을 보고, 이를 자신의 고통으로 여기고 함께 나누려는 살신성인(殺身成仁)의 마음을 갖지 않으면 할 수 없는 행동을 한 분들이다. 이분들에게 이런 행동을 하도록 만든 정신적 힘과 역량은 대체 어디서부터 비롯된 것일까?

평상시에는 보통사람들의 생각과 태도에 별반 차이가 없던 분들이 어떤 위기나 극한 상황이 왔을 때 오히려 미친 사람처럼 자신의 생각과 뜻을 뒤집어 자청해서 해결사 역할을 하려고 뛰어드는 것을 보면 참으로 놀랍다. 나는 갑자기 이런 문제의식을 느끼고 인간에게 영향을 미치는 최상의 심리적 변환의 메커니즘에 대한 정의를 찾아보려 애썼다. 그 결과 '자아실현의 욕구'에 대한 철학적 이해를 더하면서 많은 깨우침과 공감을 갖게 되었다.

한계를 뛰어넘은 자아실현의 욕구

두산백과에 보면, 하나의 가능성으로 잠재되어 있던 자아의 본질을 완전히 실현하는 것을 '자아실현'이라고 한다. 이 경우 '자아실현의 욕구'란 타인의 평가나 개입 없이 개인의 잠재력을 성취하여 만족에 이르려는 욕구를 의미한다. 행위 자체가 다른 목적을 위한 수단이 되는 것이 아니라 스스로 목적이 되는 것이다. 스스로 만족하고 기쁨과 보람을 느끼는 심리적 욕구의 충족을 뜻한다. 코로나19 사태에 자원봉사로 참여한 간호사들의 심리적 욕구에 이러한 '자아실현의 욕구'가 무엇보다 크게 작용했을 것 같다.

'자아실현'에 대한 정의는 서구 사상의 주요 철학적 명제로 많이 다루어져 왔는데, 특히 칸트와 니체에 이르러 최고조에 달한다. 독일 관념 철학의 관점으로 본 인간 존재의 보편적 가치는, 자신과의 관계에서 선(善)을 이루려는 노력으로 일관하는 것이 큰 특징이다. 다시 말해 실천적 이성과 행동을 통하여 개인에게 주어진 도덕적인 잠재 가능성을 완벽하게 실현하는 것이 인간에게 주어지는 최선의 결과라는 주장이다.

칸트의 정언명령(kategorischer Imperativ)은 자기 자신을 포함하여 모든 사람을 언제나 목적으로 대할 것을 요구한다. 결코 인간성을 단순한 수단으로 사용하지 않도록 보편타당한 선(善)으로 행동하기를 가르쳤다. 그리고 니체의 초인사상도 끊임없는 자기 극복을 통하여 한계를 뛰어넘는 자유로운 정신과 새로운 가치를 창조하는 노력이야말로 진정한 존재가치로서의 권력의지(權力意志)라고 설명했다.

코로나바이러스와 싸우며 환자들을 내 몸과 같이 돌본 자원봉사 간호사들의 선행을 보면서, 나는 인간에게 주어진 가장 숭고한 선의지 (guter Wille)와 자유정신의 위대함을 깨닫는다. 아무도 그들에게 강요하지 않았으나, 그들은 스스로 '자아실현의 욕구'를 가장 선한 행동으로 실천한 것이다. 이것을 우리는 인간사회의 최고의 덕목이라 일컫는다.

자아실현의 승리자들

고등학교를 졸업한 사람이라면 누구나 알 법한 유명한 미국의 심리학자 매슬로우(Abraham Harold Maslow)의 '동기이론(動機理論)'이 있다. 생리적 욕구─안전 욕구─소속감과 사랑 욕구─존중 욕구─자아실현 욕구로 나타나는 인간행동의 욕구 사슬이다.

베스트셀러 『뇌내혁명』의 저자인 하루야마 시게오는 이 '동기이론'을 자신의 저작에 인용하면서, 욕구는 낮은 차원에서 높은 쪽으로 단계적으로 이동하며, 욕구의 수준이 높아질수록 뇌 내에 모르핀이 많이 분비되며 그만큼 쾌감도 커진다고 했다. 또 바르고 훌륭하게 살아가는 사람, 타인에게 도움을 주는 사람은 항상 젊고 건강하게 질병 없이 오래 살 수 있다는 사실이 뇌 내의 모르핀 연구를 통해 증명되었다고 한다. 그러면서 욕구 사슬의 최고 단계인 '자아실현의 욕구'는 결국 '이웃 사랑'으로 귀결된다는 것이 하루야마 시게오 작가의 주장이다.

세상에서는 삶을 위한 생존경쟁으로서의 본능적 욕구가 공공연하게 노출되고 충돌한다. 개인이든 집단이든 인류 역사의 비극은 대부분 여기에 연유하여 일어났다. 이것을 뛰어넘는다는 것은 보통 어려운

코로나바이러스와 싸우는 대한민국의 간호사들은 '자아실현의 욕구'를 '이웃 사랑'으로 실천한 진정한 승리자들이다.

일이 아니다. 그러나 당돌할 정도로 사회적 갈등 구조의 벽을 넘어, 고통 속에서 고통을 이겨내는 '창조적 고통'으로서의 기쁨과 보람을 느끼며 즐겁게 이웃을 위해 헌신하는 사람들이 존재한다. 그들은 바로 코로나바이러스와 싸우기 위해 대구·경북지역 등에 자원해서 달려간 3천9백여 명의 대한민국 간호사들이다.

이들은 마땅히 존중받아야 할 '자아실현의 승리자들'이다. 인간행동의 최고 단계인 '자아실현의 욕구'를 통해 '이웃 사랑'을 실천함으로써, 자신을 이 세상에서 가장 고귀하고 행복한 사람으로 거듭나게 만든 초인들이다. 그런데 이들 가운데 많은 분들이 크리스천이었다는 사실은 매우 고무적인 일이 아닐 수 없다. 방역복을 입은 채 의료 현장에서 쪽잠과 반창고 투혼을 이어가고 있는 간호사들이야말로 이 시대의 진정한 영웅들이다. 전문가들이 "전 세계에서 이렇게 많은 간호사가 자원해 헌신한 사례를 찾기 어렵다."라고 찬탄해 마지않는 이들 대한민국의 간호사들이야말로, '코로나 시대'를 이겨내는 희망의 빛으로 온 누리에 그 이름을 드높이고 있다.

RESTORING POWER IN MY LIFE

유언을 통해 배우는 교훈

그분을 우연히 만난 다음, 동고동락하며 동역해 올 수 있었던 힘의
원천은 '투철한 신앙심과 영적 감동'이 있었기에 가능했던 일이다.

매주 토요일 아침 조간을 읽으면서

인간적으로 가장 큰 감명을 받는 글이 「조선일보」에 연재되고 있는 "김
형석의 100세 일기"다. 오늘(6. 6) 현충일 아침에도 예외 없이 그분의
일기를 읽다가 한 주 전에 읽었던 글("두 사람의 유언을 통해 내가
배운 것")이 자꾸만 생각나서, 그냥 지나칠 수 없는 심경이 들어 이
글을 쓴다. 여기서 '그냥 지나칠 수 없는 심경'이 든 것은 최근에 벌어지고
있는 김홍업, 김홍걸 이복형제 간의 유산 다툼 공방전 때문이다. 법적
분쟁이 벌어진 유산은 감정액 약 32억 원 상당의 서울 마포구 동교동
사저와 남은 노벨평화상 상금 8억 원이다.

형제들의 재산 분쟁

지난달 매체 보도에 의하면, 올해 1월 김대중평화센터 김홍업 이사장이 민주당 김홍걸 비례대표 국회의원(초선)을 상대로 김 의원 명의로 된 사저에 대한 부동산 처분 금지 가처분을 신청했고, 이에 김 의원 측이 4월에 이의신청을 제기한 상태다. 그리고 김 의원이 인출해간 노벨 상금에 대해서도 김대중기념사업회(김대중재단)에서 '재단으로 돌려 달라'며 수차례 내용증명을 보낸 상태다.

분쟁의 발단은 이희호 여사의 유언에 따라 재산을 처분하기로 한 3형제(고 김홍일, 김홍업, 김홍걸)의 '확인서' 내용이다. 김홍업 이사장 측이 연합뉴스에 제공한 '확인서' 사본을 보면, 2017년 2월 1일 형제 3인이 어머니 이희호 여사의 유언 취지를 받들어 상금 8억 원을 김대중기념사업회에 전액 기부하고 유증받은 부동산은 김대중·이희호 기념관을 설립하는 데 사용하라고 적혀 있다.

만약 지자체나 후원자가 사저를 매입해 기념관으로 사용할 경우, 보상금 3분의 1은 김대중재단에 기부하고 나머지를 3형제 측이 균등하게 나눠 갖는다는 조항도 있다. 김 이사장은 생전 이 여사의 뜻과 3형제의 약속을 어기고 김홍걸 의원이 유산을 가로챘다고 주장한다. 이에 김 의원은 유언장이 무효이며 본인이 유일한 법정 상속인이라고 맞서고 있다.

민법에 따르면 부친이 사망하면 전처의 출생자와 계모 사이의 친족 관계는 소멸하는 것으로 규정한다. 이 때문에 종전의 혈족 관계는 부정되고 따라서 계모자 관계에서는 상속권이 발생할 수 없게 된다.

법적으로는 김홍걸 의원이 이희호 여사의 유일한 상속인인 셈이다. 김 의원은 이를 근거로 형제 3인이 어머니의 유언 취지를 받들어 작성했던 '확인서'는 유언장으로서 효력이 없으며 자신이 부모가 남긴 부동산과 상금에 대한 유일한 법적 상속인임을 주장하고 있다. 그러나 김홍업 이사장은 어머니의 유언에 따라 3형제가 동의하고 합의서에 인감까지 찍었으므로 이희호 여사의 유언대로 유산을 사용해야 한다고 주장한다. 그러면서 "형제간의 재산 싸움이 아니라 재단에 갈 재산을 (동생이) 가로챈 것"이라고 지적했다.

김홍업, 김홍걸 두 이복형제 간의 유산 다툼 공방전이 어떻게 진전될지 알 수는 없지만, 이는 국민의 마음을 여간 상하게 하는 일이 아니다. 재벌기업의 경영 승계나 유산 상속 문제로 세상을 시끄럽게 하는 사건이 터져 나올 때마다 시민들은 혀를 차며 분개한다. 김대중 대통령이 평생을 통해 이룬 민주화 대업과 남북한 소통 및 협력을 생각하면, 그의 피를 이어받은 두 형제간에 일어난 이러한 반목과 대결 구도의 정서는, 우리로 하여금 재벌기업의 행태 그 이상으로 참담한 심경이 들게 한다. 심지어는 억울한 생각까지 들게 만든다.

그들의 아버지는 북한과의 화해를 위해 수많은 의혹과 반대를 무릅쓰고 마침내 6.15 남북정상회담을 성사시킴으로써 대한민국의 역사 발전에 새 길을 열었다. 그리고 마침내 그 공으로 노벨평화상까지 수상하는 영예를 안았다. 그것이 전 국민의 동의와 지지를 받은 일은 아니었지만, 결과적으로 그 이후 노무현 정권을 창출했고 문재인 정권에 이르러 더불어민주당을 압도적인 위세로 역사의 전면에 세우는 시발점이 된 것이다. 김대중 대통령의 업적에 대한 공과는 차치하고 그가 추구했던 정치적 민주주의의 최고의 이념은 한마디로 '갈등을 통합하는 화해의 정신'이었다.

군사독재와의 투쟁 끝에 자신을 핍박한 가해자들에게 화해의 손을 내밀었으며, 마침내 동족상잔의 한을 풀기 위하여 북한 지도자와 두 손을 맞잡았다. 그리고 '역사를 기록하는 세계 언론' 앞에 민족 화해의 모습을 보여주었다. 갈등을 통합하려는 의욕이 없으면 발상하기 힘든 일을 그는 실천적으로 기획하고 추진했던 인물이다. 그런 인물의 아들들이 화해는커녕 아버지가 물려준 재산과 상금을 두고 서로 비난하며 법적 분쟁을 일으키고 있다. 이게 어디 개인의 집안일인가? 국가 차원에 오점을 남기는 참으로 고약한 일이 아닌가?

▌김진경 총장의 유언장

지난 5월 30일(토) 아침 조간에서 김형석 교수는 두 사람의 유언을 통해 배운 교훈을 소개하고 있다. 한국인과 일본인 두 분이 남긴 유언장의 내용을 전하면서, 그 속에 담긴 한 인간으로서의 진실성과 숭고한 희생정신에 대해 설명했다. 먼저 소개한 한국인, 즉 김형석 교수의 65년 전 제자이자 중국 연변과학기술대의 총장을 역임했다고 소개한 'K 총장'은 다름 아닌 김진경 총장이시다.

2000년 6.15 정상회담 이후 본격화된 남북교류 협력사업의 하나로 남북 간 국가급 교육 합작사업인 평양과기대를 건립하기로 하였다. 필자는 연변과기대 건립부터 그분과 함께 일해 온 터였는데, 이 일에도 동참하여 기획 및 건설위원장, 대외부총장을 겸하여 사역해 오다가 지난해부터는 대학운영위원장을 맡고 있다. 그렇기에 김형석 교수님이 조간을 통해 밝힌 김진경 총장의 유언장에 관한 내용이 결코 과대 포장되었거나 위증이 아니며, 오직 김진경 총장만이 그런 유언장을 쓸 수 있는 분임을 30년 간 그분과 함께 일해 온 당사자로서 확실히 보증할 수 있다.

김진경 총장과 동북아교육문화협력재단(이사장 곽선희 목사)에서는 연변과기대를 개교(1992년 9월)한 그 다음해 1993년 가을, 함경북도 나진시에 또 하나의 과학기술대학을 세우고자 현지 방문 후 대학 설립 기획안을 한국 정부에 제출했다. 이 제안은 김영삼·김일성 정상회담 준비 아젠다로 채택되었다. 1994년 봄에 대학부지를 결정하고 건설에 필요한 장비 반입 계획을 세우고 있을 때, 현대중공업 정몽준 회장께서 큰 도움을 주셨다. 6월 말경, 울산에서 도쟈, 포크레인, 덤프, 크레인 등 10대에 가까운 건설 장비를 선적(shipping)하여 나진항에 도착시킨 후, 7월 중순 부지 정지공사에 돌입하려 했다. 그런데 남북정상회담을 준비하던 김일성 주석이 갑자기 타계함으로써 나진과학기술대학의 꿈은 무산되고 말았다.

그 후 3년간의 문상 기간이 끝나자 김진경 총장께서 다시 나진과기대 건립을 위해 북한에 들어갔다가 불상사를 당했다. 당시 나선 자유무역 경제특구 책임자로 있던 김정우 위원장이 부패혐의로 숙청당할 때, 그 사건에 연루되어 국가전복음모죄로 구속되어 42일간 조사를 받았고 끝내 사형선고까지 받는 일이 벌어졌다. "김형석의 100세 일기"에 게재된 김진경 총장의 유언장 내용은 그때 작성된 것인데, 이를 신문에 있는 대로 간단히 소개하면 이렇다.

"김진경 총장은 가족에게 남긴 말 외에 ① (중국 정부에게) 연변과학기술대학을 유지, 성장시켜 달라, ② 미국 정부는 나를 핑계로 북한에 대한 정치적 보복을 하지 말아 달라, ③ 내 신체는 아직 건강하니 장기는 필요한 사람에게 주고 시신은 해부학 연구에 써달라고 했다."

다행히 미 국무부의 노력과 UN 및 중국의 지원으로 추방 형태로 중국으로 풀려 나오게 된 이후에도 김 총장은 매체와의 인터뷰 및 정보기관 접촉을 일절 배제하고 조용히 연변과기대 운영에만 전념했다. 그러면서 그동안 지원해 왔던 북한 어린이돕기(나진유치원 운영 및 함경북도 고아원 지원)를 중단하지 않고 계속했다. 북한 지도부에서는 김진경 총장의 이러한 태도 및 지원을 높이 평가했다. 그러나 그보다 더 결정적으로 감복했던 것은 바로 사형선고까지 받은 사람이 남긴 유언장의 내용이 그들의 심금을 울렸기 때문이다.

김진경 총장이 중국으로부터 추방된 지 3년이 지난 2001년 1월 중순, 김정일 위원장이 중국 푸둥 지역을 공식 방문하는 일이 있었다. 그때 김 위원장은 중국의 발전상을 보고 크게 놀라고 고무되어 귀국 후 곧 국가경제 개선조치를 준비하게 됐는데, 그때 중국 정부 요인의 조언을 받아들여 김진경 총장에게 진사사절단을 보내고 그를 3년 만에 다시 초청했다.

"박사 선생! 나진에 세우려고 했던 과학기술대학이 아직 죽지 않고 살아 있수다. 그 대학을 평양으로 위치 변경해 줄 테니 여기에 연변과학기술대학과 같은 국제대학을 세워 주시라우요."

이것이 그때 김 위원장이 김진경 총장께 부탁한 내용이고 이를

연변과기대와 평양과기대 전경. 연변과학기술대학((上)은 중국 최초의 중외합작 사립대
학이자 한국 최초의 해외대학. 1986년 미국 뉴요커(New Yorker) 주식회사 대표인
김진경(金鎭慶) 박사가 중국 사회과학원(社會科學院) 초빙교수로 중국에 첫발을 내디디
며 구상되었다. 평양과학기술대학((下)은 조선민주주의인민공화국의 유일한 사립대학
으로, 북조선의 교육성과 대한민국의 사단법인 동북아교육문화협력재단이 함께 설립하
였다. 2001년 사업을 시작했으나, 여러 차례 개교가 지연되어, 2010년 가을부터
신입생을 받았다. 설립 과정에서 해외 동포와 대한민국의 대학 및 기독교계의 도움을
받았다.

김 총장이 수락한 후 한국 정부와 협의한 다음, 남북 간 국가급 합작 교육사업으로 설립 추진한 대학이 바로 현재의 평양과학기술대학(개교 2009년 9월, 개학 2010년 10월)인 것이다. 한마디로 '기적'이 일어난 것이다. 나는 이것이 단순히 김정일 위원장의 인간적 배려와 호기 또는 국가사업의 필요성 때문에 벌어진 일이라고 생각하지 않는다. 김 총장의 유언장에서 보듯이, 생명을 가진 한 인간이 죽음에 이르기까지 믿음과 진실성을 지키며 남을 위해 자신의 전부를 헌신한 박애주의적 희생을 통해 역사하신 하나님의 은총이라 믿어진다.

진정한 화해의 길

김진경 총장을 북경에서 우연히 만난 다음 지금까지 만 30년을 함께 동고동락하며 동역해 올 수 있었던 힘의 원천도 바로 이와 같은 '투철한 신앙심과 영적 감동'이 있었기에 가능했던 일이 아닐까? 김 총장님이 평생 굴하지 않는 비전을 품고 중국과 북한 양대 공산국가에 대학을 세우고, 세계 여러 곳에서 자비량으로 참여한 교수진들과 함께 국제화 교육을 통해 그들(중국과 북한)의 미래 변화를 꿈꾸며 헌신한 '희망 전도사'란 점에서, 나는 그분을 무한히 존경하고 사랑한다.

그런 김진경 총장의 박애 정신과 민족사랑 그리고 교육가로서의 헌신도를 높이 평가하여 후일 김대중 대통령이 노벨평화상을 수상했을 때, 이희호 여사(신촌 창천감리교회 장로)의 조언으로 그 상금을 평양과기대 후원금으로 지원하는 방안까지 검토한 적이 있었다고 한다. 이 소식을 김 총장님으로부터 전해 듣고 우리 대학 관계자들은 얼마나 고맙게 여기고 큰 위로를 받았었던가! 그런 그 귀한 상금을 이제 부모님들이 안 계신다고 자식들끼리 서로 유산 상속 분쟁을 펼치고 있단 말인가! 참으로 애가 탄다. 분하고 억울한 생각까지 든다. 자식이라고 개인들이 함부로 좌지우지할 돈(노벨평화상 상금)인가? 그 상금은 진정 남북한 평화통일을 위해 귀히 사용되어야 한다.

나는 김형석 교수님이 쓴 '유언을 통해 내가 배운 것'에 대한 글을 다시 한 번 마음에 새기며, 최근 벌어지고 있는 김홍업, 김홍걸 두 이복형제 간의 유산 다툼 공방전에 대한 문제를 곰곰이 생각하다가 도저히 지나칠 수 없는 심경이 들어 이 글을 쓰게 되었다. 유언을 남기신 부모님의 뜻을 최대한 존중하면서, 법적인 판단을 넘어, 형제들 간의 화해로 공의에 입각한 선한 결과를 만들어 주기를 충심으로 기원한다.

'진정한 화해'야말로 개인, 집단, 국가를 막론하고 인간사회를 관통하는 최고의 선이고 최선의 대책이 아니겠는가?

RESTORING POWER IN MY LIFE

4인방과 신4인방 ㅣ
─복음주의 운동의 기수들

'4인방'과의 특수 관계는 인생 후반전에 기독실업인으로서 '성경적 경영'을
실천하는 데 있어서 각별한 조언과 격려의 '비빌 언덕'이 되어 주었다.

나를 의형제라 불러주고

함께 우정을 나누고 있는 목사님들이 몇 분 계신다. 김동호 목사, 정성진
목사, 최일도 목사, 곽수광 목사다. 나이로 보아 그들 중 세 번째이신
최일도 목사의 아들 결혼식이 어제(10월 10일) 가평군 설악면에 있는
설곡산 다일공동체수련원에서 있었다. 12시까지 도착하여 오찬 대접을
받고 1시부터 예식이 시작되는 일정이다. 길이 먼 데다 연휴 중이라
강원도로 가는 행락객으로 길이 막히는 경우가 있다고 해서 일찍 집을
나섰다. 양재동에서 10시에 출발했는데 12시가 넘어서 도착했다. 김동
호 목사님 가족과 정성진 목사님은 이미 도착해서 식사를 하고 계셨다.
혼주이신 최일도 목사님 내외분과 신랑 최산 군을 반갑게 만나 축하
인사를 드렸다. 곽수광 목사 내외도 오는 데 두 시간 반 이상 걸렸다고

하면서 예식 직전에 가까스로 도착했다.

흔히 교계 일각에서는 이들을 '신4인방'으로 부른다. 사람들이 그렇게 부르는 연유에는, '4인방'과의 유대를 통해 그 다음 세대를 이어갈 만한 분들이라는 평가가 있기 때문이다. 그래서 먼저 '4인방' 이야기부터 풀어 놓아야 '신4인방'과 나의 관계 및 나의 선교인생(인생 후반전 교육선교)의 맥락이 드러날 것 같다.

잊을 수 없는 신앙 인연들

1990년 신년 초 가족들의 손에 이끌려 오산리금식기도원에 갔다가 은혜를 받고 곧바로 그 다음 주부터 여의도순복음교회에 출석했던 이야기는 많이 알려져 있으니 여기선 생략한다. 그리고 한 해가 지나기 전 1990년 10월 초, 북경아시안게임이 있기 며칠 전 북경호텔에서 우연히 한 분의 크리스천 지도자를 만나면서 내 인생 후반전의 진로가 백팔십도 '터닝(tuning)'됐다는 이야기도 여러 번 했으니 그만 줄인다.

북경에서 우연히 만났지만, 그때 접한 김진경 박사(연변과기대 설립 총장)의 남다른 인생관, 즉 중국과 조선족 후대를 위한 교육선교의 비전과 열정에 이끌려 '새로운 희망'을 갖게 된 것이 나의 삶을 또 한 번 거듭나게 만든 '영적 변곡점'이 되었음에 틀림없다. 그 후 서울에서 김진경 총장을 재차 만나 연변과기대 설립에 동참하겠다고 나선 직후에 만난 분이 홍정길 목사님이시다. 김 총장께서 대학 설립에 동역할 분들과 함께 하는 기도회가 있다고 해서 안내를 받아 찾아간 곳이 서초구 잠원동에 있는 남서울교회 당회장실이었다.

당시 의과대학 설립도 같이 추진한다는 계획에 따라 중진 의사와 간호대학 교수 7~8명이 홍정길 목사님 방에서 기도회 모임을 하고 계셨다. 나는 김진경 총장의 손에 이끌려 얼떨결에 참여한 셈이다. 그때 매월 한 번씩 모여 기도회를 할 때 홍 목사님께서 전해 주신 말씀이 느헤미야서다. 어느 구절인지는 자세히 기억나지 않지만, 예루살렘 성벽 재건을 위한 느헤미야의 남다른 사명감과 민족애에 대한 말씀인 것으로 기억난다. 내가 기독인으로서 처음 접한 느헤미야 강해이고, 그때 받은 말씀이 그 후 연변과기대, 평양과기대 사역에 큰 지침이 되었다. 선교 사명과 전략적 지혜와 민족 사랑에 대한 성경적 이해를 배우는 귀한 기회가 되었다.

홍 목사님을 만난 후 김진경 총장님의 안내로 연이어 만난 분들이 사랑의교회 옥한흠 목사님이시고, 또한 소망교회 곽선희 목사님이셨다. 특히 홍 목사님이 바쁘실 때는 옥한흠 목사님이 계시는 사랑의교회 당회장실에서 기도회를 하곤 했다. 나는 이분들을 목사·성도 간의 관계가 아니라 동역자 차원에서 만나게 되었는데, 이것이 내게 얼마나 큰 축복이었는지는 한참 후에야 깨닫게 되었다.

1991년 새해를 맞은 후 얼마 안 되는 3월 초, 김진경 총장께서 내게 특별한 부탁을 해오셨다. 다름 아닌 기도회 건이다. 두 분(옥한흠, 홍정길) 목사님들이 너무 바쁜 분들이시니 당신이 기도회를 맡아서 운영해 달라는 요청이셨다. 나는 손사래를 쳤다. 이제 교회 입문한 지 1년밖에 안 된 초신자가 어떻게 그런 일을 맡을 수 있겠느냐고 극구 사양했다. 그러나 김 총장님도 막무가내였다. 하면 할 수 있다는 말씀이셨다. 할 수 없이 나는 연변과기대후원회 사무실이 입주해 있던 계몽사 건물의 직원용 세미나실을 빌려 매월 마지막 주 월요일 저녁을 기도회 일정으로 정했다. 그리고 '연변과기대 설립 기도후원회장'이란 명찰을 가슴에 달고 봉사하기 시작했다. 난생 처음 맡은 희귀한 일이었다. 하지만 그때로부터 만 10년을 이 기도회의 운영과 진행을 위해 기획, 섭외 및 사회자로서 리더십을 발휘한 일은, 나를 놀랍도록 성장시켜 주었다. 나의 신앙 기초를 다지는 영성 훈련뿐만 아니라, 회중 앞에서 강연하거나 (찬양을 통해) 발음을 정확히 하는 데 얼마나 큰 도움(실기 훈련)을 받았는지 모른다.

이 기도회를 통해서 강사로 모신 목사님들과 교계 지도자분들이 부지기수다. 그중 가장 크게 기억이 남는 분이 CCC 총재이셨던 김준곤 목사님이시다. 소천하실 때까지 세 번 모신 것으로 기억되는데, 그때마다 청년이 살아야 민족이 살고 대한민국이 발전한다는 말씀으로 '캠퍼스 사역'의 중요성을 누누이 강조하시던 모습이 눈에 선하다. 이처럼 김진경 총장과 동역을 하는 입장에서 초교파적으로 여러 교단, 교회 목사님들을 만나고 대화하다 보니 차츰 기독교계의 상황을 폭넓게 알게 되었다. 뿐만 아니라 그들과의 협력관계를 어떻게 이끌어갈 것인지에 대해 조언을 듣는 기회도 많이 가졌다.

영적 멘토로서의 '복음주의 4인방'

그 가운데 가장 자주 만나서 교훈을 주신 분이 옥한흠 목사님(국제교육문화재단 이사장)이시다. 그분을 통하여 홍정길 목사, 하용조 목사, 이동원 목사가 공동으로 개최하는 집회와 행사에도 가끔 참여하는 경우가 생겼다. 그때 비로소 나는 이 네 분들이 기독교계에서 '복음주의 4인방'으로 불리는 것을 알게 되었다. 그리고 이분들의 지혜와 역량을 동역자 차원에서 만나서 배우고 경험한 일은 나의 신앙적 토대와 선교적 지평을 넓혀가는 데 너무나 중요한 기초가 되어 주었다.

그 후 (1996년부터) 10여 년간 해외유학생을 위한 코스타(KOSTA) 집회에 강사진 일원으로 동참하면서 공동대표이셨던 홍정길, 이동원 목사님과 개인적으로 교제할 시간이 많아졌다. 또한 그런 과정에 총무 곽수광 목사와 미주 지역을 총괄하던 오정현 목사를 만나게 되었을 뿐 아니라, 해외에 흩어져 있던 기라성 같은 많은 선교사와 지역 교회 지도자들을 만나서 교제하게 된 것은 하나님께서 주신 말할 수 없이 큰 복이라 하지 않을 수 없다.

당시 나는 순복음교회 조용기 목사님을 수행하여 세계 여러 곳에서 열린 성회에 빠짐없이 참여했으며, 또한 중국과 중앙아시아 및 동남아 지역에 CBMC(기독실업인회) 지회 창립 등 BAM(Business as Mission) 사역을 확장하는 일에도 열중하고 있었다. 그래서 이 모든 만남과 네트워크가 자신을 국제적인 평신도 선교사역의 한 일원으로 자리매김 하는 데 크나큰 도움이 되었다는 사실을 한참 후에야 알게 되었다. 나도 모르는 사이에 어느덧 선교사적 인생을 살아가는 한 사람으로 거듭나 있었던 것이다. 참으로 감사하고 복된 일이 아닐 수 없다.

여기서 하용조 목사님과의 관계를 조금 더 살펴보고 싶다. 홍정길 목사의 CCC 후배로서, 온누리교회 이름 그대로 많은 전문분야에 종사하는 직장인들을 '열린 자세'로 포용하여 그들을 선교적 사명자로 거듭나도록 인도하는 데 특별한 비전과 능력을 갖춘 분이셨다. 1996년 봄으로 기억되지만 정확한 건 아니다. 평소 친분이 깊었던 양유식 원장(온누리교회 초대장로, 한국치과선교회 대표)으로부터 연락이 와서 같이 하목사님을 당회장실로 방문하게 되었다. 옥한흠, 홍정길, 이동원 목사님과의 친분을 통해 몇 번 인사드린 바가 있었지만, 개인적으로 주제를 갖고 대화를 나눈 건 그때가 처음이었다.

하용조 목사님은 순복음실업인선교회 활동 및 선교 실적 등에 관해 물으시고 온누리교회에서도 기독실업인회와 같은 부서를 만들어 해외 선교사역을 지원하면 좋겠다는 뜻을 비치셨다. 나는 여러 가지 사례를 들어 설명해 드린 후 조심스럽게, 순복음실업인선교회 월례회에 오셔서 말씀을 전해 주시면 고맙겠다는 요청을 드렸다. 내가 왜 여기서 '조심스럽게'란 말을 사용하는가 하면, 그때까지만 해도 순복음교회의 오순절 영성을 이단시하는 경향이 교계에 남아 있어서 장로교단에서는 일절 교류를 하지 않을 때였기 때문이다.

그러나 하 목사님은 장로교단에서 누구보다 '성령의 임재'를 강조하는 분임을 알고 있었다. 대화중에 그를 초청하여 순복음교회와의 교류에 물꼬를 트고 싶은 의욕이 점점 더 커졌다. 당시 나는 순복음실업인회 안에서 행사 기획을 맡고 있어서 강사 초빙을 할 만한 입장에 있었다. 하 목사님은 검토해 보시겠다고 대답을 하셨고 두 달 후 성사되었다. 특히 순복음실업인 월례회에 오셔서 하신 말씀, 즉 순복음교회의 순수하고 뜨거운 오순절 신앙 기초 위에 장로교회의 복음주의 영성 훈련이 가미되고 융합되면, 이것이 한국기독교를 더욱 크게 부흥시킬 만한 대안이 될 것이라고 조언해 주신 말씀을 지금까지도 잊지 않고 있다.

대형교회 지도자들의 소통과 협력

기왕에 말이 나온 김에 한 말씀 더 드리고 싶다. 순복음교회 신자로 입교(1990년, 43세) 한 이후, 김진경 총장과 동역하면서 주로 가깝게 만난 분들이 장로교단, 침례교단, 감리교단 목회자들이었다. 그러다 보니 자연스럽게 초교파적 활동을 하게 되었다. 특히 해외에 나가서는 개교회 위주로 사역할 게 아니라, 연합하여 협동 사역하는 기회를 갖도록 하자는 캠페인을 열 정도로 초교파적인 연합선교를 강조했다. 그러다 보니 늘 교회 간, 특히 대형교회 간 소통과 협력에 관심을 두고 있었고, 기회가 있을 때마다 그런 뜻을 목회자들께 건의해 왔다.

이 일도 1996년 연말에 있었던 일로 기억된다. 조용기 목사께 순복음교회도 연변과기대 사역에 동참해주실 것을 부탁드린 후, 이를 추진하는 과정에 특별한 모임을 주선했다. (조 목사님은 다음 해 연변과기대 이사회에 동참하셨으나, 정보기관에 있는 분들이 연변과기대가 북한 접경지역에 있으므로 조심하는 게 좋겠다고 한 말을 듣고 1년 후 사임하셨다.) 여의도 맨해튼 호텔 식당에서 아침 조찬으로 모인 분들이 조용기 목사, 곽선희 목사(소망교회), 옥한흠 목사(사랑의교회), 김진경 총장 그리고 이승율 집사였다. 나는 네 분 앞에서 연변과기대 현황을 간단히 브리핑한 후, 목사님들끼리 담론을 나누게 한 다음 큰마음을 먹고 이렇게 요청했다.

"그동안 연변과기대 사역을 하면서 초교파적인 연합선교의 중요성을 많이 깨달았습니다. 연변과기대가 대표적인 사례라 할 수 있습니다. 아시다시피 이 대학은 구세군까지 참여하는 초교파 선교집단이며 한국인 교수뿐만 아니라, 외국인 교수들까지 합치면 숱한 신앙 배경을 갖고 있습니다. 그럼에도 불구하고 늘 다양성 속에서 일치를 추구하고 있습니다. 이런 연합사역의 패턴을 교계에 정착시키는 데 목사님들 같은 대형교회 지도자들이 앞장서서 소통하고 협력하는 모습을 보여주신다면, 하늘나라 확장에 더 큰일을 이루어낼 수 있으리라 믿습니다. 그런 뜻에서 목사님들의 순회 설교를 건의 드립니다.”

어린 집사가 제안하기에는 너무 당돌한 의견 같았지만, 이분들은 모두 생각이 크신 분들이라 공감하는 뜻을 표해 주셨고, 결국 나중에 1~2년 지나면서 그 ‘꿈’ 이 이루어졌다. 곽선희 목사님은 순복음교회 금요 철야예배로, 옥한흠 목사님은 조용기 목사님을 사랑의교회 수요예배에 초청한 후, 본인도 순복음교회 초청으로 수요 예배에서 말씀을 전했고, 김진경 총장님은 순복음교회 본 성전에서 주일 오후 예배에 참석하여 연변과기대 소식을 전했다. 어린 집사의 ‘지나가는 말’처럼 건의했던 ‘꿈’—대형교회 목사님들 간의 순회 설교—은 이렇게 꽃을 피웠고, 그 영적 유대의 흐름은 후일 2000년에 오정현 목사의 여의도순복음교회 주일 예배 설교 및 조용기 목사의 미국 남가주사랑의교회(오정현 담임목사) 수련회 강사 초빙으로 이어졌다. ‘작은 기적’ 같은 일이 일어난 것이다.

초교파적으로 많은 목사님과 친분을 나누는 동안 나에게 가장 인상 깊었던 일은 ‘형제의식’과 ‘복음’에 대한 확신을 갖고 교단의 벽을 넘어서려고 애쓴 4인방 목사님들의 연합활동이었다. 이분들은 각자 특색 있는 사역으로 목회와 선교 활동을 이끌어 가시면서도 서로 소통하며 하나로 연합하는 모습을 보여주셨다. 따라서 나는 이분들을 더 소중하게 깊이 마음에 새기고 싶은 것이다. 흔히 '강남 4인방' 또는 '복음주의 4인방'으로 불린 이분들은 교단이 다르고 나이도 달랐고(옥한흠 1938년생, 홍정길 1942년생, 하용조 1946년생, 이동원 1945년생), 교회론과 목회론도 달랐다. 그러나 '40년 지기' 우정을 나누며 한국교회의 갱신을 위해 소통하고 협력하는 리더십을 발휘해 오신 분들이다.

총신대 박용규 교수는 저서 『한국교회를 깨운 복음주의 운동』(두란노)에서, "옥한흠 목사는 제자훈련의 장(場)인 사랑의교회를 통하여 복음주의 정체성을 전파하는 데 앞장섰으며, 홍정길 목사는 통일운동과 대북선교에서 실질적인 주역을 감당했고, 하용조 목사는 문서선교를 통해 기독교문화를 한국교회와 사회 속에 뿌리내리게 했으며, 이동원 목사는 침례교를 한국교회의 주요 교단 중의 하나로 올려놓음으로써 한국교회에 풍요로움을 가져다주었다."라고 평가했다.

사람은 가도 그 향기는 남아

'4인방' 목사님들을 내가 목사와 성도라는 교회 내 위계질서 속에서 만난 것이 아니라, 초교파적인 연합사역의 한 동역자로서 만났다는 게 나로선 여간 행복한 일이 아닐 수 없었다. 김진경 총장과의 '우연한 만남' 이후 연변과기대 사역을 하는 과정에 맺어진 이러한 '4인방'과의 특수 관계는 인생 후반전 신앙생활에 복음의 가치를 깊이 뿌리내리게 했고, 또한 기독실업인으로서 '성경적 경영'을 실천하는 데 있어서 각별한 조언과 격려의 '비빌 언덕'이 되어 주었다. 그런 고마운 분들 가운데 벌써 두 분이 소천하셨다.

지난 9월 2일 사랑의교회에서는 고(故) 옥한흠 목사의 10주기 예배가 열렸다. 오정현 담임목사의 사회로 코로나19 확산 방지를 위해 비대면으로 진행했으며, 온라인으로 실시간 생중계되었다. 생전에 옥 목사님은, 내가 볼 일(연변과기대 사역 보고)이 있어서 당회장실로 미리 연락드리고 찾아가면, 다른 특별한 약속이 없으시면 점심을 같이 나누자고 붙잡아 놓고 이것저것 신앙 상담과 격려를 아끼지 않았던 자상한 분이시다. "집사님, 웬만하면 우리 교회에 오세요."라고 몇 번이나 불러주셨던 영적 아버지와 같은 분이셨다. 그런 포용력과 따뜻한 리더십이 있었기에 '4인방'의 맏형으로 제자훈련과 한국교회 연합운동을 지속적으로 이끌어 갈 수 있었을 것으로 믿어진다.

2007년 상암경기장에서 열린 '한국교회 평양대부흥100주년기념대회'에 참석했을 때, 주 강사로 나서서 '행함이 없는 믿음은 거짓 믿음'이라며 한국 개신교를 향해 "다 함께 회개하자!"라고 울면서 외치던 그 목소리가 지금도 귀에 쟁쟁하다. 진실로 하나님과 국민 앞에 회개하는 것만이 하나님의 구원 역사의 첫 출발인 것을 다시 한 번 마음에 새겨본다.

옥한흠 목사께서 소천하신 그다음 해 2011년 8월 초에 하용조 목사께서 그 많은 신병과 고통을 품에 안고 하늘나라로 떠나셨다. 현재 참포도나무병원이 있는 자리에, 그전에 아내가 운영하던 원예백화점과 '한그린' 이탈리안 식당이 있었다. 양재동 온누리성전(횃불트리니티신학대학원)이 가까이에 있어서 하 목사님께서 식당을 가끔 이용하셨다. 우리 내외가 가깝게 대화를 나눌 수 있어서 얼마나 좋았는지 모른다. 그런 목사님이 66세의 젊은 나이로 돌아가셨다.

하 목사님은 일찍이 김준곤 목사님의 지도로 영성 훈련을 받았으며, 이후 7년간 CCC 간사로 활동했던 그가, 1980년 간경화가 재발해 치료차 영국으로 갔다가 5년 후 귀국한 다음, 서빙고동에 온누리교회를 설립했다. 그 후 초인적인 의지로 병마와 싸우며 일로매진한 행적은 유명하다. '2천 명 선교사·1만 평신도 사역자 양성 비전'을 선포한 데 이어, "사도행전적인 교회를 재생산해 온 누리에 복음을 전한다."라는 'Acts 29' 비전을 발표했다. 두란노서원의 문서사역은 말할 것 없고, 대표적으로 CGNTV와 일본 '러브 소나타'를 통해 세계선교의 비전을 열방에 펼치셨다. 이처럼 그 '목숨을 다한 헌신과 생명력'은 지금도 후계자인 이재훈 목사를 통하여 면면히 온 누리에 흘러넘치고 있다.

RESTORING POWER IN MY LIFE

4인방과 신4인방 II

—신앙과 삶의 일치를 추구하는 사람들

'신4인방'의 신앙과 삶의 일치가 일깨우는 복음적 가치가
이 시대 한국교회가 추구해야 할 진정한 구원의 맥락이 아닐까?

이제 '신4인방'을 이야기할 단계다.

김동호 목사가 맏형(1950년생) 격이고 그다음으로 정성진 목사(1955년생), 최일도 목사(1957년생), 곽수광 목사(1961년생) 순이다. 나는 김동호 목사님을 순복음교회에 입문한 지 2년 후인 1992년 봄에 CBMC 서울영동지회의 춘계초청만찬대회에 초대되어 간 자리에서 처음 만났다. 그날 창세기 1장 27~28절 말씀을 중심으로 설교를 하다가, 느닷없이 "공부해서 남 주자, 돈 벌어서 남 주자, 출세해서 남 주자."라는 말씀을 하시기에 정신적으로 큰 충격과 함께 깊은 감동을 받았다. 그리고 나는 그 말씀을 기독실업인으로서 '인생 좌우명'으로 삼게 됐다.

KOSTA(국제복음주의 학생연합회)는 학문과 신앙의 통합을 주도할 미래의 크리스천 지도자들을 세워야 한다는 비전을 갖고 세계 각국의 유학생들과 청년들에게 복음의 빛을 전해 왔다. 선교학자 패트릭 존스토운은 "한국교회는 세계교회사에 남을 만한 두 가지 특징을 갖고 있는데, 그것은 새벽기도와 코스타이다"라고 말했다.

코스타 사역의 동역자들

그 후 1995년부터 김 목사님이 홍정길 목사, 이동원 목사의 요청으로 코스타(해외유학생 사역) 강사로 참여하는 걸 보고 나도 그다음 해부터 참여했다. 그분을 뒤따라가서 해외 유학생들에게 연변과기대(YUST) 소식과 비전을 제시하고 교수진으로 함께 동역할 것을 상담하는 리쿠르트 업무를 추진했다. 김진경 총장께서도 몇 년간 코스타 집회에 참석하시다가 이후에는 모든 것을 내게 위임해 주셨다. 그러다 보니 12년가량

한 해도 빠짐없이 코스타 강사로 다니다가 평양과기대 건축공사가 막바지에 달해 거기에 집중하면서 2008년 이후에는 코스타 집회에 가는 것을 중단하고 말았다.

그 코스타 사역을 통하여 총무로 섬겼던 곽수광 목사 내외와 나눈 교제는 특별히 남다른 바가 있다. 왜냐하면 2남 1녀 자식들의 결혼식 축가를 모두 사모 송정미 교수가 불러주었으며, 막내 여식(이현주)의 중매도 곽 목사 내외가 성사시켜 주었기 때문이다.

김동호 목사와의 관계는 매우 끈질긴 편이다. CBMC에서 만난 이후 1990년대 중반부터 청년 부흥과 교회개혁 운동에 목숨을 걸던 모습을 눈여겨보다가 2001년 숭의여자전문대 강당을 빌려 "높은뜻숭의교회"를 개척했다는 소식을 들었다. 그 후 2년이 지난 시점, 내가 부득이 순복음교회를 떠날 수밖에 없는 입장에 이르자 의지처를 숭의교회로 정하고 교적을 옮기게 되었다. 거기서 6년 정도 출석하면서 청어람 사역과 열매나눔재단(탈북자 취업 지원사업)을 돕다가 교인이 많이 불어나자, 4개 교회로 분립될 때 마포구 신수동에 있는 '높은뜻광성교회'(담임 이장호 목사)로 가서 거기서 또 6년을 출석했다.

그 후 둘째 아들(이동헌)이 미국 유학을 마치고 고려대 교수(물리학과)로 오게 되자, 2남 1녀 자식들이 모두 온누리교회(양재 성전)에 다니는데, 우리 내외만 멀리 광성교회에 다닐 수가 없었다. 그래서 이장호 담임 목사께 부탁드려 온누리교회(양재 성전)로 옮겨 최종 신앙처로 삼은 것이 2016년이다.

그러나 김동호 목사와의 관계는 여기서 끝난 게 아니다. 내가 높은뜻광성교회로 간 이후에도 2009년 고(故) 허영섭 회장(GC녹십자)께서 출연하여 설립한 미래나눔재단의 이사진으로 추대되어, 그 후 만 10년간 탈북자 장학사업을 동역해 왔다. 그러다가 지난해 김 목사께서 폐암 수술을 받고 항암 치료 과정이 고통스러운데도 유튜브 방송을 통해 '날마다 기막힌 새벽(날기새)' 설교와 CMP(Comfort My People, 내 백성을 위로하라)라는 오프라인 모임을 시작하게 되었다는 소식을 듣고는, 그 후 곽수광 목사(푸른나무교회)와 교류하면서 특별 찬양사역을 준비하는 일에 동참하게 되었다. 그것은 김 목사의 CMP 사역을 중심으로 곽 목사께서 모집한 유명 크리스천 뮤지션들이 재능기부로 참여하는 'Praise gathering'이라는 프로그램이었다.

지난 추석 연휴 기간 중인 10월 4일(주일) 저녁에 압구정동 광야극장에서 암 환자들을 위한 특별 찬양집회가 열렸다. 이번 프로그램에는 특별히 '신4인방'들과 내가 합동으로 '사랑으로'란 노래를 부르기로 했다. 해바라기의 '사랑으로'는 연변과기대에서 교가와 다름없이 불렸던 선교적 의미를 담은 애창곡이었는데, 이를 '신4인방' 목사님들이 모두 다 좋다고 해서 그날 중창으로 불렀다. 프로그램 끝 순서로, 김동호 목사님의 암 환자들을 위한 5분 메시지에 이어 '사랑으로'를 함께 부르는데 왜 그리 눈물이 나던지!

> "내가 살아가는 동안에 할 일이 또 하나 있지
> 바람 부는 벌판에 서 있어도 나는 외롭지 않아
> 그러나 솔잎 하나 떨어지면 눈물 따라 흐르고
> 우리 타는 가슴 가슴마다 햇살은 다시 떠오르네
> 아아 영원히 변치 않을 우리들의 사랑으로
> 어두운 곳에 손을 내밀어 밝혀 주리라!"

아! 하나님! 죽음을 준비하는 암 환자들과 코로나 팬데믹으로 고생하는 이 백성들을 위로하소서! 어두운 곳에 손을 내밀어 희망의 빛을 밝혀 주소서! 하나님의 위로가 물이 바다를 덮음같이 임하소서!

다일영성수련원에서의 축제

어제(10. 10) 최일도 목사의 아들 최산 군의 결혼식은 참으로 유별났다. 예배 순서지를 보면 '신4인방'의 이름이 모두 적혀 있다. 〈주례자 : 최일도 목사, 대표기도: 정성진 목사, 성경 말씀 구약 봉독: 곽수광 목사, 신약 봉독: 송정미 사모, 축하송: 송정미 사모, 축도: 김동호 목사〉, 한마디로 '신4인방'이 총동원되어 집례하는 축제의 현장이었다.

아버지 최일도 목사의 주례사가 일품이었다. 본인이 결혼할 때 새문안교회 김동익 목사로부터 받은 '부부 십계명'을 그대로 아들 결혼식에 물려주면서 '행복한 가정' 이루기를 수십 번 당부하는 모습이 눈물겨울 정도였다. 그건 이유가 있다. 작년에 「국민일보」 '역경의 열매'에 게재했던 간증을 읽어보면, 최일도 목사가 부인을 얼마나 고생시키며 '밥퍼', '다일공동체', '무료 천사병원' 등 사역에만 미쳐 일방적으로 영위해 왔는지 기가 막힐 정도다. 그렇게 하지 않고선 구제사역의 길을 한 걸음도 내디딜 수 없을 정도로 어렵고 힘든 일임은 우리 모두가 안다. 그러나 그렇다고 해서 가정을 희생시켜 가면서까지 사역을 하는 건 하나님의 뜻이 아니지 않을까? 최일도 목사도 그 점이 무척 마음에 걸렸나 보다.

아니나 다를까, 김동호 목사께서 축도 전에 잠깐 축복의 메시지를 전하면서 한 말씀을 하셨다. "신랑이 아버지가 주신 '부부 십계명'을 지키는 건 좋지만, 한 가지만은 아버지 말을 절대 따르지 마세요. 아버지는 가정보다 사역을 먼저 챙기다가 어머니를 죽도록 고생시켰어요. 신랑 최 군은 어떤 일이 있더라도 가정부터 먼저 챙기고, 신부를 이 세상에서 가장 소중한 사람으로 섬김으로써 행복한 가정을 이루는 데 최선을 다하도록 하세요. 그게 결혼을 허락하신 하나님의 뜻입니다." 우리 모두 '아멘'이 되는 말씀이셨다.

결혼예배 마지막 순서로 주례자인 아버지가 아들과 며느리를 세상으로 출발시키며 '행진'을 외칠 때 상기된 얼굴로 눈물을 글썽이던 그 모습을 나는 평생 못 잊을 것 같다. 오! 하나님! 신랑 최산 군과 신부 최하은 양의 가정에 백만 송이 장미처럼 가득 찬 행복으로 축복해 주옵소서!

결혼식을 모두 마치고 건물 밖으로 나와 헤어지는 인사를 나눌 때다. 정성진 목사의 새하얀 머리가 청명한 가을 하늘을 배경으로 유난히 빛나는 걸 보았다. 그는 이제 또 민통선 안에 있는 18평짜리 '통일을 위한 기도의 집'으로 돌아갈 게 분명하다. 작년 11월 말에 이임식을 끝으로, 거룩한빛광성교회를 개척해 25년간 목회해온 교회(한때 교인 수가 2만 명에 이르기도 했다)를 미련 없이 떠난 분이다. 정 목사는 재직 당시 교회 24개를 분립, 개척했고, 전체 예산의 51퍼센트를 구제와 선교에 사용했으며, 지역 주민에게 예배당을 개방하고 장애인을 위한 직업 시설 및 학교 등을 운영해 왔다.

"65세 은퇴하기로 다짐했고 아무 조건 없이 떠나기로 스스로 결단했으니까 그걸 지켜야 하지 않겠는가?" 은퇴의 심경을 묻는 기자에게 이렇게 말한 다음, "자기가 한 말은 반드시 지켜야 하고, 교회를 위하는 목사가 돼야 한다. 목사를 위해 교회가 있어서는 안 된다."라고 힘주어 답했다. 이는 평생 좌우명으로 삼은 목회철학, 즉 아사교회생(我死教會生)의 정신에서 우러난 '거룩한 빛으로서의 믿음'이라고 믿어 의심치 않는다.

잠언에서 "젊은 자의 영화는 그 힘이요 늙은 자의 아름다운 것은 백발이니라."라고 했는데, 다일영성수련원의 푸른 하늘 아래 잠잠히 빛나고 있는 그의 새하얀 백발이, 마치 변화산에 나타난 예수님의 빛처럼 '하늘나라를 섬기는 거룩한 빛'으로 가득 차 있음을 느꼈다.

신4인방의 신앙과 삶의 일치

나는 30년간의 신앙생활을 통하여 몸으로 직접 체감하면서 배움을 얻은 '4인방' 목사님들에 대한 존경심을 결코 저버릴 수가 없다. 그분들이 가르쳐준 복음주의 영성과 덕목을 최대한 지키고 계승해 나가는 것이 무엇보다 중요한 임무라는 생각이 든다. 그럼에도 불구하고 교계 일각에서 4인방이 지니고 있는 한계를 지적하여 대도시 중산층에 코드를 맞추고, 성공주의나 대형주의를 선(善)으로 보는 풍조를 조장했다고 하는 비판에 대해서는 신중히 검토해 봐야 할 것이다. '4인방 현상'이 노정하는 이런 한계를 뛰어넘어 다음 세대 후배 목회자들이 어떤 스탠스를 취하는 게 좋을 것인가라는 관점에서, 나는 '신4인방'이 품고 있는, 사회적 구조의 변화에 관심을 두고 신앙과 삶의 일치를 지향하는 '신복음주의적 가치관'에 귀 기울일 만하다고 본다.

복음을 종교적 형태로 교회 안에 가둬두고 신앙을 이원론적으로 접근하는 근본주의와는 달리, 모든 삶에 복음의 능력을 어떻게 드러낼 것인가를 고민하며 목회해온 '4인방'의 수고와 훈련은 타의 추종을 불허할 만큼 뛰어났다. 그럼에도 불구하고 그들이 일군 성과(교회 성장)가 기득권으로 상징되는 강남지역에 머물러 있음으로써 오는 비판은 피할 길이 없어 보인다. 다시 말해 복음과 삶의 일치가 개교회 중심적 목회를 벗어나지 못했다는 점이다. 또 다른 면에서는 대형교회들이 시혜적 차원에서 사회적 약자를 도왔을 뿐, 우리 사회에서 약자가 생겨나는 구조적 문제를 구체적이고 직접적인 현실참여로 풀어보려는 노력이 부족했다는 비판도 함께 제기되고 있다. 한마디로 말해 '사회 정의를 구현하는 복음적 가치 확산'이 부족했다는 지적이다. 이 때문에 '4인방'을 위시한 1세대 복음주의 목회자들이 남겨 놓은 과제를 그들로 부터 가르침을 받거나 영향을 받은 다음 세대가 풀어야 한다는 목소리가 커지고 있는 게 사실이다.

무엇을 어떻게 하는 게 가장 복음적인 복음주의인가? 나는 이를 '신복음주의'라 부르고 싶다. 내가 말장난 하려는 게 아니다. 내가 구태여 김동호 목사, 정성진 목사, 최일도 목사, 곽수광 목사를 '신4인방'이라 부르며 함께 합류하고 소통하는 이유는, 그들 각자가 자신의 분야에서 사회적 공공선을 위해 복음적 가치를 최대한으로 확산하는 전도 및 선교 사역에 사력을 다해 헌신하고 있는 점이 눈물겹도록 고맙기 때문이다.

누구는 항암 치료 중에도 어느 대형교회의 '불법 세습'을 막기 위해 일인 시위를 벌이며 '세상과 소통하는 정의사회' 구현을 위해 목이 터지라 외치기도 했다. 또 누구는 민통선 안에서 통일을 위해 기도하면서도 "새가 두 날개로 날듯, 보수와 진보, 좌·우파는 상호 보완의 관계라고 생각하는 것이 성숙한 자세"라며 좌우 양쪽 진영으로부터 오는 양면적 비판을 정면 대응하는 소신을 보임으로써, 기독인으로서의 정치적 정체성을 명확히 천명하기도 했다.

또 다른 이는 다양성(세상) 속에서 일치(복음적 진리)를 찾겠다는 일념으로 아무도 쳐다보지 않는 청량리 588촌을 찾아갔으며, 아무도 돌봐주지 않는 굶주리고 외로운 노인들을 위해 오늘도 '사랑의 밥'을 푸는 종놈이 되어 있다. 마지막으로 또 한 사람은 본인이 가진 넓은 네트워크와 끼와 문화적 DNA를 최대한 개발하여 북한의 장애인들과 압구정동의 세속적인 환락에 빠져 있는 젊은 영혼들에게 새로운 희망과 미래의 삶의 가치를 찾아가도록 인도하는, '만년 청년'처럼 청년들과 함께 복음을 나누며 살아가기를 작정한 삶을 살아가고 있다.

어쩌면 이런 '신4인방'의 신앙과 삶의 일치가 일깨우는 복음적 가치가 이 시대 한국교회가 추구해야 할 진정한 구원의 맥락이 아닐까? 이런 점에서 나는, 그들이 나를 의형제라 불러주는 한, 그들과 함께 변함없는 '4 + 1'의 복음인생을 살아가고 싶다.

RESTORING POWER
IN MY LIFE

양화진 언덕에 핀 구원의 꽃

양화진 언덕에 꽃밭을 이룬 외국인 선교사들의 눈물겨운 사랑의
노래는 하늘로 올라 기도의 향이 되어 널리 퍼져갔을 것이다.

지난 밤, 꿈에 양화진을 다녀왔다.

양화진에 가면 '양화진외국인선교사묘원'이 있다. 제2 한강교인 양화대
교를 거쳐 당산철교 북단 지점에 강 쪽을 향해 불쑥 튀어나와 있는
작은 언덕 같은 산봉우리가 있는데, 형상이 마치 누에머리를 닮았다고
'잠두봉(蠶頭峯)'이라 이름 지어진 곳이다. 1866년 조선 말기 흥선 대원군
에 의한 천주교 박해시기(＊병인박해는 병인년인 1866년 한 해의 박해를
가리키는 것이 아니라, 그 뒤 6년간에 걸친 박해를 모두 지칭하는 용어이
다.)에 8천여 명의 천주교도들이 참수당한 역사적 비극의 현장이기도
하다. 이후 이곳은 '절두산'이라 불렸으며, 100년이 지난 1966년 한국
천주교 순교성지로 지정되어 성당과 박물관, 추모공원이 세워졌다.

그 후 행정 당국의 협조를 받아 뚝방길을 언더패스(under path)하고

주차장을 넓히며 양화진성지공원으로 확장 준공(2005년)하는 등, 양화진 일대에 큰 변화와 발전이 있었다. 그러나 이 절두산 순교성지에 인접해 있는 기독교 외국인선교사묘지는 황폐하기 짝이 없을 정도로 방치되어 있었다. "어떻게 그렇게 무성의하게 관리되고 있을까요? 지하철에서 내려가는 길엔 오물 냄새가 코를 찌릅니다. 우리나라를 위해 목숨을 바친 분들의 묘를 그렇게 방치한다는 것은 그분들의 업적이나 뜻을 모독하는 것이라 생각하지 않으십니까?" 당시 마포구청 공무원으로 있던 이준범 씨의 책에 적혀 있는 어느 시민의 민원이었다. 그런 정도로 기독교 외국인 선교사 묘지는 죽음의 그늘을 벗어나지 못한 채 퇴락해 있었다.

기독교 유적지 성역화 사업

사실 내가 그 현장을 처음 답사한 것은 시민사회의 민원이 있기 훨씬 전인 1997년 봄으로 거슬러 올라간다. 연변과학기술대학 사역을 시작(1990년)하면서 만난 교계 여러분들 가운데 평신도 지도자로 가장 존경하는 분이 김경래 장로님(전 「경향신문」 편집국장, 한국기드온협회 전국 회장 역임)이시다. 하루는 전화하셔서 어디 같이 가볼 데가 있으니 시간을 내라고 하셨다. 그래서 따라간 곳이 양화진 외국인 선교사 묘지였다. 그때 부근에 있는, 반듯하게 정비되어 있는 절두산 순교성지도 함께 참관했다. 나는 그날 밤, 잠을 제대로 자지 못했다. 잠잘 수가 없었다. 얼마나 분개했는지 모른다. 한국 기독교가 이 정도 수준밖에 안 되는가 하는 게 (초신자로서) 나의 솔직한 심정이었다. 그렇게 방치되고 황폐해진 유적지를 그대로 놔둔다는 건 또 다른 큰 죄를 범하는 일이라고 여겨졌다.

　그다음 날부터 곧바로 김경래 장로님의 요청대로, 본사 엔지니어링 사업부 인원을 동원하여 현지를 측량하고 절두산 순교성지와 연결된 신·구교 합동묘지공원을 수립한다는 명분을 내세워 천주교 측으로부터 시설배치 도면을 입수하는 한편, 주변 도시환경 및 교통 현황을 분석하는 등 실무작업을 추진했다. 물론 자비량 봉사 차원에서 기쁜 마음으로 임했다. 이런 노력과 함께 기독교100주년기념사업회 이사회(이사장 강원용 목사, 상임이사 김경래)의 조언과 격려를 받으며 한 달 작업 끝에 "양화진 기독교선교사묘지공원화 기본계획(안)"을 세웠다. 그리고 그 안을 들고 김 장로님께서 청와대 부속실을 통하여 손명순 영부인께 전달했다.

　그런데 그 후 감감 무소식이었다. 나뿐만 아니라 김 장로님도 무척 실망하는 눈치였다. 기대한 만큼 실망도 클 수밖에 없었던 게, 김영삼 대통령 내외분은 야당 시절부터 청와대 입성 시까지 충현교회 장로, 권사 직분으로 출석하신 분이기 때문이다. 결국 정권이 바뀔 때까지 아무 회답이 없었다. 그러다가 1998년 김대중 정부가 들어선 이후 국가적으로 IMF 위기를 벗어난 2000년 초에 다시 청와대 부속실을 통하여 이희호 여사(신촌 창천교회 권사)께 기본계획(안)을 전달했다. 영부인으로부터 곧 회답이 있었다. 문화관광부 박지원 장관에게 이첩했으니 기다려 보라는 전갈이었다.

　얼마 있지 않아 장관실에서 연락이 왔고, 그 후 실무부서에서도 두세 번 전화가 온 것으로 안다. 김 장로님이 직접 문화관광부를 출입하면서 협의한 후, 결과를 차일피일 기다리는 그런 정황이었다. 그런데 돌발 상황이 일어났다. 박지원 장관이 2000년 4월 남북협상 중에 현대아산(주) 정몽헌 회장에게 정상회담 준비용으로 거액의 비자금을 요구한 것이 알려졌다. 이와 관련하여 5억 불 대북송금 건이 터지자 검찰조사가 진행되면서 결국 박지원 장관이 구속되는 사태에까지 이르렀다. 결과적으로 양화진 기독교선교사묘지공원화 사업은 또 좌절되고 말았다. 기독교100주년기념사업회 사무총장(상임이사)으로 사역하시던 김 장로님은 이런 과정에 나를 기획이사로 영입해 주셨고, 기도와 함께 늘 격려의 말씀으로 챙겨주셨다. 그런데 정작 일이 이렇게 되자 본인이 더 실망하시는 것 같아서 곁에서 뵙기에 민망하기까지 했다.

결국 이 프로젝트는 이명박 서울시장에 의해서 풀렸다. 2002년 7월 1일부로 시장 임기를 시작한 그다음 해, 필자는 초기에 작업(1997년)했던 기본계획(안)을 변경해서 천주교 순교성지와의 진입로 연결 구간을 지하화하는 방안까지 반영한 다음, 김 장로님을 모시고 이명박 시장실로 방문하여 그동안의 경위와 사업 내용을 상세히 브리핑했다. 이 시장은 현대건설 회장 출신답게 도시개발사업의 현안이 무엇인지를 파악하는 능력이 뛰어났다. 곧바로 실무부서를 연결하여 현황을 파악한 후, 마포구청과 협의하여 공청회를 거치게 했다.

그동안 우리 회사가 제안한 도시계획 변경안을 참고로 하여 1단계 설계업무가 발주되었고, 이어서 서울시 지원사업비 20억 원과 마포구청 추경 예산을 합쳐 1차 연도 공사비 60여억 원으로 양화진 종교묘역 정비공사를 착공했다. 그 다음 해 2단계 공사를 거쳐 2004년 말 양화진 기독교선교사묘지 공원화 사업을 완공했다. 그동안에 100주년기념사업회(한국기독교100주년기념재단으로 명의 변경)는 2003년 9월, 강원용 이사장 주재로 임시이사회를 열고 묘지공원 명칭을 '양화진외국인선교사묘원'으로 정했다. 그리고 용인에 있는 '한국기독교순교자기념관' 관리까지 전담할 교회('100주년기념교회')를 세워 성역화와 보존이라는 '100주년기념재단'에 주어진 사명을 감당해 나가기로 의결했다. 이런 절차에 의해 2005년 7월 10일 '100주년기념교회'가 창립되었고 초대 담임목사로 이재철 목사가 취임했다. 비로소 양화진 선교사 묘지 일대(약 4천 평)가 천주교 순교성지와 더불어 한국기독교 유적지 성역화 사업의 대표적인 사례로 거듭나게 되었다.

양화진 언덕에 핀 구원(久遠)의 꽃

양화진외국인선교사묘원(이하 선교사묘원)에는 구한말과 일제 강점기에 우리 민족을 위해 일생을 바친 외국인 선교사와 그 가족 145명이 안장되어 있다. 그 외에 언론계, 교육계 외국인 인사들도 270여 명가량 함께 묻혀 있다. 선교사들은 당시 세상의 변방이었던 'Corea'에 복음의 빛을 나누기 위해 목숨을 걸고 헌신했다. 이들은 병원과 학교를 세워 우리 사회 발전에 크게 이바지했으며, 이들 중 일부는 우리나라의 독립을 위해 많은 위험을 기꺼이 감수하기까지 했다.

1890년 7월, 미국 북 장로회 선교사이며 고종의 시의였던 존 헤론이 양화진에 묻히면서 조성되기 시작한 이 양화진 묘지는, 당시 서교동교회 창립 교인이자 초대 장로인 최봉인 장로(1873-1950)가 헤론 선교사가 죽자 양화진에 있는 자기의 땅에 시신을 묻도록 도왔고, 그 후 무덤이 늘어나면서 묘지 관리인(감검관)이 되었다고 한다. 그 땅에 묻힌 선교사들의 면면을 살펴보면 한결같이 한국인보다 한국을 더 사랑했으며, 자신을 버리고 하나님께 헌신했던 분들이다. 한국감리교 최초 선교사 아펜젤러, 한국 장로교 최초 선교사 언더우드, 여성 교육의 선구자 스크랜턴, 옥중 전도를 처음으로 시작한 벙커, 세브란스 초대 병원장 에비슨, 성서 번역의 공로자 게일, 교육과 선교에 공헌한 베어드, 농촌운동과 직업교육의 개척자 브로크만 등이 묻혀 있다.

내가 2003년 초, 김동호 목사가 개척한 '높은뜻숭의교회'로 교적을 옮긴 후, 교인이 불어나자 4개 교회로 분립될 때 옮겨간 곳이 마포구 신수동에 있는 광성중·고등학교 강당을 빌려 목회하는 '높은뜻광성교회'였다. 거기서 나는 처음으로 광성중·고등학교가 1891년 내한한 캐나다 출신 윌리엄 제임스 홀이 평양에 세웠던 학교의 후신임을 알았다. 그 윌리엄은 여성 의료선교사 로제타 홀의 남편이다. 1892년 서울에서 결혼식을 올린 후, 윌리엄은 평양에서, 로제타는 서울에서 각각 선교사역을 감당했다.

그런데 남편 윌리엄이 1894년 청일전쟁 직후 평양에서 부상자들을 치료하던 중 발진티푸스에 걸려 서울로 급히 후송됐으나, 일주일도 넘기지 못하고 아내 곁을 떠나고 말았다. 그 후 로제타 홀이 아들(셔우드 홀)과 뱃속에 있는 딸과 함께 미국 고향에 가서 아이를 낳은 지 2년 후인 1897년 11월, 두 아이를 데리고 다시 남편이 묻혀 있는 한국 땅으로 왔다. 참으로 쉽지 않은 결단과 헌신이었다. 그런데 비극은 여기서 끝나지 않았다. 이듬해 5월 초, 남편을 기념하는 기홀병원을 짓겠다는 부푼 꿈과 두 아이를 안고 다시 평양에 들어간 로제타 가족은

양화진 묘지공원에는 구한말 선교사들의 애환과 '조선 사랑'이 형형색색의 꽃으로 피어나 있다. 윌리엄 제임스 홀(1860-1894)의 묘비에는 이런 비명이 새겨져 있다. "내가 조선인의 가슴에 청진기를 댈 때마다 나의 청진기도 그들의 심장 소리와 함께 두근거렸다. 나는 아직도 조선을 사랑한다."

짐도 풀기 전에 세 사람 모두 이질에 걸리고 만다. 로제타와 아들은 회복됐으나, 딸 이디스는 어린 나이에 엄마의 품을 떠나고 말았다.

로제타 홀(1865-1951) 이야기를 특별히 길게 쓰는 이유는, 신수동에 있는 높은뜻광성교회에 출석하면서 강변북로를 통해 양화진 선교사묘원 앞을 지날 때마다, 그 불쌍한 로제타가 죽은 아이(이디스)를 등에 업고 평양에서 서울까지 꼬박 몇 날 며칠 밤을 쉬지 않고 걸어서 남편이 묻혀 있는 양화진 묘지에 와서 딸을 묻었다는 전설 같은 이야기가 생각나기 때문이다. 그럴 때마다 나는 더러는 혼자 눈물을 흘리기까지 했다. 아! 너무나 애절하고 감동적인 선교사의 헌신과 사랑이 아닌가!

도대체 누구를 위한 헌신이고 사랑인가! 하나님과 한국인이 아닌가!

이런 헌신적 사랑이 어디 로제타뿐이겠는가! '조선인보다 조선을 더 사랑한 사람'이라는 평전이 있다. 미국인 선교사 호머 헐버트 박사(1863-1949)에 관한 얘기다. 그는 조선의 국권 회복을 위해 일제와 맞서 싸웠을 뿐 아니라, 실제로 고종 황제의 외교 고문을 지내며 1907년 헤이그 만국평화회의 밀사 활동을 지원하는 등, 조선의 독립운동을 돕다가 1910년 일제에 추방당했던 분이다. 그는 또한 교육학자이자 역사학자로서, 그리고 언론인으로 활약하면서 구한말 혼탁한 국제정세 속에서 조선을 지키고 조선인들의 개화를 위해 온몸을 던져 헌신한 업적이 적지 않다. 이런 그가 1949년 7월 29일 미국 해군선을 타고 인천항에 도착했다. 이미 백발의 노인이 되어 해방된 한국을 찾은 감회는 남달랐을 것이다. AP 통신 기자가 소감을 묻자 이렇게 답했다. "나는 웨스트민스터 사원보다 한국 땅에 묻히기를 원합니다." 그래서였을까? 노인은 그렇게 오고 싶어 하던 한국에 도착한 지 일주일 만에 눈을 감았다.

양화진 묘지공원에 묻혀 있는 구한말 선교사들의 애환과 '조선 사랑'을 살펴보자면 한이 없을 정도다. 이 많은 분이 한 알의 밀알이 되고 씨앗이 되어 양화진 언덕에 형형색색의 꽃으로 피어나 있다. 부모를 따라왔다가 풍토병이나 전염병에 걸려 죽은 어린아이들로부터 90세 노인에 이르기까지, 그들이 남긴 사연을 우리는 결코 소홀히 다루거나 망각해서는 안 될 것이다.

연변과기대(연길시 공동묘지를 헐고 학교를 세움) 사역을 시작한 이래, 거기서 헌신하고 뼈를 묻은 한국인 교수와 외국인 선교사들이 적지 않다. 13개국에서 온 2백여 명 이상의 고급인력들이 가족들과 함께 하늘나라의 꿈과 사랑을 나누며 '오직 믿음'으로 헌신했다. 내가 학교 사역을 떠나지 못했던 이유 중의 하나가, 양화진에 묻힌 선교사들처럼 어린아이들을 데리고 와서 고생하며 질병과 감시의 위험을 무릅쓰고 그 땅을 위해 헌신한 젊은이들이 숱하게 많았기 때문이다. 차마 그들을 버리고 떠날 수 없었다.

나는 그들을 마음에 품고 기도할 때마다 '양화진 언덕에 핀 구원(久遠)의 꽃'을 생각한다. 그리고 실제로 그들을 만나기만 하면, '양화진 스토리'를 들려주며 그들이 나누고 있는 '영원한 양식'으로서의 삶의 가치를 격려하고 칭찬하는 것을 큰 낙으로 삼아왔다. 나는 능력도 없고 잘하지도 못하는 그 '선한 일'을, 그들은 힘들고 엄혹한 '현장'에 온몸을 던져 또 다른 '양화진 스토리'를 만들어가고 있는, 천사표 일꾼들이 아닌가!

▌ 세계인의 성지순례 장소가 되어야 할 양화진 종교유적지

'양화진' 꿈을 깬 후, 더 이상 잠이 오지 않아 거실에 나와 한참 묵상에 잠겨 있다 보니, 서울시나 마포구청 당국에 건의하고 싶은 일이 한 가지 생각났다. 지난 9월 초, 한국경제 TV를 통해서 접한 소식이다. 마포구 합정동 토정로 일대가 도시재생 활성화지역으로 최종 선정됐다는 뉴스였다. 도시재생 활성화사업은 쇠퇴한 도시지역을 물리·환경적, 경제적, 생활·문화적으로 개선하여 지역의 활력을 회복하고 경쟁력 있는 정주 환경을 조성하는 사업으로, 서울시로부터 마중물

사업비 100억 원을 지원받게 되는 일이다. 최종 선정된 토정로 일대는 한강과 절두산 순교성지, 양화진 역사공원, 서울화력발전소 등이 자리 잡고 있어서 대단위 개발이 쉽지 않은 지역이었다.

그러나 2018년 시작된 골목길 재생사업을 계기로 노후화된 골목길을 이용하기 편하고 안전한 골목길로 조성하는 과정에서 마포구와 주민들이 끊임없이 소통한 결과, 주민들이 도시재생 사업에 대해 긍정적 시각을 갖게 되었으며, 이번에 서울시로부터 선정 평가를 받는 데 주민들의 협력이 매우 컸다고 한다. 마포구는 본 업무에 관하여 "해당 지역은 도시재생 활성화계획 수립을 통해 주민 공동체 활성화를 비롯해 물리적인 주거환경 개선사업과 한강, 절두산 성지, 양화진, 서울화력발전소 등 지역의 역사·문화자원을 연계한 문화관광 사업 등 지역 활성화를 위한 다양한 방안을 마련하게 될 것"이라고 설명했다. (한경TV 신인규 기자)

나는 마포구청이 이번 도시재생 사업에 '절두산 순교성지'만 역사·문화자원으로 활성화할 게 아니라, 3개 축(절두산 순교성지, 양화진 역사공원, 서울화력발전소)이 만나는 중간 지점에 있는 '양화진외국인 선교사묘원'도 주요 거점으로 연결하여 세계적인 종교유적지(신·구교 합동 종교유적지)로서 '글로벌 미션 블록'이 되도록 기획해 줄 것을 건의하고자 한다. 왜냐하면 세계 어디에도 신·구교 유적지가 손잡고 있듯 이렇게 가까이 자리 잡은 경우가 드물기 때문이다. 더군다나 8천 명에 이르는 천주교도 참수 현장과 150여 명에 이르는 외국인 선교사들이 한자리에 묻혀 있는 성역화 현장은 좀체 찾아보기 힘든 '스페셜 역사'이기 때문이다.

특히 기독교 외국인 선교사들이 (다른 나라에서는 대부분 제국주의 침략의 앞잡이 노릇을 했지만) 수백 개의 학교를 세우고 수십 개의 병원을 세워 구한말 시대 이후 대한민국의 국민 생활에 거대한 변화를 이끌어 준 점은, 개신교 역사상 가장 높이 평가받아도 좋을 만한 역사·문화자원이라고 하지 않을 수 없다. 흑암으로 뒤덮인 '은둔의 땅'에 와서 자신의 몸을 산 제물로 희생하며 일제의 압제 속에서 조선을 지키고 조선인을 개화시키기 위해 노력한 외국인 선교사들의 순교적 희생은, 세계 기독인들에게 '성지순례'의 한 장소로 추앙받기에 조금도 부족함이 없는 곳이다. 그러한 역사적, 정신적 가치를 외국인 관광객뿐만 아니라, 이 시대 대한민국의 청소년 세대들에게도 공히 교육하고 홍보하는 전시공간으로 활용해 주기를 당부하고 싶다.

더불어 한 가지 더 건의하고 싶은 분야가 있다. 마포구가 2015년 봄부터 문화재 후원 국고보조 지원을 받아 7개월간, 근대 역사 문화유적지 탐방 행사로 '뱃길을 열다'라는 프로젝트를 운영했는데, 그 일을 이번 도시재생 활성화사업과 연계시켜 새롭게 확대 발전시켜 달라는 주문이다. 당시 뱃길 코스는 양화진 소공원에서 출발해 외국인선교사묘원을 둘러보고 잠두봉 선착장에서 유람선에 승선, 밤섬과 서울화력발전소, 선유도공원으로 가는 A코스와 A코스의 외국인선교사묘원 대신 절두산 순교성지를 둘러보는 B코스 등 두 가지가 있었다. 이 두 가지 코스를 한 코스로 연결(외국인선교사묘원과 절두산 순교성지를 하나의 통행로로 연결)하여 토정로 일대의 골목길 문화공간으로 확장 접속시킴으로써, 이 지역을 '특별역사관광문화단지'로 탈바꿈시키는 대안을 마련하면 더 근사해질 것 같다.

인근에 있는 홍익대 주변의 향락적인 문화행태와 달리, 역사와 문화가 함께 어우러지는 '신한류 역사문화 패턴'의 관광명소가 되게 하여, 신·구교 합동묘지공원이 갖는 성역화 현장의 특수성과 함께, 이곳을 세계적인 정신적 가치 재생산의 골목길 문화공간으로 조성해 주기를 부탁하고자 한다.

여기까지 이야기하고 나니, 그동안 오랜 기간 '양화진 묘지공원'을 마음에 품고 가져왔던 수많은 생각들이 하나의 맥락으로 정리되는 듯한 감을 느낀다. 그것을 '하나님과 인간의 소통을 위한 거룩한 우정과 사랑, 그리고 믿음과 헌신의 가치'라고 말하면 너무 거창한 표현일까?

1890년 7월, 미국 북장로회 선교사 존 헤론이 죽었을 때, 한성 사대문 안에는 서양인을 묻을 장소가 없어서 전전긍긍하고 있을 때, 그 외국인 선교사의 시신을 운구해 와서 양화진 언덕에 있는 자기 소유의 땅에 고이 장사 지내주고, 그 후 묘지관리까지 맡아주었던 서교동교회 초대 교인 최봉인 장로의 품성과 신앙심은 생각할수록 놀랍다. 그것이 계기가 되어 그 후 수많은 외국인 선교사들이 그 땅에 묻힌 이래, 지금의 양화진 외국인선교사묘원을 이루기까지 내재(內在)해 온, 그 놀라운 복음적 영성의 흐름은 가히 한국기독교 역사의 모본이라고 해도 과언이 아닐 것이다.

그 땅에 묻힌 영혼들이 발아하여 꽃피운 전도와 선교의 비전은 한강의 뱃길을 따라 천 리를 갔을 것이고, 그 양화진 언덕에 꽃밭을 이룬 외국인 선교사들의 눈물겨운 사랑의 노래는 하늘로 올라 기도의 향이 되어 조선 반도에 널리 퍼져갔을 것이다. 그 '구원(久遠)의 생명'이 오늘도 '양화진' 언덕을 넘어 우리 모든 기독인의 가슴에 슬프도록 아름답게 메아리친다.

RESTORING POWER IN MY LIFE

'두 번째 산'에 오르다

생각과 뜻을 하나님의 능력의 손에 온전히 맡기며 살아가는 사람은
늘 새 옷을 입고 사는 사람과 같다.

데이비드 브룩스의 신작 『두 번째 산』을
읽으면서, 독서를 통해 얻는 기쁨이 어떤 것인지를 새삼 깨닫는 귀한
감흥을 맛보았다. 저자는 「뉴욕타임스」 칼럼니스트로 있으며, 쓰는
책마다 해외 언론의 격찬을 받았다. 이번 신작을 두고 빌 게이츠는
"난 브룩스를 읽고 삶의 균형을 찾았다."라고 격찬하였다. 6백 쪽에
이르는 제법 두꺼운 책을 완독한 후 내가 가진 첫 느낌은, "나는 과연
두 번째 산을 오르고 있는가?"라는 자문이었다. 이 말은 "어떤 인생이
가치 있는 인생인가? 왜 우리는 여기에 있는가?"라는 질문과 상통한다고
여겨지면서 오랜만에 나 자신을 진지하게 성찰하는 기회를 가졌다.

세상을 살다 보면, 세속적인 상황에 매여 부화뇌동하며 떠도는 사람들
이 대부분이지만, 의외로 겸허한 식견과 아량을 가지고 자신을 희생하면

서까지 세상을 위해, 남을 위해 살아가는 '남다른 영혼'을 만날 때가 간혹 있다. 저자는 이를 '두 번째 산을 오르는 사람'이라고 설명하며 '두 번째 산'을 오르는 삶은 개인주의를 넘어 공동체를 섬기며 자신의 초자아적인 '내면의 소리'에 귀 기울이는 사람이라고 소개한다. 주변인과 사회와의 유대를 존중하되, 그 목표가 개인적인 이권이나 유익을 구하는 차원(저자는 이를 '첫 번째 산'에 머물러 있는 사람들의 특징으로 꼽았다.)이 아니라, 인생을 대대로 이어가야 할 세대 간의 '위대한 사슬'로 가꾸어야 한다고 주장한다.

그렇기에 소명으로서의 직업과 '희망을 위한 혁명'으로서의 결혼을 중요시하는 합목적적인 인생을 살아야 한다고 강조한다. 다른 말로 표현하면, 인생의 '첫 번째 산'은 자아(ego)를 세우고 자기(self)를 규정하는 공간인 데 비해, '두 번째 산'은 자아를 버리고 자기를 내려놓는 곳이며, 정복하고 획득하는 장소가 아니라 헌신하고 희생함으로써 얻는 공동체로서의 '기쁨'을 최고선(最高善)으로 삼는 전인적(whole)인 인격의 공간이란 것이다.

내가 넘은 '두 번째 산'

'두 번째 산'을 읽은 후 여러 시간 골똘히 묵상하며 '내면의 소리'를 듣고자 애를 썼다. 지난 세월의 사연과 행적이 주마등처럼 스쳐 지나간다. 청년 시절 러시아 문학의 '고뇌하는 정신'과 실존주의 철학에 매료되어 떠돌다 결국 '잃어버린 10년'을 겪으며 혹독한 불행을 맛보기도 했다. 그 와중에 '현대건설'이라는 큰 산을 넘으면서 새롭게 눈 뜬 자아의 욕구—비즈니스의 성과와 세속적인 권익—를 위해 밤낮없이 자신과 가족을 혹사하며 '워커홀릭(workaholic)'의 늪에 빠져 있었던 30대의 만용과 40대의 물질주의적 경향은 또 얼마나 부정한 정신적 타락이었던가?

마침내 가족들의 손에 이끌려 간 기도원에서 '거듭나는 영혼의 기쁨'을 깨닫고 기독교에 입문한 것은 순전히 하나님의 은혜요 인도하심이리라! 이후 갑자기 시야가 탁 터진 듯 넓게 열린 '글로벌 미션'의 세계를 접하게 되자, 앞에 있는 푯대만 바라보며 '참된 생명의 삶'을 지키려고 무진 애를 썼다. 그러다가 우연히 북경에서 만난 한 사람(김진경 총장)의 '남다른 영혼'과 접속하면서 기독실업인으로서 교육사업의 새 길(연변과기대와 평양과기대 사역)을 걷게 된 것은, 나를 인생의 '두 번째 산'에 오르도록 이끈 결정적인 사건이었다고 말해도 무방할 것이다.

이런 과정에서 기독실업인으로서 취해야 할 태도(Business as Mission)에 대해 명쾌한 지침을 주신 분이 김동호 목사이시다(참조 118쪽). 그는 내가 1992년 CBMC서울영동지회의 전도초청 만찬에 초대받아 갔을 때, 당시 서울영동지회 지도 목사로 계셨던 분이다. 이분이 창세기 1장 27~28절 말씀을 근거로 "땅을 정복하라"라는 제목의 메시지를 전했다. "생육하고 번성하여 땅에 충만하라. 땅을 정복하라. 모든 생물을 다스리라."라는 본문 내용이다. 이 메시지를 전하다가 느닷없이 참석자들을 향해 일침을 쏘듯 강한 톤으로 "공부해서 남 주자. 돈 벌어서 남 주자. 출세해서 남 주자."라는 말씀을 하시는 게 아닌가!

그날 나는 이전에 한 번도 들어보지 못한 생소한 말이면서도 폐부

인생의 두 번째 산을 오른다는 것

데이비드 브룩스가 말하는 첫 번째 산은, 자기 자신의 성취를 향해 달려가는 삶이다. 아무리 높이 올라가고 가진 것을 산처럼 쌓아놓더라도 공허한 가슴을 안고 살아가고 있었음을 발견하는 순간이 오게 된다. 그때에야 비로소 진정한 자아 찾기에 나서게 되고, 함께 어울려 사는 기쁨과 상호 의존성, 관계성에 눈뜨게 됨으로써 두 번째 산을 넘게 된다. 자기 인생의 짐을 산더미같이 떠안고 경쟁하며 사는 삶에서는 느끼지 못했던 헛헛한 마음이 두 번째 산에서는 사랑의 기쁨으로 채워지게 된다.

깊숙이 파문을 일으키며 몰려오는 큰 감동을 느꼈다. 비수같이 찔러 들어온 그 '말씀의 명제'가 오늘날까지 잘 박힌 못처럼 가슴 한복판에 꽂혀 있다. 공부 잘하고 돈 잘 벌고 출세한 모든 대가는 나 자신을 위한 것이라는 생각에 빠져 있던 나에게 '이타적인 새 삶'을 살아가도록 생각의 방향을 백팔십도 전환시킨 '혁명적 역발상'이 되어 주었다.

이제 와서 40대 중반 이후 인생 후반전의 뒤안길을 돌아보니, 연변과 기대·평양과기대·동북아공동체 사역을 수행하면서 세계 곳곳에 있는 선한 이웃들(후원자들)과 함께 세상의 어둡고 낮은 곳으로 자진해서 찾아가서 나눈 삶의 기쁨은, 그 이전에 있었던 어떤 이기적인 자아의 만족보다도 훨씬 크고 순수한 삶의 기쁨으로 느껴졌다. 마치 내 인생 전체를 송두리째 뒤집어놓은 듯한 영적 변화의 지진이 일어난 것과 같은 느낌이다.

작가 데이비드 브룩스는 책에서, 두 개의 산을 아우르는 여행(내용의 전개)을 묘사하기 전에 '기쁨은 현실적인 실체이다.'라는 명제를 짚어준 대목에서 이렇게 말한다. "행복(happiness)과 기쁨(joy)을 분명하게 구분하는 것이 중요하다. 행복은 흔히 어떤 성공이나 새로운 능력 또는 어떤 고양된 감각적 즐거움과 관련이 있다. 이에 비해 기쁨은 자기 자신을 초월하는 어떤 상태와 연결된다. 자기와 다른 사람 사이에 장벽이 사라져서 함께 하나로 녹아든다는 느낌이 들 때가 그렇다. 행복은 우리가 첫 번째 산에서 목표로 삼는 것이고, 기쁨은 두 번째 산에서 살아갈 때 저절로 생기는 부산물이다. 행복은 좋은 것이지만 기쁨은 더 좋은 것이다."

연변·평양·동북아 여러 곳을 돌아다니며 하나의 일관된 비전과 열정을 품고 내닫는 길에서 느낀 그 말할 수 없는 기쁨은, 남은 이해할 수 없을지 모르지만, 나의 영혼을 춤추게 하는, 하늘로부터 내려온 '은총' 그 자체였다.

참포도나무병원

며칠 전 수요일(9. 23) 아침, 참포도나무병원 수요예배 순서로 라오스 선교사 파송식이 있었다. 22년간 라오스에서 사회복지선교를 해 오신 배동환 목사님(73세)을 참포도나무병원 파송 1호 선교사로 임명하고, 이를 기념하는 예배(본문: 누가복음 10: 1-3, 17, 말씀: 원목 구현우 목사)를 드렸다. 앞자리에 앉아 있던 아내는 흘러내리는 눈물을 연신 주체하지 못했다. 그 눈물을 보고 파송 감사 인사말을 하던 이동엽 병원장(큰아들)도 눈물을 억제하지 못하고 더듬거리며 말을 이어갔다. "오늘은 너무나 기쁜 날입니다. …부족하고 연약한 저희에게 선교사를 파송할 수 있도록 은혜를 주신 하나님께 먼저 감사드리고… 연로하신 나이에도 불구하고 저희를 믿고 라오스 의료선교의 길을 개척해 보시겠다고 수락해 주신 배동환 목사님께 깊은 경의를 표합니다. …또한 우리 병원 모든 식구가 한마음이 되어 파송 1호 선교사를 배출하게 됨으로써 선교병원으로서의 첫걸음을 뗄 수 있도록 협조해주신 모든 분께 감사드립니다."

참으로 기쁜 날이다. 코로나 팬데믹 사태로 국가 경제가 어렵고 의료분야의 여건도 크게 위축된 현실에 굴하지 않고 용기를 내어 '선한 일'을 하고자 뜻을 세우고 실천하는 아들이 대견했다. 그리고 선교사를 파송하는 '선교병원의 반열'에 참여하게 됐다는 사실 자체만으로도 영적으로 얼마나 기쁜 일인지 모르겠다. 선교는 하나님의 지상명령이다. 기독인으로서 '누구는 나가는 선교사로, 누구는 보내는 선교사'로 일생 가운데 한 번 이상은 누구나 그중 한 가지 역할은 해야 한다는 게 나의 지론이다.

8년 전 병원을 창립할 때, 병원 이름을 예수님을 상징하는 '참포도나무병원'으로 지을 때부터 언젠가는 북한 의료지원을 위한 선교병원으로 거듭나리라는 비전을 갖고 시작했다. 이제 그 중간 단계로 라오스 공산주의 국가에 의료복지 파송 선교사를 배출하여 간접 경험을 쌓도록 조치한 일은, 장차 있을 큰 그림(평양과기대 의학부를 통한 의료지원)을 준비하는 첫걸음이라고 해도 과언이 아니다. 하나님도 기뻐하실 일이겠지만, 이를 지켜보는 어버이로서의 심정 또한 한없이 기쁘지 않을 수 없다. 나도 끝내 기쁨의 눈물을 흘리고 말았다.

이동엽 병원장의 파송 감사 인사말이 끝난 후 축사를 하기 위해 등단했다. 나는 마음을 진정하고 차분한 목소리로 이렇게 축복했다. "선교사와 선교지역의 관계를 '양과 이리떼'로 묘사해도 지나치지 않을 만큼 위험한 곳이 선교지역입니다. 더군다나 라오스는 공산주의 국가이며 종교 자유도 통제받는 열악한 지역입니다. 그곳에서 사역한다는 것은 곧 '죽으면 죽으리라.'라는 각오와 결단 없이는 갈 수 없는 곳입니다. 특별한 비전과 열정 없이는 감당할 수 없는, 예수님이 피 흘려 돌아가신 십자가의 언덕과 같은 곳입니다. 그곳을 향해 가는 배동환 선교사님 내외분의 선교의 길 위에 하나님의 한량없는 은혜와 평강이 임하기를 기원합니다."

그리고 말미에, 구현우 원목께서 예배 중에 하신 말씀을 인용해서, 병원 식구들을 돌아보며 그들도 함께 축복해 주었다. "우리는 지금까지 굳이 하지 않아도 되는 일을 해왔고, 굳이 가지 않아도 되는 길을 걸어왔고, 굳이 만나지 않아도 되는 사람들과 함께 있었습니다. 앞으로도 우리는 계속 그 자리에 있을 것입니다. 주님이 주시는 기쁨을 경험하게 될 것입니다."

병원을 창립하며 아들과 함께 다짐한 '참'의 정신(Charity/Healing/Amenity/Maturity)을 마음에 되살리며, 아무도 시키지 않은 일이지만 스스로 '선한 일'의 동역자가 되어 한마음의 꽃을 피워준 병원 가족들이 너무나 고맙게 여겨져 마음껏 축복해주고 싶었다.

참포도나무병원에서는 창립(2012년)한 지 2년 후부터 6년간 한 번도 거르지 않고 해외의료봉사(6월 말경, 4박 5일 일정)를 다녀왔다. 캄보디아, 괌, 중국(연변), 몽골, 필리핀, 라오스 등이다. (올해는 코로나 사태로 실행치 못했다.) 국내에서는 매년 부활절 및 추수감사절을 활용하여 1박 2일 프로그램으로 전북 익산 왕궁면 한센병 완치환자 집거촌을 방문하여 의료상담 및 진료, 어린이 건강교실, 마을 청소 등을 해왔다. 그리고 겨울이 오면 크리스마스 직전에 서초구 취약지구 주민들에게 연탄 지원사업을 하고 '불우이웃 돕기'로 생필품을 공급하는 일 등을 해왔다. 이 모든 일을 병원 측에서 일방적으로 끌고 가지 않고 의사 및 간호사들의 자발적인 참여로 실행해왔다.

주차관리 요원까지 합쳐 130여 명(의사 13명, 간호사 70여 명 및

MRI 영상, 재활, 행정관리, 홍보, 콜센터, 주방, 청소원 등)에 이르는 중견 의료기관(주 종목: 신경외과 척추병원)으로 성장했을 뿐만 아니라, 병원이 추구하는 '사회적 기업' 형태의 의료봉사에 치중한 결과로 관련 행정기관이나 의사협회 등에서 표창도 많이 받았다. 이런 세상의 표창이나 평가도 중요하지만, 이보다 더 큰 의미로 이제 선교병원으로 새로 출발하게 된 것이 무엇보다 기쁜 일이다. 자발적이고도 눈물겨운 헌신의 사명을 감당하기 위해 새로 출발하는 선교병원으로서의 길에, 데이비드 브룩스가 말하는 '두 번째 산'에서 나누고 누리는 기쁨이 물이 바다를 덮음 같이 넘치게 임하기를 소원한다. 그 어둡고 낮은 곳, 위험한 통제사회에 사는 '모르는 사람들'과의 사이에 장벽이 사라지고 사랑으로 함께 녹아지는 '기적의 치유'가 있기를 주님의 이름으로 기도한다.

▌날마다 속사람으로 호흡하며 살아가기

요즘 젊은 세대들이 노인층을 겨냥하여 '꼰대'라는 말을 자주 쓴다. '꼰대마인드', '꼰대의식'이라는 용어까지 곁들여가면서 노인들의 옹고집과 의사 불통, 자기 기준만 옳다고 강조하는 태도, 인색하고 편향됨, 잔소리와 간섭, 대접받기를 당연시하는 경향 등을 비꼬고 폄하하는 경우가 많다. 모두 다 한결같이 젊은이들의 감각이나 행태에 어울리지 않는 부조화 현상을 두고 하는 말이다. 나도 이제 70대에 들어왔으니 '꼰대' 소리를 듣기 쉬운 나이인지라 젊은이들을 만날 때는 이런 말을 듣지 않으려고 무진 애를 쓰는 편이다. 다행히 그동안 연변과기대·평양과기대 사역을 하면서 늘 접하는 게 청년 학생들이고, 동북아공동체문화

활동을 하면서 함께 연구하고 토론하는 계층이 대부분 청장년층이라, 생각하는 바나 행동거지가 비교적 젊은 세대와 격의 없이 어울리는 데 훈련이 많이 되어 있는 편이다.

오죽하면 정장이나 와이셔츠를 캐주얼한 '레노마'로 차려입고 다닐까? 프랑스 젊은이들이 좋아하는 패션을 벌써 십 년째 입고 다닌다. 그러다 보니 부수적으로 따라오는 큰 장점도 있다. 예전에는 몸에 맞춰서 옷을 입었는데, 지금은 옷에 맞춰 몸을 관리하는 버릇이 붙었다. 이런 방식으로 십 년째 몸 관리(body-shaping)를 하다 보니 늘 65킬로그램을 유지하며 비교적 날씬한 편이다. 젊은이들과 대화하다가 가끔 말이 막히면(상대방이 심한 편견을 갖고 있거나 노인을 '박물관' 취급을 하면), "나, 레노마 단골이야, 벌써 십 년째야." 이렇게 말하기만 하면 대화하던 젊은이들이 자못 경이롭다는 표정을 지으며 마음의 문을 활짝 여는 경우를 자주 본다.

거기에다 유식한 척 한마디 더 갖다 붙이는 말이 있다. "성장 시에는 몸에 옷을 맞춰 입어야 하지만, 일단 성장기가 지나면 옷에 몸을 맞춰 입고 다니는 게 편하고 유익할 수 있어. 그걸 우리 노인들은 성숙이라고 말하지. 사회 규범이나 제도, 사회적 가치와 인륜 및 공동선에 몸을 맞춰 살다 보면 그것이 주는 평안과 여유로움이 있어. 그걸 나는 '사회적 인격'이라 칭하고 스스로 그리하려고 애를 쓴단다." 이렇게 말하면 그들은 다시는 '꼰대' 취급을 하지 않고 오히려 공손한 태도로 따르는 모습을 보일 때가 많아지는 것을 본다.

내가 왜 이런 말을 하느냐 하면, 70대 이상의 노인들이 나이(Physical

Age)야 어쩔 수 없이 '꼰대 세대'이지만, 말하고 생각하는 바의 정신 상태와 의식의 흐름(Spiritual Age)은 '존경받을 만한 꼰대' 즉 '존대'가 될 수 있도록 노력하자는 취지에서 하는 말이다. 노인들이 품고 있는 경륜이나 삶의 경험에서 우러나는 지혜, 넓은 인맥의 관계 구조, 입을 열기 전에 지갑을 먼저 열고 베푸는 선심, 특히 젊은이들의 의견을 존중하고 먼저 챙겨 주는 아량 등은, 이 세상을 밝고 훈훈하게 만드는 '잘 익은 과일'처럼 맛있고 우아한 인품이 아니겠는가!

이런 '존대'야말로 인생을 살아가는 '두 번째 산'에 오른 노인의 행태라고 해도 틀린 말이 아닐 것이다. 그래서 나는 죽을 때까지 젊은이들로부터 '꼰대' 소리를 듣지 않고 '존대' 소리를 들으며 살아가고 싶다. 묘비명에 "'레노마'를 즐겨 입은 사람, 늘 청년으로 살다가 가다."라고 적어놓으면 다른 노인들이 "너나 잘하라."라며 비아냥거릴까?

기왕에 말이 나왔으니 성경 말씀을 하나 인용해 보자. "그러므로 우리는 낙심하지 않습니다. 우리의 겉사람은 낡아가나, 우리의 속사람은 날로 새로워집니다."(고후 4:16)라고 한 바울 사도의 말씀처럼, 겉사람의 외모는 시간에 따라 낡아가게 마련이다. 외모뿐만 아니라 우리의 생각이나 행동거지도 고루해지고 어눌해지기 쉽다. 이렇게 연약하게 빚어져 부서지기 쉬운 질그릇 같은 존재이지만, 우리 속에 있는 하나님께서 주신 보물, 즉 어두워진 우리 마음속을 환히 비추시는 하나님의 빛—예수님의 얼굴에 나타난 하나님의 영광을 아는 지식의 빛—을 깨닫고 우리의 생각과 뜻을 하나님의 능력의 손에 온전히 맡기며 살아가는 사람은 늘 새 옷을 입고 사는 사람과 같다는 말씀이다. 정신적으로 늘 새 옷을 입고 다니는 사람처럼 활달하고 기쁨에 찬 모습으로 이웃에게 '선한 영향력'을 미치는 사람이 되라는 것이다. 이는 곧 '두 번째 산'을 오르는 사람의 모습과 진배없다.

데이비드 브룩스의 '두 번째 산' 책 앞면 표지에 보면 출판사 측에서 "삶은 '혼자'가 아닌 '함께'의 이야기다"라는 표어를 붙여놓았다. "멀리 가려면 함께 가라"는 말도 있다. 이 '함께하는 정신'은 인간사회의 관계성을 대표하는 지주와도 같은 의미로 와 닿는다. 한 달 보름 전쯤에 CBMC서울영동지회 '화요 성경공부 및 기도회' 모임에 갔을 때의 일이다. 코로나 사태로 대면 모임을 하기 힘들어지자 각자 집에서 '줌(ZOOM)'으로 경건회를 드리기로 결정했다. 그러자 어느 한 분이 "우리 언제 함께 모여요?"라고 항의조로 물었다. 그분뿐만 아니라 우리 모두가 그 '함께하는 즐거움'에 대한 상실감으로 허전한 마음을 달랠 길이 없었다. 그래서 내가 한 가지 퀴즈를 냈다.

"한물간 사람을 한자 숙어 네 글자로 뭐라고 할까요?" 다들 쉽게 알아맞히지 못하자 성질 급한 내가 기다리다 못해 답을 말했다. "일수거사—한 일, 물 수, 갈 거, 선비 사."라고 일러주었다. 그러면서 "나도 이젠 겉보기엔 멀쩡해 보이지만 결국 한물간 사람입니다."라고 자조 섞인 말로 우스갯소리를 마쳤다. 자리에서 일어나려는 데 옆자리에 앉아 있던 김미옥 부회장이 나를 직시하며 불쑥 말문을 열었다. "회장님, '일수거사'라고 하면 '한물간 사람' 말고 또 다른 뜻이 있을 수 있어요." "그게 뭔데요?" "한 일, 나무 수, 클 거, 스승 사. 한 나무 큰 스승이란 뜻도 있네요.… 전, 회장님이 그런 분이라고 생각합니다."

갑자기 나는 주먹으로 한 대 얻어맞은 것처럼 정신이 번쩍 들었다.

내가 한 나무 큰 스승이라고? 말도 안 되는 소리라고 손사래를 쳤으나 김 부회장은 끝까지 고집 피우듯 그렇게 말했다. 그날 이후 그 말이 생각나면 혼자 피식 웃으며 자부심도 아니고 자괴감도 아닌 묘한 감정을 느끼곤 했는데, 이제 '두 번째 산'을 읽고 나니 내 마음에 어떤 확신이 주어지는 것 같았다.

아! 어쩌면 나도 그사이에 많은 우여곡절을 겪었지만, 용케도 '첫 번째 산'의 이기적인 삶의 덫에 붙잡혀 있지 않고 '두 번째 산'으로 건너가 이타적인 삶의 길을 찾아가려고 애를 써 왔구나 하는 생각이 든다. 부족하지만, '꼰대'가 아니라 '존대' 소리를 들으며 그렇게 살아보려고 애쓴 것만큼은 틀림없다. 참포도나무병원 이사장으로서 할 수만 있으면 어려운 사람들을 돌보려고 힘써왔다.

오래된 일이지만, 밥 버포드가 쓴 책 『하프타임』을 들고 다니며 이제 우리도 무언가 새로운 인생의 목표—인생 후반전의 의미 있는 로드맵을 세워봐야 할 게 아니냐면서 떠들고 다닌 게 엊그제 같긴 하다. 그러나 내가 이런다고 남들의 귀감이 되리라는 생각은 한 번도 해본 적이 없는데, 어쩌다 이런 평을 듣게 되었을까? 만일 이것이 맞는 말이라면 이를 가능하도록 이끈 '보이지 않는 초능력자의 도움'이 있었기 때문이리라. '전적인 하나님의 은혜로 여기까지 왔구나!' 하는 게 나의 진정한 고백이 되었다.

데이비드 브룩스는 이렇게 말한다. "첫 번째 산이 무언가를 획득하는 것이라면, 두 번째 산은 무언가를 남에게 주는 것이다. 첫 번째 산이 계층 상승의 엘리트적인 것이라면, 두 번째 산은 무언가 부족한 사람들

사이에 자기 자신을 단단히 뿌리내리고 그들과 손잡고 나란히 걷는 평등주의적인 것이다."

　이 대목을 열 번도 더 읽고 나니 그제야 마음속에 확신이 굳어진다. 이런 삶은 나도 언제든지 살아낼 수 있을 것 같다는 자신감이 생긴다. 내 속에 있는 속사람이 하나님의 빛을 받으며 새 옷을 입고 푸른 나무숲 언덕 위로 올라가는 듯한 감흥이 절로 마음에 새겨진다. 오! 주님 감사합니다. 평생 이 마음으로 살아가게 하옵소서!

삼동지간三同之間의 인생

복조리 장수로 가장하여 만난 내 인생의 동반자

내가 아내를 처음 만난 것은 1964년 정월 대보름 다음 날이다. 오늘 (2. 26)이 정월 대보름이니 만 57년 전의 일이다. 중학교를 졸업하고 고등학교 입학을 앞둔 2월 중순경이었다. 동년배로서 평소 친하게 지냈던 할머니 집안의 조카뻘 되는 손윤식이 소개한 케이스다. 시골 출신이라 중 3때 1년 가까이 우리 집에 와서 하숙을 하며 학교를 다녔었는데, 내게 뭐 부탁할 일이 있으면 늘 하는 얘기가 "친척 중에 공부 잘하고 얼굴도 예쁜 여학생이 있는데 너한테 소개해 주마."라는 식이었다. 그러나 말만 그랬지 한 번도 액션을 취해 준 적이 없었다. 고교 입시를 치르고 합격 발표를 듣고 아직 입학하기 전이니까 한창 들뜨고 고삐 풀린 망아지처럼 신나게 놀던 때다.

장난 끼가 발동해서 그랬을까? 다분히 외향적이고 한번 하겠다고 마음먹으면 어떡해서든 해보려고 애쓰는 경향이 농후했던 내가 드디어

일(?)을 벌인 것이다.

그때부터 내가 기획마인드가 좀 있었나 보다. 말로만 소개해준 그 여학생의 집을 알려 달라고 떼를 써서 집주소를 알아냈다. 위치를 미리 탐색한 다음 내가 취한 작전은 '복조리 장사'였다. 정월 대보름이 되면 경상도 지역에선 복조리를 사서 집안 대청마루나 안방 벽에 걸어두고 1년간 복을 비는 풍습이 있었다.

드디어 정월 대보름날 나는 한 쌍의 복조리를 사 들고 그 여학생의 집(대구시 봉산동 판잣집 동네 골목길)을 찾아가 나무판자로 담장을 두른 집의 담장 너머로 복조리를 던져 넣었다. 거기에는 물론 내일 오후 몇 시 경 복조리 값을 받으러 가겠다는 쪽지를 단단히 붙여 놓았다.

그렇게 해서 복조리를 던져 넣고 복조리 값 받으러 간다는 핑계를 대고 쳐들어가듯 가서 만난 여학생이 박재숙이다.

판자 대문을 열고 인기척을 내며 세 평도 안 될 마당에 들어서니 40대 아주머니께서 툇마루도 없는 작은 방문을 열고 나오셨다. 복조리 값을 받으러 왔다고 말씀 드리고 엉거주춤 마당에 서 있었다. 아주머니께서 부엌이 딸린 하나밖에 없어 보이는 방에 도로 들어가셨다가 지폐 몇 장을 들고 나오셨다. 그 돈을 받아들고 집 밖으로 나갔어야 할 학생이, 그 돈을 도로 아주머니께 돌려드리며 했던 말이 지금도 기억에 새롭다. "실은 지가 복조리 장수가 아니고요, 따님을 만나보고 싶어서 왔심더!" 그러자 난리가 났다. 때가 어느 때인가?

6.25 전쟁 이후 사회관념이나 문화구조가 많이 달라졌다고는 하지만, 그래도 여전히 '남녀 칠세 부동석'이 철칙처럼 남아 있던 시절이다.

"이런 못된 놈이 어딨노. 머리에 소똥도 안 벗겨진 놈이 어데라고 와서 행패냐. 당장 나가거라!" 후일 장모가 되신 그 아주머니로부터 받은 첫 인사말이었다.

그렇지만 내가 또 누구인가! 한번 한다면 하는 놈 아닌가!

그 어머니께서 내 등을 떠다밀며 몰아내려고 하셨지만 나는 묵묵히 버텼다. 그때 마당에서 옥신각신하며 떠드는 소리가 나니까 방문을 열고 여학생이 삐쭉 얼굴을 내밀었다가 도로 문을 닫는 게 보였다. 그때가 박재숙을 처음 본 순간이다. 나는 일순 호흡이 멎는 듯 했지만 이내 상황 판단을 하고 과감히 다음 행동을 취했다. 그 안방 문을 열고 방안으로 성큼 뛰어 들어간 것이다. 이제 더 난리가 났다.

뒤따라 들어오신 어머니께서 방바닥에 앉아 있는 나의 등 어깨를 방망이로 두들기듯 내리치면서 "이런 나쁜 놈이 어딨나, 어서 나가거라. 이놈아!"를 연거푸 수십 번은 하셨을 거다. 그래도 나는 막무가내로 버티고 앉아 있었고, 여학생은 자기 때문에 일어난 일이다 싶어서 안절부절 하지 못하고 방구석에 쪼그려 앉아 있었다.

한 십분 정도 버텼을까? 어머니께서 힘이 부치시는지 방바닥에 철퍼덕 주저앉으면서 하시는 말씀이 상황을 호전시켰다. "그래 좋다. 도대체 니가 어떤 놈인지 내력이나 들어보자." 그 말씀을 듣자마자 나는 비로소 얼굴을 들고 어머니를 바라보며 더듬거리는 투로 자초지종을 실토했다. 손윤식이가 소개했고, 아버지는 경북도 교육위원회 공무원이시며, 고향은 청도고 집안은 고성 이가(固城 李家)이며, 착실하게 공부해서 경북고에 합격했으며, 나이는 따님과 동갑이라고 차분히 설명해 드렸다. 그제

서야 조금 안심이 되시는지 누그러진 목소리로 뜻밖에 이런 말씀을 하시는 게 아닌가! "그래. 니가 정 그렇게 원하면, 니 교회 나갈래? 니가 교회 가서 예수님 믿겠다고 하면 우리 집에 와도 좋다고 할테니, 니 교회 나갈래?" 그 말씀을 듣자마자 나는 얼씨구나 하고 얼른 대답을 했다.

"예, 교회 나갈게요, 교회 가서 예수님 믿을게요."

자초지종 그렇게 해서 그 집에 드나들게 되었다. 한 달에 한두 번 꼴로 가서 어머니가 계시는 방안에서 그 여학생하고는 공부 얘기만 조금 나눌 뿐, 다른 특별한 말은 하지 못하고 우두커니 앉아 있다가 오는 경우가 태반이었다. (외동딸인 여학생의 아버지는 당시 재일교포로 일본 나가사키에서 건설업을 하고 계셨다.) 그 후 교회 나가겠다고 한 약속을 지키는 데 25년이란 세월이 걸렸으니 나도 참 어지간히 질기고 못난 놈이다.

박재숙을 만난 지 10년 만에 결혼(27세)했고, 그 후 결혼한 지 15년 만에 교회를 다니게 되었으니, 그 25년 동안에 무슨 일이 얼마나 힘들게 연출되었을까? 그리고 그 후 30년을 이어오며 세 자녀와 아홉 손주를 거느리며 오직 한마음으로 기독인의 삶을 살아온 대역전의 인생 후반전을 돌이켜 보면, 그저 가슴이 벅차오르고 감사의 눈물밖에 안 나온다. 운명의 장난인가? 정월 대보름을 맞아 복조리 장수로 가장하여 쳐들어가듯 가서 만난 첫 상면이 나의 '삼동지간의 인생'을 출발시키는 첫 걸음이 되었을 줄이야! 그 누가 알았을까? 하나님은 알고 계셨을까?

하늘나라 확장을 위한 최상의 파트너, 나의 아내

여기서 '삼동지간(三同之間)'이란 말은 '인생의 동반자', '사업의 동업자', '미션의 동역자'란 개념으로 아내와 나를 지칭할 때, 특히 아내의 수고와 존재가치를 평가할 때 내가 가끔 써먹는 단어다. 나이가 들어갈수록 아내에게 이런 말로 위로하면 금세 표정이 바뀌며 좋아하는 눈치를 보여 주곤 한다. 그렇다고 립 서비스 차원에서 하는 말은 결코 아니다. 나는 진심으로 우리의 관계를 그렇게 표현하며 그동안 아내가 한마음으로 쏟아온 내조의 공을 기리고 또한 함께 살아온 부부로서의 긴 생애를 정말 뜻깊게 생각하고 있다.

젊은 날 '잃어버린 10년'의 상실과 고통을 극복하는 도중에 막다른 골목에서 창업의 길을 택하고 평생토록 동고동락하며 가족기업의 터를 일군 일이며, 창업 이후 비닐하우스 생활까지 감내하며 '현대'라는 큰 산을 넘고 종합건설업의 뼈대를 갖추기까지, 그 힘들고 험난한 과정을 견디며 기업가 정신을 연마한 일도 함께 했다. 그리고 마침내 1990년 초 가족들의 손에 이끌려 금식기도원에 갔다 온 후, 곧바로 교회를 다니게 된 일과 또한 그해 가을 북경에서 우연히 김진경 총장을 만나 연변과기대 설립에 동참한 이후 남편이 마음 놓고 자비량 사역을 할 수 있도록 뒷바라지해 준 아내의 헌신은 하늘나라 확장을 위한 최상의 파트너십이었음에 틀림없다.

이런 삼동지간의 세월을 지나며 오늘 같은 정월 대보름을 맞게 되면, 우리는 늘상 하는 버릇처럼 함께 손잡고 마당에 나가 밤하늘에 뜬 만월을 바라보며 어린 시절 복조리를 던져주고 만났던 그때의 풋풋하고 순진했던 마음을 새삼스레 되새기곤 한다. 그런데 이번 정월 대보름은 특별히 또 다른 감흥과 기대감으로 다가왔다. 그것은 오늘 전국적으로 실시되고 있는 첫 백신 접종의 뉴스를 보면서 멀리 청도 대남요양병원에 격리되어 계시는 어머니 생각이 더욱 간절하게 났기 때문이다. 뉴스에 나오는 저 분들처럼 우리 어머니도 하루빨리 백신 주사를 맞게 되고, 그래서 형제 가족들이 마음 놓고 방문할 때가 언제쯤 오려나 하는 생각으로 눈물이 찔끔 나올 지경이다. 아! 그나마 다행으로 이제 백신 접종이 시작되었으니 조금만 더 참고 기다려보자.

지난해 2월 중순 코로나19 사태의 진원지로 악소문이 나며 외부와 일절 차단된 채 코호트 격리조치를 당해온 대남요양병원 관계자들의 마음이 얼마나 힘들었을까 짐작이 간다. 작년 10월 말 무조건 쳐들어가 듯 우리 가족들이 병원을 방문했을 때, 완강하게 면회 거절을 했던 병원 관계자들의 고충을 우리가 왜 모르겠는가!

그 후 한 달 후 병원 측에서 우리의 요청을 감안하여 특별히 어머니를 면회하도록 기회를 만들어 주었을 때, 병원 출입문 유리창을 사이에 두고 휠체어에 앉아 계시는 어머니를 유리문 바깥에서 형제 가족들이 눈물로 애통하며 바라봤던 정경이 다시 떠오른다. 더군다나 오늘 정월 대보름날 백신 접종 뉴스를 시청하다 보니 70세 나이로 일찍 돌아가신 아버지 생각이 자꾸 나고, 또 맏이로서 아버지를 대신해 홀로 남은 어머니를 제대로 모시지 못하고 있다는 죄인 된 마음이 겹쳐 우리 내외는 흐르는 눈물을 주체할 수가 없었다.

이토록 아프고 후회스러운 마음이 울컥울컥 솟는 가운데 간암으로 돌아가신 아버지 얼굴이 오늘따라 자꾸만 더 크게 느껴진다. '십년만이라도 더 살아 계셨으면 손자들이 장가가는 것도 보시고 증손도 보시고 또한 우리 내외가 하는 일의 성취(회사뿐만 아니라 연변과기대와 평양과기대 교육사업 등)도 더 많이 보시고 가셨을 텐데…'라는 아쉬움이 크다. 게다가 나는 인간적으로 아버지께 죄송하고 불효막심한 심정을 감출 수가 없다.

아버지 영전에 고하고 싶은 두 가지

중·고등 시절에 늘 앞장서서 리더 역할을 하던 큰아들이 대입 실패 후 오랫동안 허송세월을 보내며 대학에 가지 못하고 방황하고 있다가 드디어 결혼하고 아들까지 낳은 후 8년 만에 대학에 들어간다고 하니 얼마나 좋으셨을까! 그런데 그때 입학한 곳이 하필이면 불교철학을 전공하는 대학이라고 하니, 그때 아버지께서 감당하셔야 했던 실망과 낭패감 또한 얼마나 크셨을까! 나는 내가 좋아서 한 일이라 생각했지만, 경북도 교육위원회 업무를 관장하시는 교육공무원 입장에서 보면 아들의 행태가 얼마나 밉고 기대난망이었을까!

생각하면 할수록 아버지께 미안하고 죄송스러운 마음 금할 길이 없다. 지금 생각해도 머리가 후끈 달아오를 정도로 염치가 없고 아들로서 영 체면이 서지 않는 일이었다. 그런데 이제 천만 다행으로, 그 옛날 참혹할 정도의 패배감에 젖어 헤매던 청년 시절의 위기상황을 극복하고 오히려 예전의 나 자신과 같이 방황하고 있는 청년들을 끌어안고 그들에게 새로운 희망과 회복의 능력을 가르치며 새사람으로 거듭나도록 이끌어 주는 지도자의 길을 걷고 있으니, 그런 아들의 모습을 아버지 영전 앞에 고(告)해 드리고 싶은 마음이 불끈 솟는다. 우연스럽게 일어난 일 같지만, 하나님께서는 오래전부터 나를 위해 삼동지간의 배필을 예비해 주셨고, 그 후 아내와 함께 25년의 단련 끝에 1990년부터 연변과기대와 평양과기대, 그리고 한국CBMC(기독실업인회)와 동북아공동체문화재단 등을 통해 하늘나라와 이 시대 대한민국의 미래를 위해 헌신하도록 이끌어 주셨다고 믿는다.

이런 전 과정들이 연결되고 합력해서 선(善)을 이룬 결과로 두 가지 소식을 아버지 영전 앞에 고하고 싶다. 지난해 장기간 코로나 사태로 요양병원에 격리되어 계시는 어머니를 생각하며 매 주말마다 간증과 회고담 형태로 쓴 글이 책 한 권이 될 만한 분량으로 쌓였는데, 이를 기독출판사(올리브나무)에 의뢰하여 편집한 책이 며칠 전(2. 21)에 『회복의 능력—Restoring Power in My Life』이란 제목으로 출간되었다.

책의 첫 페이지에 "어머니께 사랑과 희망을 담아 이 책을 바칩니다."라고 썼으며, 또한 젊은 날의 야망과 구원(야구)에 대한 이야기와 창업 스토리, 한국사회의 탈이념적 대안과 한반도 통일비전을 중심으로 쓴 이 책을 아버지의 영전에도 깊은 사랑과 존경의 마음을 담아 바치고 싶다. 이와 함께 또 한 가지 더 고해 드릴 소식은, 그동안 건축위원장, 대외부총장, 운영위원장을 지내며 20년 간 몸담아 온 평양과기대의 학사 관리 및 전반적인 경영을 총괄하는 임무를 맡게 된 일이다.

지난 1월 말 평양과기대 법인이사회(동북아교육문화협력재단 이사장 곽선희 목사)에서 필자를 3대 총장으로 선임했다. 3년 반 전부터 트럼프 정부의 통제로 많은 미국인 교수들이 현지 교학에 참여하지

못해 발이 묶여 있을 뿐 아니라, 북한에 대한 UN의 규제와 거기에
더하여 코로나19 사태까지 겹치면서 평양과기대 학사 및 운영이 많은
어려움에 처해 왔었다. 이를 타개하기 위한 비상 대책으로 교수 출신보다
기업경영인 출신 총장을 선임하여 새로운 임무를 부여코자 한 것이다.
미숙하고 부족한 사람이지만 하나님의 부르심(Calling)이라 믿고 순종
키로 했다. 그러나 신임총장 내정자로서 앞으로 넘어야 할 허들이
몇 개 있다. 우선 남북공동운영총장제이기 때문에 북측 교육성 당국의
승인절차를 거쳐야 한다. 그리고 한국 국적으로는 장기 상근이 불가능하
므로 제3국 영주권을 취득해야 한다. 무엇보다도 코로나 팬데믹이
진정되어야 봉쇄되어 있는 국경을 넘어 북한 출입이 가능해진다.

곽선희 이사장으로부터 평양과학기술대학 제3대 총장(내정자)으로 임명장을
수여받고 있는 이승율 박사

아! 생각할수록 이 길은 가시밭길이요, 십자가를 지는 길임에 틀림없
다. 그럼에도 불구하고 이 길이 내가 가야 할 길이라면 좌로나 우로나
치우치지 않고 오직 정도(正道)만을 푯대로 삼아 과감히 나아가리라고

스스로 다짐해 본다. 두렵고 떨리는 일이지만 내게 '회복의 능력'을 더해 주실 하나님의 은총을 믿는다. 그 믿음으로 평양과기대를 통해 남북한 다음 세대의 소통과 통합의 지평을 열어가는 일이, 아내와 함께 '삼동지간의 인생'을 완성하는 마지막 헌신이 되기를 온 마음으로 기원해 본다.

저자 프로필

이승율 ‖ (사)동북아공동체문화재단 이사장

• **학 력**

경북고등학교 (1964~1967)
동국대학교 불교대학 철학과 (1975~1979)
동국대학교 대학원 철학과 석사 (1979~2004)
(중국)연변대학교 인문사회과학학원 국제정치학 석사 (2000~2002)
(중국)중앙민족대학교 사회학학원 민족학계 법학박사 (2003~2006)

• **경 력**

(주)반도이앤씨 회장 (1986~현재)
연변과학기술대학 대외부총장 (1998~2017)
평양과학기술대학 건축위원장 (2001~2010)
(사)동북아공동체문화재단 이사장 (2007~현재)
사단법인 ISF(국제학생회) 부이사장 (2011~현재)
평양과학기술대학 대외부총장 (2012~2017)
참포도나무병원 이사장 (2012~현재)
(사)신아시아산학관협력기구 이사장 (2015~2019)
(사)동북아교육문화협력재단 운영위원장 (2018~현재)
(사)한국기독실업인회(CBMC) 중앙회장 (2018~2019)
(사)국가조찬기도회 부회장 (2020~현재)
(사)인간개발연구원 부회장 (2020~현재)

- **수상 경력**

2016년 환황해경제·기술교류대상 (2016.7.13)
대한민국 국민훈장 목련장 (2016.10.5)
2016 자랑스런 전문인선교 대상 (2016.11.12)
HDI인간경영대상 (2018.12.20)

- **저 서**

『윈윈 패러다임』(2004, 영진닷컴)
『共生時代』(중문판, 2005, 세계지식출판사)
『동북아 연합의 꿈』(2006, 파로스)
『동북아시대와 조선족』(2007, 박영사) * 대한민국학술원 우수학술도서상 수상
『東北亜時代的 朝鮮族社会』(중문판, 2008, 세계지식출판사)
『누가 이 시대를 이끌 것인가』(2009, 물푸레)
『走向大同』(중문판, 2010, 세계지식출판사)
『초국경 공생사회』(2011, 한우리)
『韓國人が見た東アジア共同体』(일어판, 2012, 論創社)
『제3의 지평』(공저, 2012, 디딤터)
『동아시아 영토분쟁과 국제협력』(공저, 2014, 디딤터)
『정동진의 꿈』(2015, 디딤터)
『북방에서 길을 찾다』(공저, 2017, 디딤터)
『비전과 열정의 삶-역경의 열매』(2018, 국민일보 간증집)
『길목에 서면 길이 보인다』(2019, 휘즈북스)
『린치핀 코리아』(공저, 2020, 동북아공동체문화재단)